U0661112

大学生职业素养与就业指导

◎杨丽华　主编

南京大学出版社

图书在版编目(CIP)数据

大学生职业素养与就业指导 / 杨丽华主编. —南京：
南京大学出版社，2022.8
ISBN 978-7-305-25984-5

Ⅰ. ①大…　Ⅱ. ①杨…　Ⅲ. ①大学生－职业选择
Ⅳ. ①G647.38

中国版本图书馆 CIP 数据核字(2022)第 135648 号

出版发行　南京大学出版社
社　　址　南京市汉口路 22 号　　　邮　　编　210093
出 版 人　金鑫荣

书　　名　**大学生职业素养与就业指导**
主　　编　杨丽华
责任编辑　黄隽翀　　　　　　　编辑热线　025-83592409
照　　排　南京开卷文化传媒有限公司
印　　刷　常州市武进第三印刷有限公司
开　　本　787×1092　1/16　印张 16.25　字数 340 千
版　　次　2022 年 8 月第 1 版　2022 年 8 月第 1 次印刷
ISBN 978-7-305-25984-5

定　　价　45.00 元

网　　址：http://www.njupco.com
官方微博：http://weibo.com/njupco
微信服务号：njupress
销售咨询热线：(025)83594756

前　言

　　高等职业院校培养的学生，不仅要有较高的思想道德觉悟，扎实的专业理论知识和技能，而且还应具备良好的职业素养。正是为了适应高等职业院校人才培养的这一需要，我们在教学与研究的基础上撰写了这本《大学生职业素养与就业指导》。以"大学生职业素养与就业指导"为题开课并编写教材是我们的初步尝试，其中难免不妥甚至错误之处，恳请批评、指正。

　　本书由杨丽华主编并统稿。各章的作者分别是：

第一章　杨丽华

第二章　杨丽华

第三章　谭运启

第四章　谭运启

第五章　杨丽华

第六章　谭运启

第七章　翁紫萍

第八章　奚春华

第九章　翁紫萍

杨丽华

2022 年 4 月

目　录

职业素养篇

践行篇

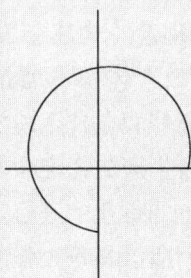

职业素养篇

第一章

导　论

当前，我们正在向着全面建成社会主义现代化强国的第二个百年奋斗目标迈进，必须把握新发展阶段、贯彻新发展理念、构建新发展格局、推动高质量发展。为此，迫切需要加快构建现代职业教育体系，培养更多高素质技术技能人才、能工巧匠、大国工匠，这也是当前高等职业技术院校人才培养目标。由于科学技术的应用，总要指向科学实验和社会生产的特定领域和特定方面，人们运用科学技术从事实验和生产，又都要在一定的行业中进行，故高素质技能型人才都无不具有一定的职业身份，同时要求他们应该具备很强的职业能力。职业能力不单指专业知识、专业理论和专业技术，更集中地体现为全面的职业素养。全面的职业素养包含职业理想、职业技能、职业道德、职业尊严、职业生涯规划和就业创业能力等多方面的重要内容，其中的职业技能是技术技能型人才进行劳动和创造的能力与手段，而职业理想、职业道德、职业尊严、职业生涯规划和就业创业能力，则是职业技能发挥与运用的指导与保证。本著既名为《大学生职业素养与就业指导》，首章就应开宗明义，讲清"职业素养"概念，明确它的基本内涵，再进一步说明学习和研究它的目的、意义和方法。

第一节　职业素养概念

人们谈论职业人才，几乎一致地认为优秀的职业人才不单要有坚实的理论功底和娴熟的操作技能，更应具备包括德、能、才、识在内的全面职业素养。职业素养，这一词汇引起人们的重视还是近几年的事，其原因在于享受了一段时间"中国制造"的红利之后，人们发现我国是制造业大国却不是制造业强国，真正能够在国际上居于技术领先地位的高端制造企业少之又少。"中国制造2025"的提出拉响了我国实施制造强国战略的号角，之后国家又提出"培育精益求精的工匠精神"，从中我们不难看出两者之间的必然联系，没有工匠精神，制造业强国无从谈起。工匠精神扩展来看，其实就是从业者的职业素养。为准确理解这一认识，首先需要弄清"素养"及"职业素养"的概念。

案例导读

看一看，想一想

春雨绵绵，众多乘客在公交站点等车，站台前有一汪 2 米宽的积水。

A 车司机把车停在离站台 1.5 米远的地方，乘客根本无法一步上车，只好涉水而过；

B 车司机快速驾车驶进站台，溅起的泥水打湿并弄脏了乘客的衣服，乘客面对突来袭击，纷纷避之，站台大乱；

C 车司机小心翼翼地将车停在乘客抬脚即可登车的地方，方便乘客上车。

问题： 如果今天你是雨中的乘客，你希望等到的是哪辆车？为什么？

一、素养的含义

在汉语中，"素养"一词早已有之。《汉书·李寻传》载："马不伏历（枥），不可以趋道；士不素养，不可以重国。"这里，"素养"的含义是修习涵养。此义的"素养"，一直广为使用，如艺术素养、文学素养，就是指关于艺术方面、关于文学方面的修习涵养。论述"素养"，使人容易联想到"素质"一词，而且通常也有将"素养"等同"素质"的。其实，这两个词的含义还是有差别的。

"素质"在汉语中也是一个早已有之的词语，如《逸周书·克殷》载："及期，百夫荷素质之旗于王前。"又如《管子·势》载："正静不争，动作不贰，素质不留，与地同极。"前文中"素质"的含义是白色质地，后文中"素质"的含义是本质。在当代文化中，"素质"的含义基本源于对前两则"素质"的理解。如《辞海》"素质"词条的解释是："人的先天的解剖生理特点，主要是感觉器官和神经系统方面的特点。"这里，先天本源特质的义涵极为突出。既如此，将"素质"与"素养"等同，也作修习涵养义理解，显然是不恰当的。两者比较，"素质"重在人的先在本原基质，不含人为改变成分或因素；"素养"重在人的修为与努力，并含有由修为与努力带来的变化与结果。

再就是，论述"素养"时还会使人联想到"修养"一词。"修养"一词有两层含义，一是指理论、知识、艺术、思想等方面的一定水平，如说某某人理论修养好；二是指养成的正确的待人处事的态度，如说某某人有修养，某某人修养好。多数情况下，"修养"是一个在道德理论与实践领域中被广泛使用的概念。而"素养"的使用与指称领域则要大得多，几乎广及人们思维活动与实践活动的所有领域和方面。

由以上考察与分析，我们对"素养"概念做这样的理解：所谓素养，主要指人们为了一定的目的，在关涉自身生存和发展的各个认识与实践领域，所进行的勤奋学习与涵养锻炼的功夫，以及在其知识才能和思想品质方面所达到的水平。简言之就是你面对生活、面对工作、面对家人与朋友、面对枯燥与寂寞、面对幸运与灾难所表现出来的全部品性。素养有先天成分，更多的却是得益于后天的教育和养成。所以说，素养某种程度上又是一种教养。

与人的生存、发展有密切关系的认识与实践领域，有自然科学知识理论与实验，有社会科学知识理论与实践，有人文知识理论与生活体验，等等。为了生存与发展，人们会不懈地努力学习这些知识，操练相关的技能与本领，从而具备各种知识与能力的素养，如自然科学知识理论与技能的素养、社会科学知识理论与实践能力的素养、人文知识理论与思想境界的素养。由此可知，"素养"作为用来表达人的勤奋学习与涵养锻炼的功夫，知识才能、思想品质的水平与状况的一般概念，必然会被具体为某一知识、某一理论、某一才能、某一品行特质等特定方面的素养。如我们一般不说"某人素养很深"，而是具体地说"某人古汉语的素养很深"，或者说"某人有很高的品格素养"，等等。既然"素养"的表意必然会带有特指性，根据人的才能本领与努力方向的不同，我们可以把素养分为知识素养、理论素养、技能素养、科学素养、人文素养、艺术素养等。从人的一生发展来明确素养要求，我们还可以说青少年学习成长时期要有文明行为素养，中年创业时期要有职业素养，老年时期要有人的全面素养。

二、职业素养的含义

一般认为，所谓"职业"是指"个人服务社会并为主要生活来源的工作"。[①]由这一定义可知，职业的本质是人的创造物质财富与精神财富的社会活动。职业活动的进行和实现除必需的社会条件，还需要有个人知识、才能和本领的保证。为有足够的生活来源，人们必须从事一定的工作，即要有一个职业；而从事一定工作所必需具有的知识、才能和本领，一般不能天生得来，得通过接受教育与培养获取，故"职业教育"适时而生。

职业教育的出现是与社会生产发展和经济结构的多层涌现相联系的。19世纪中期以后，随着资本主义的发展，不但生产社会化的程度越来越高，而且行业专门化更为显著，这就要求各生产行业的劳动者不能仅是拥有一般文化知识的人，而是既具有一定文化水平，又能了解生产过程、工艺原理和掌握起码操作技

---

① 本书编委会. 汉语大词典简编［M］. 上海：汉语大词典出版社，1998.

能的人。正是这一社会需要催生了职业教育。职业教育产生形成的背景与必然性告诉我们：所谓职业教育，就是"给予学生从事某种职业或生产劳动所需的知识和技能的教育"。① 它的目的不是培养和提高人的一般文化知识的素养，也不是人的一般科学素养和人文社科方面的素养，而是人们劳动创造时所必需的职业素养。

给职业素养下定义，首先，要注意突出它的范围特征，即职业素养是职业活动对从业人员的规定与要求；其次，要注意突出它的综合特征，即职业素养既不是纯知识性素养，也不是纯实践层面技能素养，而是知识、理性、实践的综合和属于职业需要的综合素养；最后，要注意突出它的实践特征，即职业素养的核心内容是解决实际问题的能力，比较侧重技术操作层面。遵此三项考虑，似可这样定义职业素养：所谓职业素养，是指特定的人群为成为一定职业的合格劳动者，在人文知识、科学知识、职业技能、职业活动的领悟力、生产服务流程、工艺原理、行业规章、职业理想、职业道德等方面所进行的勤奋学习与涵养锻炼的功夫，以及在所有这些方面已达到的水平。

职业素养对于职场人，是非常宝贵的"护身符"和"特别通行证"。

第二节　职业素养的基本内涵

明白了职业素养的概念，接着应该弄清它的基本内涵，以便明确职业理论学习、职业思想涵养、职业技能操练的具体内容和指向。一般地讲，其基本内涵包括职业通识、职业理想、职业技能、职业道德、职业尊严、职业生涯规划能力、就业与创业能力等七个方面。

一、职业通识

职业作为具有某种特定形式、内容的社会活动，不是人类社会从来就有的，而是社会生产力发展到一定程度和社会生产复杂化后逐步形成和发展的。职业的出现，表明生产、服务行业的分工更为合理，劳动组织及生产、服务的过程更为规范，自然也带来社会生产力的提高，促进社会物质文明和精神文明更快发展。就个人而言，职业劳动不仅是人们获取衣、食、住、行等物质生活资料和精神生

---

① 中国大百科全书总编辑委员会《教育》编辑委员会，中国大百科全书出版社编辑部. 中国大百科全书·教育［M］. 北京：中国大百科全书出版社，1985.

活资料的基本途径与手段，也是人们发挥自己的创造才能，造福他人和社会，成就个人终身事业和实现人生价值的基本途径和手段。学习和掌握职业形成、发展和价值的内涵，不只是一般社会知识的增长，更是进入职业技术学习和将来参加职业劳动，乃至就业与创业的重要思想精神准备。

二、职业理想

社会理想是人们对于整个社会生活及发展变化的希望与预期，职业理想是人们对于自身劳动创造方式及目的追求的设定。职业理想受社会理想的支配和影响，社会理想要在职业理想的追求中体现。两者相较，职业理想与人们当下的现实生活更为紧密，对人的影响作用自然也更为直接。高尚的职业理想是职业活动的精神动力，也是实现职业活动社会价值的重要保证。高尚的职业理想不只是个人单纯的职业价值选择与认定，更包含个人对人类全部活动意义的理解和个人全部生活经验的凝结。树立职业理想，不能完全排斥个人的兴趣和特长，因为它在成就个人事业中具有智性保证与情感的激励作用。同时，还要考虑社会的客观条件和需要，因为离开社会条件和需要，任何职业理想都是实现不了的。

三、职业技能

任何职业技能都要以一定的文化知识、科学理论和技术为基础，但掌握一定文化知识、科学理论和技术，不等于就具备了职业技能。因为职业技能是从业人员在职业活动中能够娴熟运用的，并能保证职业生产、职业服务得以完成的特殊能力和专业本领。这种能力与本领不是单项的知识与技术，而是多方面知识才能的融合。如能够鉴别和选取材料、开动车床和精确切削的能力与本领，是一名车工的职业技能；又如能够通晓货物流通规律和程序、设计流通路线、具体承办物流手续和进行经费核算的能力与本领，是一名物流管理者的职业技能。职业技能的涵养与锻炼具有一定程度的特殊性，既要有知识的广博性，又要有实践能力的专门性，故要由专门的职业技术教育来完成。

四、职业道德

统一的社会生产和社会服务被划分为若干职业，自然出现了生产效率和服务质量的提高，但同时也带来生产、服务者的行业界限和相应的利益区分，而同一职业内部也会有同行之间的利益矛盾。如医疗卫生职业与教育职业各有自己的从业人员，也各有自己的利益，同时它们还会有各自内部的利益矛盾。不同职业在总体的社会生产和社会服务中的融合，不同职业利益及职业内部的不同利益的满足与调节，虽然主要靠价值规律以及相关的条例、法规来解决，但还得需要职业道德作用的发挥。职业道德是从业人员在职业活动中，自觉遵守的行为规范和习惯传统的总和，是从业人员全面素养中的一个较高层次的素养，应该努力持久地培养与锻炼。

五、职业尊严

在同一职业岗位的人，为什么会有对自身岗位的不同看法和态度呢？原因有多种，其中可能会有一个职业尊严的问题。一般地讲，某个行业既为社会生产、服务领域中的一个特定职业，必有它的存在理由与价值。当这一职业的社会意义与价值被从业人员所认同，并在内心产生出因肯定性评价而获得的满足、快慰的心理与意识，这就是我们所说的职业尊严。职业尊严是从业人员摒弃利益多寡的考虑和职业高低贵贱之分的偏见之后，在自己内心中形成和发展起来的对于自身职业的崇敬与热爱感情，是职业素养中更高一层次内涵。平时我们所讲的"做人的尊严"，在很大程度上就是指其职业身份的尊严。人们评价一个人，也总是要联系他的职业劳动及态度。所以，树立和维护自身的职业尊严，具有非常重要的意义。

六、职业生涯规划能力

职业生涯规划，不像一般的人生阶段性的计划和追求目标，可以大致地认定几点或几个方面。这一规划的设定既要有人生根本目标的总指向，也要有暂作权变的种种思想准备；既要有对行业发展趋势的预见，也要有觉察时变和把握机遇的洞察力与决断力；既要有必需的信心与胆量，也要有对自己学识、能力、个性的准确把握……由此可见，对职业生涯的规划要有多方面的知识才能做基础。可以说，有无职业生涯规划的能力是一个人综合能力大小的具体表现。把职业生涯规划的能力列入职业素养的内涵，目的就是要培养与锻炼这种综合能力。

七、就业与创业能力

就业创业的能力作为职业素养的内涵，它处在职业生涯规划内涵的下一层级，属于职业生涯规划中的具体操作层面，但也是一个不可忽略的职业素养要素。就业的实力主要在于全面的知识结构和独特的业务技能，同时就业人员自身的价值观，不怕吃苦、不嫌待遇低和准备经受挫折的思想和心理素质，亦是就业人员必须具有的品格。虽然目前总的就业形势不容乐观，但间或出现的机遇也是不少的。要想能随时觉察和及时把握机遇，就要求就业者必须具备敏锐准确的反应能力和快速抉择的决断力，创业则首先要有创业精神和准备走艰苦曲折道路的思想准备，所有这些就业创业能力中所必需的思想精神条件，自然是职业素养的主要内涵。

第三节　学习本门课程的意义与方法

"职业素养基础"课是一门侧重人文知识、人文精神教育与培养的课程。高等职业院校学生原有的文化基础相对薄弱，教学又主要偏重职业技术的学习与操练，开设这门课程不仅具有很强的针对性，而且对他们成长为合格的职业技术人才，也具有极为重要的意义。学习本门课程，不但要明确目的、意义，而且还要掌握适当的学习方法。

一、学习本门课程的意义

首先，学习本门课程有助于高职院校的大学生开阔视野，充分认识职业活动的重要价值，养成敬重职业劳动的思想感情。

自改革开放和建设有中国特色的社会主义以来，我国的生产力发展突飞猛进，经济快速走向繁荣，到处呈现勃勃生机，生产、流通和服务领域不同性质和规模的新行业、新工种不断涌现，为高等职业院校大学生展现才华、奉献社会和实现自己的人生价值提供了千载难逢的机遇。在大好形势面前，职业院校大学生要通过时政学习和社会实践的途径，了解我国现代化建设的巨大成就以鼓舞努力学习的决心。通过本门课程的学习，可以帮助同学们从科技发展和现代社会职业分工的视角，充分认识职业劳动的重要价值和职业分工日益复杂的必然性，以做好就业创业的各种思想准备，迎接并克服可能遇到的挫折与困难，进而养成敬重职业劳动的思想情感。

其次，学习本门课程有助于高职院校的大学生掌握丰富的人文知识，为他们树立正确的价值观和道德观打下认识基础。

本门课程涉及社会生产发展、科技进步、职业理想、人生价值观、道德尊严等多方面的人文知识，还将它们与职业活动相联系，阐述它们在职业活动中的特定意义与价值。通过对本课程的学习，同学们不仅可以掌握职业理想、职业知识、职业道德和职业尊严等方面的理论，还可以在原有文化知识的基础上，进一步丰富人文知识，涵养人文精神，提高整体的文化水平，并为树立正确的人生观、价值观和道德观打下扎实的认识基础。

最后，学习本门课程有助于高职院校的大学生掌握职业素养的全面知识与要求，明确提高自身职业素养的途径与方法。

本门课程不仅对职业素养的概念、内涵、意义做了全面的探讨与论述，还探讨和论述了各职业素养内涵修炼与提高的途径方法，也介绍了一些典型职业人员修炼与提高自身职业素养的实例。通过对这些内容的学习，同学们不仅可以学到一些关于职业素养的知识与理论，还可以了解许多修炼和提高职业素养的途径与方法，更能从职业模范人物身上的感人事迹受到鼓舞与激励，进而树立起更加进取的信心与决心。

二、学习本门课程的方法

适合本门课程的学习方法，主要有：

1. 注意掌握基本概念与理论

概念是构建理论的基本元素，它看似简单，却包含丰富意义。为弄懂理论，必须学习概念，理解它的丰富内涵。本门课程既引用了许多其他学科的概念，也有属于本门课程特有的概念，如"职业素养"。要学好本门课程，首先要掌握这些概念。掌握概念的目的是为了学习理论，理论是社会活动的根据和指导，缺乏科学理论的行为是盲目的行为，必然达不到预期的目的。要全面提高职业素养，就应该首先从掌握概念和基本理论开始。

2. 着重掌握职业理想、职业技能、职业道德、职业尊严的基本内涵

本门课程涉及面广，内容丰富，但职业素养的本质内涵主要是职业理想、职业技能、职业道德和职业尊严。因为职业理想从根本上决定所选职业的社会意义与价值，职业技能是个人劳动创造、奉献社会和他人以及最终实现个人社会价值的力量与手段，职业道德与职业尊严是职业技能发挥以至职业理想实现的情感与心理的保证。故学习本门课程要着重掌握这些内容，领会它们的精神实质，并在实践的层面做出相应的努力。

3. 注重联系实际，尤其要认真体会自身的内在感受

本门课程的目的是要培养和提高高职院校大学生的职业素养。职业素养的内涵包含知性层面的内容，但大量内容属于意念、感情层面。知性层面的内容相对容易学习和理解，意念与情感层面的内容由于受人的世界观、价值观以及个人经历与境遇等多方面的影响，培养提高的难度要相对大得多。所以，学习本门课程要强调学习者联系自身的实际，尤其要认真体会自身的内在感受。只有这样，才能真正达到培养和提高自身职业素养的目的。

学习思考题

1. 什么叫"职业素养"?

2. "职业素养"与"文化知识素养"有何区别与联系?

3. 职业素养有哪些基本内涵?

4. 你对开设"职业素养"课的意义有何理解?

5. 你打算怎样学习"职业素养"这门课程?

阅读参考书目

1. 季羡林,等. 学者论大学生的知识结构与智能 [M]. 北京:北京大学出版社,1992.

2. 张中行. 顺生论 [M]. 北京:中国社会科学出版社,1993.

3. 沈继英,祖嘉合. 人生理论与实践 [M]. 北京:北京大学出版社,1995.

4. 许琼林. 职业素养(第二版)[M]. 北京:清华大学出版社,2021.

第二章

职业通识

为准确论述职业素养的各项内涵，引导进行职业素养理论的学习，促进职业素养的形成，我们首先对职业作总体性的论述。因为只有掌握职业的含义、形成、发展、分类和价值等基础知识理论，才能懂得职业理想、职业技能、职业道德、职业尊严等的内涵要义，才能自觉地进行职业素养的修炼与提升。

第一节　职业的含义与特征

为获得对于职业的总体性认识，我们首先讲解职业概念的含义，接着再进一步论述其特征。

一、职业的含义

对于什么是"职业"的问题，人们一般是从不同的视角和理解做出各自的回答。有人说职业就是人们所做的事情，如教书、办案、治病等就是职业；有人说职业就是事业，如说某人既已立下为守护绿色家园、甘愿把自己的终身奉献给环保事业的志向，那这一环保事业就是他的职业；有人说职业就是人的社会身份，如工人、农民、军人、知识分子等就是各种不同的职业。这种种回答看似都可以，但不够科学，不够规范。

"职业"的概念在我国古代典籍中，较早见于《荀子·富国》："事业所恶也，功利所好也，职业无分，如是，则人有树事之患，而有争功之祸矣。"是说事务是人们所厌恶的，功利是人们所喜好的，职业没有分工，那人们就有搁置事务的忧患，而且有争功夺利的灾祸。清王先谦于《荀子集解》注："职业谓官职及四人之业也。"这里引文中"职业"的基本含义，应是管理者的职责与士、工、农、商的岗位活动。《汉语大词典简编》对"职业"条目的解释是："今指个人服务社会并作为主要生活来源的工作。"据上述两处对"职业"概念的表述,可知其突出了社会分工与劳动方式的多样化是职业形成的基础,强调具有专门知识与技能是职业的特点,指出为获取报酬以满足生活需要是职业存在的根据,创造、生产各种财富促进社会文明的发展是职业的根本价值。

综上所述,我们将职业定义为,人们在社会分工与劳动方式多样的基础上,为获得物质报酬作为自己主要生活来源并能满足精神生活需要,而从事的具有专门技能的社会劳动。

二、职业的特征

职业作为具有特定内涵的社会劳动,与人们的其他诸如学习实习性劳动、公义性劳动、社会强制性劳动是不相同的,它具有以下几个方面的特征:

1. 广泛性特征

自人类进入文明社会以来,职业一直是人们为创造社会财富、满足自身需要而进行的分工明确、责任具体的社会生产、管理和服务活动。可以预见,将来人类社会中的各种职业不但不会消失,随着科技水平的提高和社会经济、文化的发展,职业的种类将愈加发展与繁荣,并为人们的生产、生活带来更多的方便与满足。还有,几乎所有劳动大众都拥有各自的职业岗位和身份,毫无例外地从事各自的职业劳动,并且整个社会的经济、政治、文化、技术、教育、娱乐等所有活动,都被规制于一定领域并与职业发生深刻而具体的联系。所以,广泛性是职业的一个基本特征。

2. 差异性特征

不同职业之间的差异性从大处说,有劳动岗位、劳动内容和劳动成果形式等三个基本方面的表现,从更细更具体方面说,还有职业职责的不同(如决策、管理、操作等职责的区别)、职业环境的不同(如室内、野外、高空、水下、洁净、污染等条件的区别)、职业劳动对象的不同(如人、财、物等对象的区别)和职业劳动方式的不同(如体力、脑力等区别)。因为劳动分工是职业形成的基础,分工的多样性和劳动方式的复杂性必然要对职业的存在与发展产生影响。所以,职业的差异性特征是内在于它们形成的基础之中的,它根深蒂固,并将永久存在。但无论什么职业,只是分工的不同,在本质上都是创造和生产社会财富,没有高低贵贱之分,应该一视同仁。

3. 稳定性特征

社会分工和职业的产生,是生产力发展和优化劳动组织的客观要求,也是社会繁荣进步的表现。生产力的发展从来都是遵循由量变到质变的规律,适应生产力要求的生产关系不会随时发生根本性改变。衣、食、住、行等生活资料是人们最为基本与持久的需要，与之相关的生产、管理及服务行业自然必将长久存在。如农、牧、工、商、医等职业已有两千年左右的历史，至今不仅没有消失，还有了更新的发展。所以，职业作为分工性的社会劳动具有相对的稳定性，这种稳定性有利于劳动者不断积累经验，熟练和增加职业技能，创造和生产更多更好的劳动成果。我们平时说一个人有无职业，也主要看他是否拥有某种相对稳定的工作。有，我们说他拥有并在从事某种职业；没有，则说他没有属于自己的职业。

4. 有偿性特征

人们从事职业劳动的直接目的是获取经济报酬，以解决自己及家人的生活经费开支问题。工人进行职业劳动的报酬是工资，农民进行职业劳动的报酬是粮食、瓜果及蔬菜，这就是职业劳动的有偿性特征。父母养育子女和保姆抚育幼儿虽然都是劳动，也都负有一定的责任，但前者是家庭中父母对子女的义务，没有经济报酬，后者是职业劳动，雇主要按约定给予一定数量的报酬。

以上四个方面的特征，从比较的角度更深地揭示了职业的深层内涵，有利于我们更加全面、更加具体地理解职业的本质。

第二节　职业的形成、发展和分类

职业的形成、发展与分类，自然客观地发生和存在于人类生产、生活的过程中，并随着社会及管理的变革、科学技术的进步、经济的发展、技术的变革、产业及行业的演变及社会发展的方方面面而不停地变迁着。职业在不断地产生和消亡，这个产生、发展和演变经历了逐步变化的、漫长的、复杂的历史过程。研究职业形成与发展的历史与原因，是人类对职业现象的历时性反思；认识职业分类，是人类对职业共时性状况的观念把握。学习这些内容，对于我们全面了解人类社会中的职业现象，具有重要意义。

一、职业的形成

人类早期社会生产力的发展以及劳动者生产、生活经验的积累，造成人类劳动分工现象的出现。劳动分工的后果是生产劳动门类的相对独立，并日趋专业化。在劳动与生活的实践中，人们逐步认识到相对单一性的劳动形式有利于提高人的劳动熟练程度，取得更好的劳动效益。这些来自实践的经验性认识，会反过来促使人们更加自觉地进行更多的劳动分工，使劳动分工的趋势更加明显。于是，便形成了人类社会中对生产类别的区分与专门化的表征，即所谓"职业"。

历史发展表明，人类生产劳动最初的三次大分工直接导致了职业的产生。第一次是农业与畜牧业的分工，这导致了专门从事种植的农业和专门从事放牧的牧业的出现；第二次是手工劳动从农牧业中分离出来，这导致了专门从事以工具为主的器物制造的手工业的出现；第三次是商业的兴起，这导致了专门从事交换买卖的商业的出现。后来，又相继形成了其他种种职业。

由上可知，职业的形成是社会生产力发展的客观必然，是人类社会文明进步的表现。人们不仅通过职业分工节省了由于劳动内容与形式频繁变换所耗费的时间与体力，熟练了劳动技能，取得更多效益，还通过职业分工扬长避短，调剂余缺，密切了相互之间的合作关系。

二、职业的发展

职业的形成既然是社会生产力发展和社会进步的结果，那就必然会随着生产力特别是科技水平的不断提高和社会的不断进步繁荣而发展。其最为显著的表现是：

1. 新兴职业种类大量涌现

在工业社会的初始阶段，由于科学技术更新换代周期长，在生产上的应用相对稳定，所以，受此影响职业门类更新的周期相对缓慢。在现当代，随着各种先进科技成果大量产生，其被运用于生产的速度加快，加之更多需求推动，新的职业如从事新材料、新工艺、新能源开发、网络设计与管理、计算机软件的开发与应用等也大量涌现。随着一些边缘科学出现，也相应产生了诸如生命科学研究、人口问题研究、应用美学研究等相关职业。为适应新的政治体制及其管理的需要，出现了公共事业管理、行政监督、司法监督等相关职业。随着市场经济的发展，出现了注册会计、经营策划、广告宣传、房地产等新的职业。随着服务需求的扩大，出现了社区服务、中介服务、小区保安、家政服务等职业。这些涌现出来的新职业不仅打破了传统职业格局，繁荣了社会经济，而且还为大批具有现代科学思想、掌握现代科技和懂得现代管理的人才，提供了就业和施展才能的机会。

2. 技术性职业将在各行业中占主导地位

在工业经济时代，职业中多以体力劳动为主，劳动中对技术性要求不高。在当今的知识经济时代，生产工艺和管理手段的科技化、现代化趋势越发明显，产品的科技含量越来越高，对职业员工的学历层次、科技水平和操作现代化设备能力的要求越来越高，技术性职业将在各行业中占据主导地位。那些劳动密集、技术含量低的单位，将很快被淘汰，相关职业也就自然随之消失。在技术型职业中，各种类型的科技人才和技术型管理人才，是生力军和基本骨干，他们决定着行业的生存与发展，在就业竞争中处于明显优势地位。为适应技术型职业迅速发展并将占据主导地位的形势，人才培养一定要突出"高素质技能型"的目标要求，落实各项培养措施，使合格人才大量涌现，以满足社会对技术性职业的需要。

3. 服务性职业门类不断增多，地位快速提升

由于高科技和新材料的使用，整个社会生产力与产品的种类迅猛增长，原先以生产性劳动为主的劳动人口明显向服务性劳动转移，并逐渐占据重要地位。当代社会的服务性需求几乎遍及社会生产、生活的所有方面，金融服务、科技服务、销售服务、文化服务、医疗服务、社区管理服务、私人生活服务等，早已为人们所熟知。诸如此类的服务性需要不仅产生相应的职业，而且由其所产生的作用与影响更凸显了它们在社会存在与发展中的地位与价值。服务性职业门类的不断增多和地位的迅速提升，使得服务性职业的从业人员逐渐超过从事生产性职业的从业人员，这势必要带来如何培养合格服务性人才、如何规范服务性工作质量标准、如何鼓励青年学生学习和从事服务性职业等一系列问题。无疑，这些应是高职院校认真思考并着力解决的问题。

4. 职业资格证书制度将广泛快速实施

《中华人民共和国劳动法》规定："国家确定职业分类，对规定的职业制定职业技能，实行职业资格证书制度。"职业资格证书制度是劳动就业制度的一项重要内容，也是一种特殊形式的国家考试制度。它是按照国家指定的职业技能标准或任职资格条件，通过政府认定的考核鉴定机构，对劳动者的技能水平或职业资格进行客观公正、科学规范的评价和鉴定，对合格者授予相应的国家职业资格证书。职业资格证书是劳动者具备某种职业所需要的专门知识和技能的证明。与学历文凭证书不同，职业资格证书与某一职业能力的具体要求密切结合，反映特定职业的实际工作标准、规范和劳动者从事这种职业所达到的实际能力水平。我国技术性职业（工种）的职业资格证书分为"初级技能""中级技能""高级技能""技师""高级技师"五种，由人力资源和社会保障部统一印制，劳动保障部门或国务院有关部门按规定办理和核发。职业资格证书是劳动者求职、任职、开业和用人单位录用劳动者的主要依据，也是境外就业、对外劳务合作人员办理技能水平公证的有效证件。职业资格证书包括从业资格证书和执业资格证书。从业资格

是指从事某一职业需要在知识、技术和能力所应达到的标准。从业资格证书，是持有人经省、自治区和直辖市人事部门会同业务主管部门在认定学历或考试合格以后取得的证书。执业资格是指政府对某些责任重大、社会通用性强、与公共利益关系密切的职业实行的准入制度，依法要求从事该项职业的人员在知识、技术和能力等方面必须达到的标准。执业资格证书是其持有者经职业资格考核合格后所取得的证书。目前，我国已有近 20 个专业建立了职业资格证书制度，其中部分专业实行注册制度，如注册会计师、注册税务师、注册建筑师等；有的专业还只是实行考试制度，如医师、药师、中药师、统计员、教师、法律顾问、价格鉴证师、珠宝玉石质量检验师等。我国正在积极推行人才职业资格论证制度，已有职业技能鉴定机构 7 000 多个，平均每年有 400 多万人参加各种不同职业技能鉴定，逐渐实现与世界各国进行职业资格互认，建立与国际接轨的完整的职业资格制度体系。职业资格证书制度的广泛快速实施，不但能有效地促进职业的规范化，而且对于职业人才的培养提出了更加严格更加具体的要求，高职高专教育要着力推行"学历证书和职业资格证书并举"的国际通行做法，以适应职业发展的形势与需求。

三、职业的分类

由于社会劳动的不同类型，其劳动对象、劳动工具以及劳动的支出形式都各有特殊性，这就决定了各种职业之间的区别，也正是根据这些区别，人们对职业做了种种分类。所以，社会劳动分工是职业分类的依据。

国外一般按照以下三种方法对职业进行分类：

1. 按脑力劳动与体力劳动性质、层次进行分类

这种分类方法把工作人员划分为白领工作人员与蓝领工作人员两大类，白领工作人员主要从事专业性和技术性工作，如农场以外的经理和行政管理人员、销售人员、办公室人员。蓝领工作人员主要从事手工艺及类似的工作，如非运输性技工、运输装置机工人、服务性行业工人。此种分类方法表现出明显的职业等级性。

2. 按心理的个别差异进行分类

这种分类方法是根据美国著名的职业指导专家霍兰创造的"人格—职业"类型匹配理论，把人格类型划分为六种，即现实型、研究型、艺术型、社会型、企业型和常规型，与其相对应的是六种职业类型。

3. 依据各个职业的主要职责或"从事的工作"进行分类

这种分类方法把职业由粗至细分为四个层次、八个大类：（1）专家、技术人员及有关工作者；（2）政府官员和企业经理；（3）事务工作者和有关工作者；（4）销售工作者；（5）服务工作者；（6）农业、牧业、林业、渔业工作者及猎人；（7）生产和有关工作者、运输设备操作者和劳动者；（8）不能按职业分类的其他劳动者。

这三种分类方法各有优长，其中第三种分类的特点，有利于提高国际间职业统计资料的可比性和便于国际交流。

参照国际标准和方法，1986 年，我国国家统计局和国家标准局首次颁布了中华人民共和国国家标准《职业分类与代码》（GB/T6565—1986），并启动了编制国家统一职业分类标准的宏大工程。这次颁布的《职业分类与代码》将全国职业分为 8 个大类、63 个中类、303 个小类。1992 年，原国家劳动部会同国务院各行业部委组织编制了《中华人民共和国工种分类目录》，这个目录根据管理工作的需要，按照生产劳动的性质和工艺技术的特点，将当时我国近万个工种归并为分为 46 个大类的 4 700 多个工种，初步建立起行业齐全、层次分明、内容比较完整、结构比较合理的工种分类体系，为进一步做好职业分类工作奠定了坚实基础。

20 世纪 90 年代中期，随着社会主义市场经济体制的逐步建立和科学技术的迅猛发展，我国的社会经济领域发生了重大变革，这对人力资源管理提出了新的要求。为此，国家提出要制定各种职业的资格标准和录用标准，实行学历文凭和职业资格两种证书制度。根据社会经济发展的需要，1995 年 2 月，劳动部、国家统计局和国家质量技术监督局联合中央各部委共同成立了国家职业分类大典和职业资格工作委员会，组织社会各界上千名专家，经过四年的艰苦努力，于 1998 年 12 月编制完成了《中华人民共和国职业分类大典》，并于 1999 年 5 月正式颁布实施。

近年来，由于经济社会的不断发展，我国社会职业构成发生了很大变化。为适应发展需要，《中华人民共和国职业分类大典》于 2015 年进行了修订（以下简称为《大典》）。2015 年版《大典》运用科学的职业分类理论和方法，借鉴国际先进经验，充分考虑我国社会转型期社会分工的特点，在 1999 年版《大典》的基础上，按照"工作性质相似性为主、技能水平相似性为辅"的分类原则，将我国职业分类体系调整为 8 个大类、75 个中类、434 个小类、1 481 个职业，并列出了 2 670 个工种，标注了 127 个绿色职业。2015 年版《大典》在分类上更加科学规范，在结构上更加清晰严谨，在内容上更加准确完整，全面客观地反映了现阶段我国社会的职业构成、内涵、特点和发展规律（表 2-1）。

表 2－1　中华人民共和国职业大典中的职业分类表（2015 版）

大类	中类	小类	职业描述
1. 党的机关、国家机关、群众团体和社会组织、企事业单位负责人	1—01. 中国共产党机关负责人 1—02. 国家机关负责人 1—03. 民主党派和工商联负责人 1—04. 人民团体和群众团体、社会组织及其他成员组织负责人 1—05. 基层群众自治组织负责人 1—06. 企事业单位负责人	略	在中国共产党机关，国家机关，民主党派和工商联，人民团体和群众团体、社会组织及其工作机构，基层群众自治组织，企业、事业单位中担任领导职务并具有决策、管理权的人员。
2. 专业技术人员	2—01. 科学研究人员 2—02. 工程技术人员 2—03. 农业技术人员 2—04. 飞机和船舶技术人员 2—05. 卫生专业技术人员 2—06. 经济和金融专业人员 2—07. 法律、社会和宗教专业人员 2—08. 教学人员 2—09. 文学艺术、体育专业人员 2—10. 新闻出版、文化专业人员 2—99. 其他专业技术人员	略	从事科学研究和专业技术工作的人员
3. 办事人员和有关人员	3—01. 办事人员 3—02. 安全保卫和消防人员 3—99. 其他办事人员和有关人员	略	在公共管理和社会组织机构中，从事行政业务、行政事务、行政执法和仲裁、安全保卫、消防和应急救援等工作的人员。
4. 社会生产服务和生活服务人员	4—01. 批发与零售服务人员 4—02. 交通运输、仓储和邮政业服务人员 4—03. 住宿和餐饮服务人员 4—04. 信息传输、软件和信息技术服务人员 4—05. 金融服务人员 4—06. 房地产服务人员	略	从事商品批发零售、交通运输、仓储、邮政和快递、住宿和餐饮、信息传输、软件和信息技术以及金融、房地产、租赁和商务、技术辅助、生态保护、文化、体育和娱乐等社会生产服务与生活服务工作的人员。

续表

大类	中类	小类	职业描述
	4—07. 租赁和商务服务人员		
	4—08. 技术辅助服务人员		
	4—09. 水利、环境和公共设施管理服务人员		
	4—10. 居民服务人员		
	4—11. 电力、燃气及水供应服务人员		
	4—12. 修理及制作服务人员		
	4—13. 文化、体育和娱乐服务人员		
	4—14. 健康服务人员		
	4—99. 其他社会生产和生活服务人员		
5. 农、林、牧、渔业生产及辅助人员	5—01. 农业生产人员	略	从事农、林、畜、渔业生产活动及辅助生产的人员
	5—02. 林业生产人员		
	5—03. 畜牧业生产人员		
	5—04. 渔业生产人员		
	5—05. 农、林、牧、渔业生产辅助人员		
	5—99. 其他农、林、牧、渔业生产及辅助人员		
6. 生产制造及有关人员	6—01. 农副产品加工人员	略	从事产品生产及设备制造、矿产开采、工程施工和运输设备操作的人员及有关人员
	6—02. 食品、饮料生产加工人员		
	6—03. 烟草及其制品加工人员		
	6—04. 纺织、针织、印染人员		
	6—05. 纺织品、服装和皮革、毛皮制品加工制作人员		
	6—06. 木材加工、家具与木制品制作人员		
	6—07. 纸及纸制品生产加工人员		
	6—08. 印刷和记录媒介复制人员		
	6—09. 文教、工美、体育和娱乐用品制作人员		
	6—10. 石油加工和炼焦、煤化工生产人员		

大类	中类	小类	职业描述
	6—11. 化学原料和化学制品制造人员		
	6—12. 医药制造人员		
	6—13. 化学纤维制造人员		
	6—14. 橡胶和塑料制品制造人员		
	6—15. 非金属矿物制品制造人员		
	6—16. 采矿人员		
	6—17. 金属冶炼和压延加工人员		
	6—18. 机械制造基础加工人员		
	6—19. 金属制品制造人员		
	6—20. 通用设备制造人员		
	6—21. 专用设备制造人员		
	6—22. 汽车制造人员		
	6—23. 铁路、船舶、航空设备制造人员		
	6—24. 电气机械和器材制造人员		
	6—25. 计算机通信和其他电子设备制造人员		
	6—26. 仪器仪表制造人员		
	6—27. 废弃资源综合利用人员		
	6—28. 电力、热力、气体、水生产和输配人员		
	6—29. 建筑施工人员		
	6—30. 运输设备和通用工程机械操作人员及有关人员		
	6—31. 生产辅助人员		
	6—99. 其他生产制造及有关人员		
7. 军人	7—00. 军人	略	军人
8. 不便分类的其他从业人员	8—00. 不便分类的其他从业人员	略	不便分类的其他从业人员

　　《中华人民共和国职业分类大典》的重要贡献在于，它在广泛借鉴国际先进经验（特别是《国际标准职业分类》ISCO—88）和深入分析我国社会职业构成

的基础上，突破了过去以行业管理机构为主体，按照归口部门、单位甚至用工形式的不同来划分职业的传统模式，采用了以从业人员工作性质的同一性作为职业划分标准的新原则，并对各个职业的定义、工作活动的内容和形式、工作活动的范围等做了具体描述，体现了职业活动本身固有的社会性、目的性、规范性、稳定性和群体性特征。《大典》科学、客观、全面地反映了当前我国社会的职业构成，填补了长期以来我国在国家统一职业分类领域存在的空白，具有深远的意义和广泛的应用价值。

从职业结构看，职业的分布有三个特点：

第一，技术型和技能型职业占主导，占实际职业总量的 60.88％的职业分布在"生产、运输设备操作人员及有关人员"这一大类，并分属我国工业生产的各个主要领域。从这类职业的工作内容分析，可发现其特点是以技术型和技能型操作为主。

第二，第三产业职业比重较小，仅占实际职业总量的 8％左右，三大产业中的职业分布以第二产业所占的职业比重最大。

第三，知识型与高新技术型职业较少。在现有职业结构中，属于知识型与高新技术型的职业数量不超过总量的 3％。

职业的分类是个动态的过程，随着科学技术水平的不断提高以及社会生产、管理和服务内涵的丰富发展，一些职业会因失去价值而消失，一些新型职业则会因为生产、生活的变化发展而不断地涌现出来，职业的分类也将随之更加多样、更加丰富。

第三节　职业的价值

要对"职业"做出总体性的说明，还需再就职业的价值进行考察。所谓"价值"，主要指事物及现象对于人及社会的意义。这里的"意义"，是作为客体的事物及现象与作为主体的人及社会之间的一种关系，既涉及事物及现象自身的性质与作用，又涉及人与社会对于它们的评价与需要。这充分表明，"价值"是通过客体的性质作用与主体的评价需要之间的关系而确立的，既不单纯属于客体，也不单纯属于主体。所谓"职业的价值"，是指职业对人及社会的意义。它涉及职业自身的性质与作用，也涉及人及社会对职业的性质与作用的评价、需要。因此，"职业的价值"不只是职业自身是否有用的问题，还包括人及社会对其作用的认识、选择和需要。通过在职业的性质、作用与人和社会的关系中考察和研究职业的价值，我们得出以下五个方面的认识。

一、职业的存在与活动状态是社会文明结构与程度的表现

社会文明是社会物质财富生产、消费和文化精神的基本状态与进步程度。人类社会发展到一定阶段，由于劳动分工和提高劳动效率的需要，形成了以劳动对象和劳动形式相对归类为根本特征的职业。因此，职业的产生与形成本身就是社会文明发展的结果。社会文明的基本构成包括物质文明、精神文明和制度文明。社会生产、生活资料的创造与生产，是物质文明的建设与积累；社会思想文化与教育科学等方面精神财富的创造与生产，是精神文明的建设与积累；社会制度的创造与社会的管理，是制度文明的建设与积累。所有人类社会文明建设的这三个方面，一直以来都被对应领域的职业所承载，并得以井井有条地运作与完成。职业分工层次结构愈合理，创造的财富就愈大，其也说明了社会文明结构愈合理，文明程度愈高级。

二、职业的发展与竞争促进社会生产力、科学技术的提高和全社会的经济繁荣

从社会生产、生活的总体来看，不同职业的出现是社会分工的结果。不同的职业虽承担不同的职责，但它们相互配合、相互补充、目标一致；而从不同职业总要在社会生产、生活中占有一定的地位，总要在社会总财富中取得应有的份额的方面来看，它们之间又必然存在矛盾与竞争。在此意义上，不同职业也可以说是不同的利益集团。直接的利益目的，是职业形成的原因之一，而职业的利益实现，是职业存在和发展的保证。经验证明，任何职业的发展与壮大总会遭遇同行的竞争：争资金投入、争优质原材料、争优质劳动力、争最好的机器设备、争产品销售市场……正是这些竞争促进了先进生产设备的创造与使用，促进了劳动生产者技能的培训与提高，促进了产品销售市场的增大，促进了全社会金融事业的旺盛与繁荣。

三、职业种类的多样性为人们自由、自主、自愿就业提供了更多机会

人们因成长环境、所受教育及个性脾气的差异，会形成各不相同的兴趣爱好、才能本领、事业方向和就业岗位追求。在劳动分工简单、职业种类单调的条件下，可供选择的职业自然极其有限，要满足人们多种的就业要求是根本不可能的。当今，劳动分工更趋细化，职业种类愈来愈多。不同职业由于劳动对象、劳

动方式、设备条件、生产服务流程和产品形式的种种不同，对其从业人员的知识结构、实践能力、生理心理条件的要求，也必然各不相同。职业种类愈多，要求的差异就愈大。正是职业的这些众多不同的性质与差异性的要求，为人们选择符合自己兴趣爱好和适合自身实际条件的职业岗位，能够相对自由、自主、自愿就业，发挥最高劳动热情，展示最大才能本领，提供了可能与保证。

四、职业活动创造的产品和提供的管理与服务增大和丰富了社会财富，也满足了人民群众的物质和精神方面的多种需求

创造生产资料的职业，为社会提供机器、工具、动力、材料等方面的物件与产品；创造生活资料的职业，为社会提供衣、食、住、行方面的物件与产品；创造精神文化产品的职业，为社会提供科技发明和精神思想动力；管理服务业，为社会生产、生活提供平稳安全的社会生活和种种便利。所有这些，无疑增大和丰富了社会的整体财富。因为职业劳动是有偿的，从业人员能够获得与职业劳动的量与质相匹配的经济报酬，以及经济报酬外的其他如荣誉、地位、权力等方面的利益。所以，人们的职业劳动不只是增大和丰富了社会整体的财富，同时也满足了自身的物质与精神方面的多种需求。

五、职业劳动是人们成才、立业和报答家庭、社会的基本途径与方式

人才，不单指知识渊博、智能超群、贡献突出的专家、教授，那些辛勤劳动在生产、管理和服务第一线的，具有一定文化知识、熟练操作技能和丰富实践经验并也做出一定贡献的人，也是人才。这两类人才虽有接受教育层次的不同、贡献与影响的大小不同，但他们成才的基础与经历却有共同之处，即都要掌握自身业务的基本理论知识，具有扎实的实验技能和操作本领，具有创造和生产产品的实践经验。所有这些使人成为人才的基本条件，从根本上讲只有通过实际接触劳动对象、操作和运用生产设备、监控和调整生产过程、检验产品合格状况等一系列的职业岗位进行劳动才能获得。离开这些在职业岗位的学习与实践，无论哪种类型的人，不说创造、生产不出任何产品，做不出贡献，恐怕就连基本的职业劳动技能也无法掌握。一个未曾真正进门入行的人，无论如何是成不了人才的。

立业，即建立事业。人们立业的出发点和目的，是缘于对社会和家庭的责任自觉和实现个人人生价值的强烈愿望。由于人们自小生活依偎在家庭，青少年阶段成长锻炼在社会，故一般人在生活成长的过程中会自觉或不自觉地产生出对家庭和社会的感情，形成回报家庭和社会的责任意识，并将实现这一责任确认为个

人的人生价值。但毕竟责任意识和价值期许还只是主观精神性的愿望，它们的实现要依靠从事有特定内容和具体形式的劳动，即从事一定的职业活动。只有实际从事了一定的职业劳动，才能创造和生产出现实具体的社会财富，而人们所能贡献和回报社会、家庭的，也主要是他们的职业劳动及其物质与精神的成果。所以，职业劳动也是报答社会和家庭，实现自身人生价值的根本途径和方式。

学习思考题

1. 如何理解职业的四个特征？
2. 当代职业呈现了什么样的发展趋势？
3. 职业分类的基本依据是什么？
4. 我国现行职业分类的情况是怎样的？
5. 如何理解职业的社会价值？

阅读参考书目

1. 恩格斯. 家庭、私有制和国家的起源 [M] //中共中央马克思恩格斯列宁斯大林著作编译局，编译. 马克思恩格斯选集（第四卷）. 北京:人民出版社，1995.

2. 孙伟平. 事实与价值：休谟问题及其解决尝试 [M]. 北京：社会科学文献出版社，2006.

第三章

职业理想

理想是大海中的灯塔，指引着人类之舟的航向；理想是强劲的东风，鼓起人生之舟的风帆。没有理想就没有坚定的方向。树立正确的职业理想，不仅对我们学习专业理论与专业技能、掌握职业本领具有指导激励作用，而且对于我们培养和完善人格也具有重要的意义。我们要根据社会发展的需求和个人所选择的专业，树立正确的职业理想，把高尚的职业理想融入崇高的社会理想中，为社会做出更大贡献。

第一节　职业理想的含义与特征

人们的各种行动无一不受一定的思想支配，在各种各样的思想观念中，对行动起长远作用的是人们的理想信念。大学时代，正是人生之舟启航之际，崇高的理想信念将帮助我们扬起生命的风帆，伴随我们的生命旅程。我们在树立崇高的社会理想的同时，还要树立高尚的职业理想。

案例导读

不同的结局

有三个人被关进监狱三年，典狱长答应满足他们每人一个要求。美国人爱抽雪茄，要了三箱雪茄。法国人爱浪漫，要一个美丽的女子相伴。而犹太人说，他要一部与外界沟通的电话。三年过后，第一个冲出来的是美国人，嘴里塞满了雪茄，大喊道："给我火，我要火！"接着出来的是法国人，只见他手里抱着一个小孩，美丽的女子手里牵着一个小孩，肚子里还怀着第三个。最后出来的是犹太人，他紧紧握住典狱长的手说："这三年我每天与外界联系，我的生意不但没有停止，反而增长了 20％，为了表示感谢，我送你一辆劳斯莱斯！"

思考与讨论： 为何三人的结局不同？对我们有何启示？

分析： 他们三人三年前不同的想法决定了三年后不同的结局。

一、职业理想的含义

1. 理想的概念

我们首先来认识"理想"的概念。"理想"一词，《现代汉语词典》解释为"对未来事物的想象或希望（多指有根据的、合理的，跟空想、幻想不同）"；《新华词典》解释为"对美好未来的设想（指有根据的、可以实现的，区别于梦想、幻想）"。由此我们可以将其概括为：理想，是人们在实践中形成的具有现实可能性的对未来的向往和追求，是人们的世界观、人生观和价值观在奋斗目标上的集中体现，是同奋斗目标相联系的有实现可能性的设想和构想，是人们的信念和追求。我们通常说的理想是指人生理想，是人生观的核心。理想有三个基本要素：一，社会生活发展的现实可能性；二，人们的愿望和要求；三，人们对社会生活发展前景的形象化构想和设想。

从不同的角度出发，对理想的概念有不同的理解。从社会学角度说，理想是对未来社会合乎客观发展规律的想象和希望；从哲学认识论角度说，理想是对奋斗目标有根据的构想；从心理学角度说，理想是同奋斗目标相联系的有实现可能性的信念；从政治学角度说，理想是人们的政治立场在奋斗目标上的集中体现。但是，不管从哪个角度说，理想都是人们对客观事物发展的现实可能性的反应，是人们在把握了客观规律的基础上，对处在萌芽状态的事物发展趋向于结果的描绘和向往。理想具有时代性、现实性、超越性、阶级性、实践性等特点，同时理想也是一个内涵非常丰富的范畴。理想中有社会理想、道德理想、生活理想和职业理想。社会理想是指向社会制度和政治结构的，道德理想是指向社会道德关系和理想人格的，生活理想是指向社会活动及方式的，职业理想是指向职业活动内容与价值追求的。

2. 职业理想的概念

根据职业理想的特定指向，我们将它定义为人们在社会生活实践中，在一定的世界观、人生观和价值观的指导下，对未来所从事的职业、服务的工作部门、承担的工作种类和获得的事业成就等的想象、设计、向往和追求。职业理想反映了个人的职业目标和价值取向，既是人的世界观、人生观和价值观在职业奋斗目标上的体现，又是人生理想的重要组成部分，和人的社会理想、生活理想、道德理想等相互联系、相互作用，共同构成人的丰富多彩的精神世界，规划、激励、推动着人的职业生涯和人生的发展。

职业理想作为一种社会意识，是社会历史的产物，同时其又随着社会的发展而变化，并通过具体的事业成就来实现。要真正理解职业理想的含义必须把握以下四点：一，它属于社会意识范畴，是一定社会生产方式形成的职业地位、职业声望在人们头脑中的反映。生产力发展水平不同，社会实践的深度、广度不同，世界观、人生观、价值观不同，人们对自己职业需要的设计和追求的职业目标也不同。二，它是人们特有的对自己生活的规划。人们不是被动地通过职业活动来满足生存需要，而是有意识、有目的地设计、规划自己的物质生活和精神生活，并设定追求和奋斗的目标。三，它是以客观现实发展的可能性来展示明天的现实。职业理想并非凭空臆想，而是必须建立在客观现实发展可能性的基础上，以一种历史的必然趋势来展示明天的现实，表现为社会提供的客观条件和主体主观能动性的结合，反映人们对职业愿望和各种需求的有形化设想。四，它同奋斗目标相联系，是人们对未来美好生活的向往和追求。职业理想是人们实现职业愿望和人生目标的精神支柱和力量源泉。

二、职业理想的特征

职业理想既具有理想所具有的现实性、超越性、时代性、阶级性、实践性等特征，又具有自身的一些独特特征。

1. 层次多样性

职业理想作为人们对于自身劳动种类的向往与价值实现的憧憬，与人的所有其他观念和思想一样，是受社会生活条件和个人存在的具体境况支配和影响的，而这些对于不同的人还会表现出不同的情况，如此便导致了职业理想的区别与层次，即初级、中级和高级三个层次。

一，初级层次的职业理想。在现阶段，人们的劳动还基本是谋生的手段，远没有达到共产主义"社会劳动是人的第一需要"的高度。因此，大部分人社会活动的目的首先是为了维持自己和家庭的生存，过上安定的生活。这是人们对职业活动的最初动机，是职业理想的基本层次。在一定历史阶段，随着年龄的增长、知识的增多，每一个健康的人都会有这样的职业理想。这也表明，初级层次的职业理想具有普遍性。

二，中级层次的职业理想。随着社会条件和个人境遇的改善，人们会产生能够从事适合个人能力和满足兴趣爱好的工作，以充分发挥自己的能力、满足提高自身素质的想法与愿望。此即中级层次的职业理想，其主要目的是通过特定的职业施展个人的聪明才智。由于人们存在兴趣爱好的差异，中级层次的职业理想会表现出因人而异的多样性。

三，高级层次的职业理想。进入这一层次，人们的工作目的主要是承担社会义务，通过社会分工把自己的职业同为社会、为他人服务联系起来，同人类的前途和命运联系起来。此即高级层次的职业理想，可以看出，进入这一层次的职业理想，已同崇高的社会理想趋于统一。

以上职业理想的三个层次，在内容和要求上虽然有明显的区分，但在同一个人身上是可以并行不悖的。这就是说，对于同一个人，其工作目的往往是谋求生存、发展个性和承担社会义务三者同时并存。我们在肯定前两个层次的职业理想的同时，更鼓励和倡导人们树立高级层次的职业理想。

拓展阅读

2. 个体差异性

首先，职业理想具有差异性。不同时期、不同地域或同一时期、不同条件下的人，可以选择各不相同的职业，追求各不相同的价值目标。如在填报升学志愿时，一个高三班的几十个人，可能会填写十几个甚至几十个各不相同的专业，确立各不相同的职业理想。何以能如此呢？这是因为劳动行业的多样性和社会生活的丰富性，为多种职业理想提供了客观基础；而知识、能力、兴趣各不相同的人，其劳动兴趣指向与表现也必然是各不相同的，这是形成多种差异性职业理想的主观原因。

其次，职业理想具有个性特征。职业理想表现有个人知识结构、能力水平、气质层次、兴趣爱好、综合素质等方面的显著特征。同一个高中毕业班的同学，甚至是同一个家庭的孩子，所填写的报考志愿可能会是完全不同的。如有的报工科，有的报文科，有的报农科，等等，其个性特征的表现是十分明显的。之所以会这样，其决定性原因是个人生活经验、观念意识、行为习惯与兴趣爱好等的影响。此外，同一个人在生活、学习和工作等社会实践中，其知识结构、能力水平、气质层次、兴趣爱好、思想品德等也处在动态的、持续的发展变化中，这也必然令一个人在不同时期、不同发展阶段出现职业理想的调整和变化，即呈现出多样性、动态性、差异性的特征。

3. 社会从属性

首先，职业理想具有社会性。职业理想的社会性是由人的社会性决定的。人们提出和设定职业理想是在一定的社会形态和社会条件下形成的，这是由理想的现实性决定的，即理想必须来源于现实，在现实中产生。如毕业生的双向选择是在社会主义市场经济条件下产生的，与计划经济下的选择是大不相同的。同样，职业理想的实现取决于一定社会因素，依赖于特定的社会条件，这也是由理想的现实性所决定的。比如职业演变，从历史上看，由于生产力低，职业种类少，人们选择职业的机会少，职业变换就少。任何时代的职业理想都受到该时代社会生产方式的发展水平所制约，生产方式越先进，社会经济越发达，社会分工就越精细，职业种类就越多；科学技术越先进，职业演化就越迅速，人们选择职业的机会就越多，实现职业理想的社会条件就越好。所以，只有到了现代社会，科技进步，生产力提高，新的职业不断产生，人们选择、变换职业才有了更多的可能，选择、确立、实现职业理想才有了更好的社会条件。

其次，职业理想具有从属性，在职业理想与社会理想的关系中，我们可以清楚地看到职业理想的这一特点。在人们的各种理想中，社会理想处于总领与主导的地位，它支配和决定人们包括职业理想在内的其他理想。社会理想是职业理想的精神支柱。孙中山和鲁迅原先都是以学医成为医生为目标的，而当他们认识到社会斗争的重要性时，便都毅然放弃医学专业，投身推翻清朝统治与唤醒民众觉悟的社会斗争。职业理想有其自身的价值目标与追求，但它不是人生的根本目标与最高追求，人的根本目标与最高追求是社会理想，它可以具体化为职业理想。在逻辑关系上，职业理想是实现社会理想的途径，实现社会理想才是最高最终目标。正因为如此，人们会这样要求自己：只要有利于共同富裕的社会目标和人类文明的更大进步，干什么都一样。不会干，可以学；没兴趣，可以培养。

第二节　职业理想的价值与意义

树立高尚的职业理想对明确人生发展目标和职业生涯目标，促进人生理想和职业理想的实现有着目标导向、价值引领、动力支持等积极的作用。职业理想凝聚人的知识、意志、情感等多方面的因素，是激励人们奋发努力的精神力量，它能促使人们以坚强的毅力、顽强的斗志，向着既定的目标拼搏奋斗，最大限度地展现职业岗位的价值和最大可能地实现人生的价值。

一、职业理想对职业发展的作用

职业理想是人生职业活动的目标和指南，是人们实现职业愿望的精神支柱和力量源泉。

1. 职业理想具有导向作用，是职业选择的向导

职业理想对职业劳动者的求职、择业和就业准备产生最直接、最根本的影响。职业理想是人们对未来职业的向往，一个人一旦确立了科学的职业理想，就应当朝着实现这一理想的方向去努力。为了实现自己的职业理想，首先必须选择一个与之相适应的职业，这个职业可以是所从之业，也可以是所创之业，否则职业理想就无法或很难得到实现。因此，在进行职业选择时，职业理想将起着十分重要的导向作用。职业、劳动是谋生的手段，但又不仅仅是谋生的手段。就像吃饭是为了活着，但活着不全是为了吃饭一样。"会当凌绝顶，一览众山小"，当代大学生只有树立了崇高的职业理想和坚定的职业信念，才能在选择职业岗位时超越生存这个层次，依托职业提高自身的能力，培养自身的特长和特质，实现职业既能够发展自我又能够服务社会的功能。

2. 职业理想具有标尺作用，是职业适应的基础

确立了职业理想，就可以用既定目标去衡量和判断所从事的职业的行为成效。从科学的角度说，理想的职业既能符合个人的兴趣爱好，又能使人适应职业需要、发挥自身的优势和充分展示个人才能。但是，由于从事职业活动之前缺乏实践经验，在从事的职业活动中，许多不确定因素会造成职业理想发生偏移。因此，在职业活动中有一个职业适应期，需要在实践中以职业理想作为标尺，不断过滤职业理想中的幻想、空想成分，加深对社会和职业的认识、认同和理解，既不用理想去否定现实，也不用现实去否定理想，及时调整目标和期望值，让职业理想和社会现实统一起来，使职业理想更具有成为现实的可能性。

3. 职业理想具有激励作用，是职业发展的动力

职业理想在人的职业生涯中具有激励功能，是人们百折不挠、奋发进取的原动力。一，职业理想可以坚定职业信仰，增强工作积极性。职业信仰是指人们对自己所从事的职业极度尊崇和信任、终身深信不疑并身体力行去执着追求的一种精神。这种精神能够持续不断地激励人们在本职岗位上兢兢业业、创新创造、精益求精、乐于奉献。二，职业理想可以强化职业情感，增强职业活动的主动性。职业情感是人们在选择职业和从事职业活动时所产生的积极向上的情感体验，包括职业认同感、归属感、尊严感和荣誉感，是产生职业意识的基础。职业理想所激发出的这些积极的情绪情感，会使人们时时刻刻事事为职业目的和职业追求着想，并形成一种持久的自觉意识。三，职业理想可以巩固职业意志，保障事业的成功。职业意志是职业劳动者在职业活动中表现出来的不惧困难、顽强奋斗的斗争精神和坚持精神。职业理想可以强化这些精神，激励从业人员敬业乐业、持之以恒。四，职业理想可以调整职业行为习惯，增强人的创新创造性。良好的职业行为习惯能够大大提高工作效率，有助于职业目标的实现。职业理想能促进良好职业行为习惯的形成，对职业活动的有序、可持续进行有保障和促进作用。

二、职业理想对人生发展的作用

职业理想是实现个人理想、生活理想和社会理想的桥梁。

1. 青年走向社会的向导

理想是前进的方向，是心中的目标。人的生命是有限的，要使有限的生命有意义，就必须让人生具有明确的奋斗目标，并沿着正确的方向前进。这对人的一生具有决定性的意义。职业生活占据人生的绝大部分时间，所以在人生的道路上，人们往往通过职业活动来追求精神生活、物质生活水平的提高，追求人生价值的实现，追求社会对自己的认同。职业理想是人们对未来劳动岗位的认定与价值追求，是人生奋斗目标的具体化。高尚的职业理想，有利于明确和实现人生发展的目标。古往今来，许多人之所以能披荆斩棘，始终不渝，以满腔热血投身自己热爱的事业并取得辉煌的成就，主要是因为高尚的职业理想使他们的士气高昂，无私无畏，建功立业。

我们这一代青年，正处在实现中华民族伟大复兴的阶段，这为每个青年都提供了展翅高飞的广阔天空和纵横驰骋的无垠疆场。那么，我们应该怎样投入到"四化"建设大军的行列，开始火热的生活呢？首先要做的就是要树立正确的职业理想，这是我们步入社会参加职业劳动，取得成就和达到奋斗目标的向导和前提。若非如此，我们的行动就会是盲目的、没有方向的，甚至会走上邪路。

李大钊曾经对青年说过："你们在开始行动以前，应该定定方向，比如航海远行的人，必先定个目的地，中途的指针，总是指着这个方向走，才能有达到目的的那一天，若是方向不定，随风飘转，恐怕永无达到的日子。"可见，职业理想对一个人能否沿着正确的人生道路前进有着决定的作用。在历史上，许多人都是在青少年时代就确定了正确的职业理想，选择了光明的前进道路。

我国著名数学家苏步青教授，十七岁到日本留学。为了给中华民族争光，他刻苦学习，连续发表了三十多篇论文，并获得了理学博士学位。在获得博士学位之前，他已在日本东北帝国大学数学系任讲师，他的指导教授还准备聘请他去某大学当副教授。这样的机会应该说是不可多得的，但他还是决定回祖国任教，把学到的知识贡献给祖国和人民。苏步青成功了，因为他在行动之前，在心里早有了目标；苏步青胜利了，因为他的目标始终如一。

青年学生是社会主义各项建设事业的后备军，党和人民把祖国的未来寄希望于青年一代。青年学生能否确立正确的职业理想，不仅关系到个人走什么道路，也关系到祖国的前途与命运。

经典案例

2. **青年建功立业的动力**

恩格斯说："推动人去从事活动的一切，都要通过人的头脑……外部世界对人的影响表现在人的头脑中，反映在人的头脑中，成为感觉、思想、动机和意志，总之，成为'理想的意图'，并且通过这种形态变成'理想的力量'。"职业理想作为人精神生活的支柱，不仅是人生的方向，也是人生的动力，功业的建立，社会的前进，人类的发展，都与给人们以巨大推动力的职业理想分不开。一个人没有职业理想，就会失去工作的动力。一个人如果树立了正确的职业理想，就会坚信通过自己的奋斗，目标定会实现，即使身处困境、面临挫折，也会充满必胜的信念。职业理想好比一个"发动机"，有了这个"发动机"，人们就有了奋发进取的巨大动力，就有了发挥聪明才智、战胜各种艰难险阻的信心和力量。

职业理想作为思想观念形成以后，会使人们在行动中产生一种强烈的意志和感情，这种意志和感情来自对职业理想的信心，是人们进行有目的的实践活动的强大精神动力。一个树立了崇高职业理想的人，会有克服困难的勇气和毅力，甘愿为职业理想的实现牺牲一切。古今中外，多少有志青年怀抱美好职业理想，并为之长期奋斗，建立了功勋。

历史学家司马迁，忍腐刑之辱，发愤著述，尽十三年心血写成史学巨著《史记》。医药学家李时珍，为解百姓疾苦，踏遍青山，尝遍百草，历尽千辛万苦，费二十七年之功写成医药学巨著《本草纲目》。摩尔根为研究社会发展史，通过几十年的调查研究，写成人类学著作《古代社会》。伟大的导师马克思为揭露资本主义社会的本质，揭示人类社会发展的规律，奋斗多年，完成了巨著《资本论》。从这些生动的事例中，我们可以悟出一条道理，那就是崇高的职业理想能激发人们的热情和力量，而实现职业理想必须付出艰辛的劳动。

"伟大的精力只是为伟大的目的而产生的。"崇高的职业理想，能给人以巨大的鼓舞力量，催人奋发向上，激励人们坚强勇敢，去战胜邪恶、克服困难。而平庸的职业理想是不会对人产生多大推动力的。有人对祖国的前途和人类的命运毫不关心，只是忙于设计自己的小天地，这种人往往心胸狭隘、目光短浅，经不起生活风浪的颠簸。这种以个人为中心而不是把个人职业理想建立在阶级利益基础之上的人，是很难有所作为的。特别是当个人职业理想难以实现或遭受挫折的时候，他们往往会怨天尤人，一蹶不振，甚至对社会产生敌对的心理。只有把个人职业理想建立在崇高的社会理想基础之上的人，才会更有力量，才能更加高瞻远瞩、心胸宽阔，在任何艰难困苦面前都更加充满必胜的信心，有所成就。

因此，在力所能及的范围内，追求的目标越高，能够激发出来的动力就越强。职业理想作为一种可能实现的奋斗目标，往往是在人们对职业所产生的认同感、归属感、荣誉感和尊严感等积极向上的职业情感基础上形成和确立的，这些职业情感是推动人们实现职业愿望的情感动力和精神支柱。职业理想既是一种推动人们获得理想职业的动力，也是推动人们不断提高自身素质的动力。一个人只有树立了高尚的职业理想，才能在自己所从事的职业中具有顽强的毅力与进取的精神，才能在平凡的岗位上勤勤恳恳、任劳任怨，创造出不平凡的成绩。古往今来，凡是为人类进步事业做出贡献的人，无一不是为高尚的职业理想所鼓舞、所激励。

经典案例

3. 实现人生价值的起点

每个人都想实现自己的人生价值，那么职业理想对实现人生价值有何作用呢？人们对价值和人生价值有着各自不同的理解，不过很多青年朋友对价值和人生价值的认识还很模糊。

人们的职业劳动不仅在不断地生产和积累社会财富，也同时在创造属于自己的人生价值。人生价值分为自我价值和社会价值。人生价值主要取决于个人对社会和他人的贡献，而贡献的有无及大小虽然要以劳动成果为基础，但更直接地取决于人们在处理劳动成果时所采取的立场与态度。如果所持公私立场端正，为公、为他人的态度积极，那对社会、对他人必然会有贡献，可以表现出一定的人生价值；反之，如果所持公私立场不端正，为公、为他人态度消极，那对社会、对他人就不会有贡献，自然也表现不出人生的价值。高尚的职业理想所包含的职业人员对职业劳动的社会价值认定和对社会利益的追求，对他们的公私立场和态度无疑具有决定作用。所以，正确、高尚的职业理想有利于从业人员创造自己的人生价值。

人生价值只有在职业理想指导下才能在社会实践中实现。实现人生价值，就是把人潜在的创造能力充分发挥出来，为人类的伟大事业贡献自己的一切。青年学生要实现和提高自己的人生价值，就需要满腔热情地投身到建设祖国的宏伟事业中去，把自己的聪明才智无私地献给社会主义现代化建设事业。

不难理解，人们总是要通过所从事的职业来实现自己人生价值的。人们从事各项工作都是为了实现自己的人生价值，这种人生价值的实现又都是在个人职业理想的指导下进行的。一个人只有确定了正确的职业理想，他才能朝着正确的方向和目标努力奋进，逐步实现自己的人生价值。可以说，确立正确的职业理想，是实现人生价值的起点和前提。无数事实表明，没有职业理想的人是很难在工作中取得成就的。人们一旦确定了正确的职业理想，就会具有无私的献身精神和昂扬的创造精神，就会自觉地把个人的一切同社会和人民的利益联系起来，同社会的需要联系起来，寻找自我奋斗的起点，创造人生的价值。

一个人要想更好地实现自己的人生价值，更好地发挥自己的潜在能力，对社会做出最大的贡献，首先必须根据社会的需要和个人的自身条件，选择和确定最能实现人生价值的职业方向和职业目标，即职业理想。那种企图摆脱客观条件，脱离集体、人民和国家的需要，进行所谓"自我选择""自我设计"都是错误的。按照这种"选择"和"设计"去行动，是不可能实现个人的人生价值的，甚至会走向邪路、受到客观规律的惩罚。

这样说，并不是无视个人自由，压制个性发展。马克思主义认为，人的个性的发展，如同思想和行为一样，是有自由的，但这种自由不是绝对的，而是相对的，是在一定条件下、一定范围内的自由。绝对自由，不受任何约束的自由是根本不存在的。恩格斯说："自由不在于幻想中摆脱自然规律而独立，而在于认识这些规律，从而能够有计划地使自然规律为一定的目的服务。"可见，离开主观条件和客观条件就谈不上什么自由。所以，只有根据社会的需要，根据国家和人民的需要，以在现代化建设中建功立业为目标来确立自己的职业理想才是正确的，才是符合人民利益要求的，才是能实现人生价值的。

"人们通过每一个人追求他自己的、自觉期望的目的而创造自己的历史。"人生价值正是在这个过程中得以实现的。实现中华民族伟大复兴的征程给我们施展智慧和才智、实现人生价值创造了中华民族有史以来最有利的条件。每一位青年都应树立正确、高尚的职业理想，在振兴中华的伟大事业中努力奋斗，不断实现和提高自身的人生价值。

经典案例

第三节 职业理想的树立与实现

树立职业理想，应以正确的世界观与人生观为指导，在全面认识自己和了解社会的基础上，根据社会发展的需要和自身内在的条件来确定，任何脱离实际和自身条件而自我设计的职业理想都是空想或幻想，绝没有实现的可能性。

一、职业理想的树立

1. 全面地认识自己

要树立正确的职业理想，首先必须全面地认识自己。一，要全面认识自己的生理特点，主要包括性别、身高、体重、视力、健康状况、体质和相貌等。二，全面认识自己的心理特点，主要包括兴趣、能力、气质、性格特点和人格类型等；特别要从职业角度了解自己的职业性格、职业兴趣、职业能力、职业价值观等。三，全面认识自己的职业素养，主要包括职业道德、职业尊严、职业精神、职业态度等隐性的理念素养和职业知识、职业技能、职业生涯规划能力、就业创业能力等显性的能力素养。在综合分析自己身心特点、学识能力和职业素养水平等与未来职业岗位要求之间差距的基础上，才能确定一个符合自身实际条件、切实可行的奋斗目标，也才能确立一个可以实现的职业理想。

2. 全面地了解社会

树立正确的职业理想，要科学、全面、客观地了解社会、了解职业。

（1）了解党和国家的路线、方针和政策，特别是要了解国家和各级政府关于就业创业方面的相关政策。

（2）了解我国社会的经济构成及其发展状况。

（3）了解我国的国情、省情、市情。

（4）了解各地区的产业结构、行业结构和职业结构。

（5）了解各种产业、行业和职业对职业劳动者共同的基本要求和不同的具体要求。

（6）了解自己所学专业对应的职业人群，以及该职业人群在社会主义现代化建设中的地位和作用。

（7）了解各种职业的社会价值、工作性质、工作条件、工作待遇、社会福利、从业人员的发展前景以及各种职业岗位对从业人员的素质要求，包括学历、专业、性别、智力、性格、职业技能、职业素养等。

3. 以高尚的人生观为指导

在当代中国，服务人民、奉献社会的人生观是高尚的人生观。因此，要根据时代的要求和社会发展的需求，坚持以马克思主义的立场、观点和方法来看待人生，坚持以维护最广大人民的根本利益为根本出发点，坚持以实现中华民族伟大复兴的中国梦为目标导向，在学习、生活和工作实践中自觉学习和努力践行社会主义核心价值观，不断提高自己的思想认知，不断提高自己的思想素质、道德素质和法治素养，在寻梦、追梦、圆梦的过程中树立正确的价值观、苦乐观、幸福观、荣辱观、生死观、取舍观等。只有这样，才能使自己的职业理想符合社会发展要求，符合人民根本利益诉求，把选择职业与选择人生道路有机结合起来，把职业理想和社会共同理想统一起来，这样既有利于实现自己的人生价值，又有利于为人民、为社会做出应有的贡献。

4. 以正确的职业观为指导

职业观是人们在选择职业与从事职业所持的基本观点和基本态度，是理想在职业问题上的反映，是人生观在职业问题上的表现，是人生观的重要组成部分。职业观包括职业目的、职业态度和职业价值。职业目的是关于"为什么工作"的思考，是职业观的核心，它决定职业劳动者走什么样的职业道路，决定职业劳动者具有什么样的职业态度，决定职业劳动者持有什么样的职业价值标准。职业目的有三个层次：初级层次，维持个人及家庭的生存；中级层次，发展个性；高级层次，承担社会义务。职业目的的三个层次决定了职业理想的层次性和多样性。职业态度是关于"怎样工作"的思考，有积极和消极之分。积极的职业态度让职

业劳动者具有认真、务实、乐观、进取等职业品质。它们是决定职业劳动者能否
胜任工作、能否取得职业成功、能否实现职业目标或理想的重要品质。职业价值
是关于"职业成就和意义"的思考，是人生价值观在职业上的具体体现，只有树
立了以社会价值为评价标准和尺度的人生价值观，才能树立服务他人、奉献社会
的职业价值观。

二、职业理想的实现

职业理想的形成、调整和实现贯穿于职业劳动者的职业生涯全过程，既存在
于职业劳动者就业前和就业后的职业学习与培训中，又体现在职业劳动者的求职
与择业中，更存在于职业劳动者就业和创业的职业实践中。

1. 求学与自学

首先，树立终生学习的理念。在知识经济时代，新知识、新技术取代旧知
识、旧技术的速度越来越快，同时科技进步对职业演变的影响也越来越大。因
此，终生学习是人的立身之本、立业之基。只有时时、处处、事事地补充、更新
自己的知识和技能，才能在竞争日益激烈的社会中立足，才能在职场中生存，才
能使自己的职业生涯沿着自己的职业目标和职业理想的方向前进。因此，要增强
"活到老，学到老"的意识，树立学无止境的观念，要坚信只有肯学习、会学习
的人才能更容易使职业生涯获得成功，才能更好地在社会中生存，才能更好地创
造自己的人生价值。

其次，培养优良的学风。养成优良学风，应在勤奋、严谨、求实、创新上下
功夫。一，勤奋，就是要发奋努力、不畏艰难、锲而不舍、永不懈怠。唐代思想
家韩愈有句名言："业精于勤，荒于嬉；行成于思，毁于随。"马克思说过："在
科学上没有平坦的大道，只有不畏劳苦沿着陡峭山路攀登的人，才有希望达到
光辉的顶点。"大学学习的内容具有专业性、系统性的特点，在广度和深度上
增加了学习的难度。这就要求同学们更加刻苦、勤奋，通过自己的不懈努力成
长为国家的有用之才。二，严谨，就是要一丝不苟、认真负责，做到严肃、严
格、严密。严肃是指认真的学习态度和扎实的学习作风，反对学习上浮躁、马
虎应付的态度。严格是指对知识的掌握要弄懂、弄通，对技术的掌握要严守规
范，反对粗制滥造和不求甚解，反对急功近利和投机取巧。严密是指对学习、
对生活、对工作要严谨细致、精益求精，包括在学习的安排上要周全有序，有
条不紊地妥善处理学习中的各种关系。三，求实，就是要脚踏实地，求真务
实，不轻信，不弄虚作假，不贪图虚名，"知之为知之，不知为不知"。四，创
新，就是要不拘陈规，敢为人先，具有创造性的学习和思维。大学生作为国家

未来建设的人才，作为今后几十年社会各条战线的骨干，更需要自觉培养勇于创新的品质和才干。

最后，虚心求教，掌握职业技能。我们应该懂得，只有经过严格的职业学习和职业训练、受过生活磨炼的人，才能获得有用的知识和人生智慧。那些最杰出的人物无一不是经过严格的职业训练，无一不是历尽千辛万苦才取得辉煌成就的。严格的训练和艰苦的挑战往往能够锤炼一个人的意志，激发一个人行动的勇气。没有训练，没有困难，没有挑战，人们就疏于行动，性格和意志就容易消沉。高尚的品德是通过磨炼而变得完美的，高超的职业技能是通过历练而变得纯熟的。通过职业学习和职业实践提高职业技能，是职业理想实现的必然途径。人们对职业的认识同职业实践密不可分，只有在实践—认识—再实践—再认识的反复循环中，人们才能加深对职业的了解和认识，从而完善和升华职业理想，掌握并精通职业技能。

经典案例

2. 择业与求职

首先，树立崇高的职业理想。职业活动不仅是人们谋生的手段，也是人们服务人民、奉献社会、完善自身的必要条件。青年马克思在谈选择职业理想时曾经写道："如果我们选择了最能为人类福利而劳动的职业，那么，重担就不能把我们压倒，因为这是为大家而献身；那时我们所感到的就不是可怜的、有限的、自私的乐趣，我们的幸福将属于千百万人，我们的事业将默默地，但是永恒发挥作用地存在下去，而面对我们的骨灰，高尚的人们将洒下热泪。"马克思这种崇高的职业理想，值得大学生在择业和创业中去学习和追求。

其次，服从社会发展需要。择业和创业固然要考虑个人的兴趣和意愿，同时也要充分考虑现实的可能性和社会的需要，把自己对职业的期望与社会的需要、现实的可能结合起来。目前，许多地方的基层单位特别是中西部地区的人才需求十分强烈，能够为大学生提供施展才华的广阔空间。大学生应积极响应国家号召，适应社会发展需求，面向基层、面向国家建设第一线去选择自己未来的职业，为社会经济发展贡献智慧和力量。

最后，做好充分的择业准备。素质是立身之基，技能是立业之本，大学生有了真才实学，才能在未来适应多种岗位。要有真才实学就要勤于学习，学文化、学科学、学技能，学各方面知识，不断提高综合素质，练就过硬本领；既要向书本学习，也要向群众学习、向实践学习。大学生应认识到，任何一名职业劳动者，无论从事的劳动技术含量如何，只要兢兢业业、精益求精、坚持不懈，就一定能够造就闪光的人生。

经典案例

3. 立业与创业

千百年来，许许多多的人们在自己的职业岗位上忠于职守、爱岗敬业、勤奋创造，表现出高尚的职业道德和崇高的社会理想，涌现出许许多多可歌可泣的优秀人物，有的成了专家学者、劳动模范，有的则是职业能手、能工巧匠，他们的爱国情怀、职业操守、敬业精神和人格风范成了世代相传、人们学习的榜样。三百六十行，行行出状元。如王进喜、时传祥、梁思成、茅以升、华罗庚、斯霞、林巧稚、季羡林、袁隆平、吴登云、许振超、王顺友，他们全心全意为人民服务，兢兢业业为国家、为人民无私奉献，值得各行各业的人们学习和传承。学习先进人物，我们不仅需要注意现实中身边的人和事，还要放开眼光，关注古今中外的大师学者，从他们身上汲取精神力量。

著名科学家爱因斯坦于 1935 年 11 月 23 日在纽约罗里奇博物馆举行的居里夫人悼念会上曾发表了《悼念玛丽·居里》的演讲，现附于后，供青年同学学习。

经典案例

实践训练一 了解自己的职业理想

大学生职业理想问卷调查

1. 你的性别

A. 男　　　　　　　　B. 女

2. 政治面貌

A. 党员　　　　　　　B. 团员　　　　　　　C. 群众

3. 所学专业

_____

4. 民族

_____

5. 在读学历

A. 本科　　　　　　　　　　　　　B. 专科

6. 在读年级

A. 大一　　　　B. 大二　　　　C. 大三　　　　D. 大四

7. 你认为目前所学专业是你职业生涯的职业目标吗

A. 是　　　　　　　B. 不是　　　　　　　C. 不清楚

8. 你对自己实现就业的前景预测是一种什么感觉

A. 自信　　　　　　B. 迷茫　　　　　　C. 有压力

9. 当你选择工作时，你最想进入的行业是

A. 金融保险业　　B. 商贸业　　C. 政府机关　　D. 其他

10. 如果进入这个企业，你最希望从企业中得到什么

A. 企业的从业经验　　　　　　B. 良好的专业技术

C. 先进的管理模式　　　　　　D. 前沿知识信息

E. 广泛的人际关系　　　　　　F. 团队合作技巧

G. 良好的薪酬福利　　　　　　H. 到海外工作的机会

Ｉ. 自我价值的实现　　　　　　Ｊ. 稳定的工作岗位

K. 其他

11. 你对这个行业的选择主要是基于

A. 属于朝阳行业，前途远大　　　B. 该行业收入较高、稳定

C. 与自己的专业对口　　　　　　D. 创业机会大

E. 其他

12. 你觉得自己在就业求职的过程中，最具竞争实力的方面是

A. 学习成绩   B. 专业技能

C. 实习经历   D. 考试证书/技能认证

13. 你认为当前毕业生业中的主要问题是什么

A. 考试证书/技能认证

B. 毕业生的就业定位不合理，期望值过高，择业过于挑剔

C. 应届毕业生不具备符合企业要求的职业能力，缺乏工作经验，没有竞争力

D. 就业信息机制不健全，信息渠道不畅通，信息不充分

E. 政府、学校、用人单位及学生之间互相沟通和了解不够

F. 大学传统教育，模式弊端太多，不注重提高学生的综合能力，不能为大学毕业生就业和职业发展提供有效帮助

14. 你认为自己目前最欠缺的素质主要是

A. 基本的解决问题能力   B. 沟通协调能力

C. 承受压力、克服困难的能力   D. 相关工作或实习经验

E. 专业知识和技能   F. 其他

15. 你是否愿意到老、少边地区或条件艰苦的地方工作

A. 愿意   B. 不愿意   C. 可以考虑

16. 父母的期望会增加你的负担吗

A. 非常不符合   B. 比较不符合   C. 一般   D. 比较符合

E. 非常符合

17. 当你面对压力时会选择逃避吗

A. 会   B. 可能   C. 不会

18. 求职过程遇到困难时你会主动寻找帮助吗

A. 会   B. 可能   C. 不会

19. 你最希望从哪个渠道获得招聘信息

A. 学校就业指导中心   B. 求职网站、专业媒体

C. 招聘会   D. 校园宣讲会

E. 其他

20. 你认为所学专业前景如何

A. 很有前途   B. 较有前途   C. 无所谓   D. 较无前途

E. 很无前途

21. 你毕业时的去向

A. 求职   B. 考研   C. 出国   D. 创业

E. 求职考研两手准备   F. 其他

22. 如果你考研，原因是

A. 对学术感兴趣　　　　　　　　　　B. 希望在高校工作

C. 能够有一个好的出路　　　　　　　D. 对求职恐惧

E. 专业就业前景不好　　　　　　　　F. 其他

23. 如果你选择就业，请问择业前，你考虑的首要因素是什么

A. 经济收入　　　　　　　　　　　　B. 个人发展机会

C. 专业知识的应用　　　　　　　　　D. 生活环境

E. 工作的稳定性　　　　　　　　　　F. 其他

24. 请问你的择业观念是什么

A. 一步到位，有固定收入　　　　　　B. 先就业，后择业

C. 不就业，继续深造　　　　　　　　D. 自主创业

25. 你欲选择什么样的单位就业

A. 国有企业　　　B. 民营企业　　　C. 外资企业　　　D. 合资企业

E. 政府部门　　　F. 其他

26. 你对就业地区的选择是

A. 北京　　　　　　　　B. 上海　　　　　　　C. 广州、深圳

D. 东部沿海经济发达地区　　E. 中部大中城市　　F. 西部大中城市

G. 其他

27. 你对上述地区的选择原因是

A. 生活条件好　　　　　　　　　　　B. 有较大的发展机会

C. 良好的人才政策　　　　　　　　　D. 看中创业环境，大家都在搜

实践训练二　制定职业理想个人发展规划

请结合下列范文，制定职业理想个人发展规划。

一、自我认知

通过人才测评分析结果以及我对自己的认识、朋友对我的评价，我认真地认知了自己。

1. 职业兴趣：研究型，希望日后能在科研方面工作。

2. 职业能力：逻辑推理的能力相对比较强，信息分析能力也不错的，比较喜欢对复杂的事务进行思考，将复杂事物简化。

3. 个人特质：喜欢追求各种不明确的目标；观察力强，工作自觉、热情，能够吃苦耐劳；主张少说多做；爱学习；喜欢独立工作。

4. 职业价值观：基于家庭条件，首先考虑待遇较高的工作，选择的职业要有能从中不断学习并获得新知识的机会；当然，如果没有工资收入限制，我会先考虑自己最喜欢的工作，同时考虑这份工作是否能实现自己的目标或者自己的理

想；最后，也考虑这份工作我是否合适去做、我的能力是否能胜任等一些相关的问题。

5. 胜任能力：

（1）能力优势：头脑灵活，有较强的上进心，逻辑推理能力比较强；相信自己行，能全神贯注，能够客观地分析和处理问题，对自己要求严格，经常制订目标。

（2）能力劣势：一件事做第二遍定会出错；做事过于理性，而有时候应该是按常规出牌的；有严重的个人中心主义，有时听不进别人的劝导。

自我分析小结：

我认为自己有明确的职业兴趣及方向，有一定的能力优势，但是也有一定的能力劣势，所以要发挥自己的优势，培养自己不够的能力。平时要多对自己的不足进行强化训练，譬如，要多练练写作，多看一些课外书，拓宽自己的视野，等等。

二、职业认知与决策

职业认知

1. 家庭环境分析

家庭经济能力仅能维持正常的生活，我的学习费用为全额贷款。我父母亲的工作不够稳定，所以经济收入不稳定。家庭文化氛围一般，姐姐从医，妹妹钢琴弹得不错，父母亲均未完成九年义务教育，但支持我们最低完成大学教程。

2. 学校环境分析

我就读于天津医科大学，生活环境一般，教学设施齐全且比较先进，教学水平也较先进，只是学校更重视研究生，我们本科生不受重视。所在预防医学系虽不是全校最好的学科，但专业课的科目开设受到一致好评，毕业的就业率达百分之百。学校教学质量高，师资雄厚，总的来说整体教学还是不错的。

3. 社会环境分析

我国人才的竞争日趋激烈，大学生就业难、失业率居高不下，都使我们的就业环境看起来不容乐观。现在大学毕业生渐渐增多，而且需求量逐渐饱和，有些地域还存在性别歧视，女性就业前景不是很好。不过，政府愈来愈重视预防专业，我正在提高自己的专业才能，以在千万应聘者中脱颖而出。

4. 职业环境分析

在我国，由于预防医学为新兴专业，这方面的人才需求量目前很大，社会分工还行，前景不错，但也因此，专业知识技能体系不够发达（要干实事最好去国外进修发展），报酬也不高。

5. 行业环境分析

将来我希望进疾病预防控制中心（CDC）工作。预防医学目前还处于幼童期，不够壮大，但就业范围比较广，现在的医药、食品、卫生等方面均可，容易找工作，只是待遇不高，且国内此类高端人才及技术缺乏。不过经历"非典"、禽流感、甲流及此时正猖獗的麻疹（年年猖獗）后，国家越来越重视预防，正提倡培养该方面人才，全国各地都逐渐设立有CDC。现在自己多考些证，以更易游刃于上述就业范围。

职业决策

综合前面的自我认知和职业认知这两部分的内容，我得出本人的职业定位的SWOT分析如下。

内部因素：

优势因素（S）	弱势因素（W）
头脑灵活，逻辑推理能力较强； 具有创造力，认真，负责； 有毅力，观察力强。	具有个人中心主义，顽固； 不喜欢模式化工作，偶尔会有厌倦心理。

外部因素：

机会因素（O）	威胁因素（T）
新兴专业的工作岗位相对多些，疾病预防发展前景较大。	社会环境不断变化，且竞争激烈，就业形势日益严峻。

结论

1. 职业目标

我根据自己的职业兴趣和个人能力，最终确定要成为一名在预防医学专业的科研工作者。

2. 职业的发展路径

考多种证—公务员—CDC工作者—进华中研究院。

三、计划与途径

（1）大学期间（2007年—2012年）

① 大四、五学好各科专业知识，掌握预防医学的基本知识。

② 大四前英语6级争取过600分，积极考托福，希望能用英语与外国人自由交谈。

③ 大四前考取全国计算机二级证书。

④ 大三开始业余学习韩语，希望能用韩语和商务伙伴自如沟通。

⑤ 假期实习（和本人专业相符合的）积累社会经验。

（2）大学毕业的五年（2012年—2017年，随机应变）

① 若考上研究生，则继续勤奋学习。

② 考公务员，去CDC工作。

③ 进科研院。

④ 去国外留学，学习本专业，继续深造。

⑤ 去国外工作。

（3）长期计划

① 在努力工作之余，不断学习各方面的知识，增长各方面见识。

② 坚持锻炼身体。

③ 汲取他人各种优点，不断发现自己的不足，并不断予以改正，不断提高自身的修养。

④ 扩大自己的交际圈，享受友谊。

学习思考题

1. 你能把握社会理想和职业理想的含义吗？它们有怎样的关系？

2. 请找出几条你最欣赏的有关理想的名言警句，并写下你的理解。

3. 想一想你最喜欢的三种职业，并思考与你的社会理想、生活理想有什么关系？

4. 说说职业理想的三个层次，分析自己的职业理想在这三个层次中占有的分量。

5. 请举出你身边或报刊上的一例，说明职业理想对个人发展和社会进步所起的作用。

6. 我国教育家陶行知说："本来事业并无大小，大事小做，大事变成小事；小事大做，则小事变成大事。"试举例谈谈你对大事和小事的认识和理解。

阅读参考书目

1. 宋长生. 职业理想导论[M]. 徐州：中国矿业大学出版社,1988.

2. 阮顺雄,史美麟,刘震宇. 职业理想与行为选择[M]. 上海：华东理工大学出版社,1994.

3. 朱炎,焦秀君. 大学生理想教育[M]. 成都：西南交通大学出版社,2009.

4. 王兆明,顾坤华. 大学生就业指导：就业创业实务[M]. 苏州：苏州大学出版社,2009.

5. 俞会利. 职业道德与职业指导[M]. 北京：中国传媒大学出版社,2006.

6. 刘志荣. 大学生成才与就业指导[M]. 武汉：武汉大学出版社,2004.

7. 武正林. 职业道德与就业创业指导：修订版[M]. 苏州：苏州大学出版社,2008.

8. 韩红梅. 大学生就业与创业指导[M]. 北京：高等教育出版社,2016.

第四章

职业技能

21世纪是知识经济发展的世纪，世界各国综合国力的竞争主要是经济和科技实力的竞争，其实质是人才的竞争，即高素质技能型人才的竞争。因此，在社会主义现代化建设中，职业对技能的要求越来智能化、综合化、多元化。不但需要科学技术专家，而且迫切需要千百万受过良好职业技术教育的中、初级技术人员，管理人员，技工和其他具有一定科学文化知识和技能的熟练从业者。他们除了应该具备良好的思想道德素质外，更要拥有综合型的职业技能，包括专业基础知识技能、自我管理技能和可迁移技能等。

第一节　职业技能的含义、类型及特征

案例导读

用人单位最重视的技能

根据美国"全国大学与雇主协会"（National Association of Colleges and Employers）的调查，美国雇主们最为重视的技能和个人品质按顺序排列如下：

1. 沟通能力　2. 积极主动性　3. 团队合作精神　4. 领导能力　5. 学习成绩　6. 人际交往能力　7. 灵活性/适应能力　8. 专业技术　9. 诚实正直　10. 工作道德　11. 分析和解决问题的能力

思考与讨论：这些技能都是专业知识技能吗？哪些是专业知识技能？

分析：雇主们通常在大学毕业生身上寻求的同时也是使得这些学生有资格担任某一职位的东西，包括教育背景、经验、态度以及综合素质。有些领域需要专门的知识或证书（如医学、程序设计、化工等），但大部分职业并不要求有什么

特殊的知识技能，而是要求一些更为普通、一般性的技能和素质（即可迁移技能和自我管理技能）。

我们可以看出，只有5、8属于专业知识技能，2、3、9、10项属于自我管理技能，1、4、6、7、11项属于可迁移技能。思考三种技能之间有什么样的关系？哪种技能更重要？

一、职业技能的含义

1. 技能的概念

技能是经过学习和练习，并运用已有的知识、经验、能力、个性等，在实际应用过程中形成的稳定的、复杂的、合乎法则的动作系统。这种动作系统包括体力和脑力的动作，是可以反复操作的。狭义的技能即动作技能（又称操作技能），广义的技能包括动作技能和心智技能（又称智慧技能或智力技能）。其特点有：一，通过学习或练习而形成的，不同于本能行为；二，一种活动方式，是由一系列动作及其执行方式构成的，属于动作经验，不同于认知经验的知识；三，技能中的各动作要素及其执行顺序要体现活动本身的客观要求，不是一般的习惯动作。

2. 职业技能的概念

职业技能，是人们在职业环境、职业活动中合理、有效地运用专业知识、技能，体现职业价值观、道德与态度的各种能力。职业技能是运用相关知识、技能和相关素质，将一系列动作联合贯通，顺利完成职业任务的一种动作活动方式、知识运作方式和智力活动方式相结合的复杂系统。职业技能是在动作技能和心智技能综合基础上形成的较为复杂的复合体。动作性职业技能含有心智成分，心智性职业技能含有动作因素，二者相互交融，很难彼此孤立发挥作用。每种职业活动的完成，无论是以脑力劳动为主的职业活动，还是以体力劳动为主的职业活动，都有动作技能和心智技能的参与，但往往只有其中一种技能起主导作用。

二、职业技能的类型

按照技能的特征、作用和表现形式划分，可将技能分为专业知识技能、自我管理技能和可迁移技能三种类型。

1. 专业知识技能

专业知识技能，又称技术技能，是指那些需要经过有意识的、专门的教育或者培训才能获得的专业性知识或技能，常常与我们的专业学习或工作内容直接相关，即个人所学习的科目，所懂得的知识和掌握的技能。它是人们应用技术从事职业活动、完成职业责任的能力和手段。专业知识技能一般是不能够迁移的，但它的重要性常常被夸大。许多企业提供的培训主要是针对提高员工的技术技能，既包括最基本的技能——阅读、写作和数学计算能力，也包括与特定职务相关的能力。随着科技的进步、商业的发展，绝大多数职位的要求与以前相比都变得更加复杂，自动化办公、电子商务、企业的 ERP 管理系统、数控机床，这些都要求员工有数学、阅读、计算机方面的知识。很难想象，办公室职员如果不会进行文字软件的处理、不会使用电子邮件系统将怎样工作。随着科技的进步、大量的高新技术被使用在生产领域，很多从事技术含量低的蓝领职位的人员将会失业。这也是工会要求企业拿出更多的资金为员工做培训的原因。

专业知识技能是动作技能与心智技能的复合体，但按其在职业活动中的主导成分，可将专业知识技能分为动作技能和心智技能。动作技能，是通过学习而成的合乎法则的操作活动方式，主要是由外部肢体动作构成的技能，即人的手脚躯体所实现的一系列实际动作，如操作机器设备。当这些实际动作以合理的方式组织起来并顺利进行时，就形成了一个动作系统。动作技能具有客观性、外显性、展开性等特点。从不同角度可以分为细微型操作技能（打字、弹钢琴）和粗放型操作技能（举重、标枪）、连续型操作技能（开汽车、骑自行车、跑步）和断续型操作技能（弹琴、打字）、闭合型操作技能（自由体操、游泳、跳水）和开放型操作技能（驾驶汽车及球类运动中的控制球的技能等）以及徒手型和器械型操作技能。心智技能，是通过学习而形成的合乎法则的心智活动方式，主要是由内部心理活动构成的在头脑中进行的智力活动方式。它是人在头脑中所实现的一系列认识活动，涉及感知、记忆、思维等心理活动，特别是以抽象思维为主。每种以脑力劳动为主的职业，在解决本职业活动中的问题时都有一整套的心智活动方式，并包含着一系列的思维"动作"。掌握合理的思维方式、方法是心智技能的本质特征。阅读技能、运算技能、记忆技能等是常见的心智技能。

2. 自我管理技能

自我管理技能，又称适应性技能，经常被看作个性品质或一个人的人格特征，被用来描述或说明人具有的某些特征。它涉及个体在不同环境下如何管理自己，是勇于创新，还是循规蹈矩，是认真还是敷衍了事，能否在压力或困难面前保持镇定，是否对工作有热情，是否自信，等等。所以，良好的自我管理技能能够帮助人更好地适应环境，应对工作中出现的问题，因此它也被称为"适应性技能"。如谦恭、有效、仔细、诚实、机智、审慎、负责、准时和富有想象力等，它们是你得到和维持一份工作所必需的，也是被雇主和同事们重视而欣赏的品质。自我管理技能都是能习得和改进的技能，且可以从非工作的生活领域转换到工作领域。可以说，它们是成功所需要的品质，是个人最优价值的资产。雇主对它们的重视程度往往超过其他所有的技能。

3. 可迁移技能

可迁移技能，又称通用技能，就是你所能做的维持生活运转的事情。理查德·博尔斯（Richard N. Bolles）将可迁移技能定义为职业生涯中除岗位专业能力之外的基本能力，是个人最能够持续运用和依靠的技能，可以迁移应用于不同的工作环境。因此，可迁移技能有时候被认为是非认知技能或者高阶认知技能。联合国教科文组织将可迁移技能定义为一种运用于工作并维持工作的必备能力，包括分析和解决问题能力、有效传递信息和交流观点的能力、创造能力、领导能力、具有责任感以及自身所具备的创业能力。这些技能均属于行为能力，与个人学习、理解自身与他人关系和工作环境等方面的能力相关，并在不同的情境、不同的工作角色中可以进行迁移。可迁移技能一般用行为动词来表达，如组织、计划、装配、修理、调查、操作……可迁移技能可以从生活中的方方面面特别是工作之外得到发展，却可以迁移应用于不同的工作之中。

拓展阅读

三、职业技能的特征

（一）专业知识技能的特征

专业知识技能一般用名词来表示，不可迁移，需要经过有意识的、专门的学习，相比之下知识技能的组合更为重要。知识技能并非只有通过正式的专业教育才能获得。

1. 动态发展性

专业知识技能的形成不是一蹴而就的，要经历一个由浅入深的、动态的、渐进的发展过程，从职业人员职业生涯的取向和发展来看，职业技能需要经历以下五个发展阶段。

（1）单一技能阶段。这个阶段是员工通过学习训练以操作某种机器设备，并粗略知道本工种设备的原理以及相关设备和工位器具（工、卡、量、装）等方面的相关知识。

（2）多重技能阶段。在保障生产质量和工作效率的前提下，能操纵多种精度不高的机器设备，理解并掌握机器设备的工作原理及相关知识，能够独立完成作业的准备工作和设备的基本维护保养。

（3）基本熟练阶段。一个员工在达到以上水平的基础上，已经掌握从事高精度操作的技能，并能对复杂的作业活动进行必要的指导、监督和改进。

（4）技术熟练阶段。在这个阶段上，员工已经熟知机器设备的内部构造和操作原理，并具有相应的知识和基本经验，对生产过程中出现的各种问题能够做出正确的诊断，特别是在生产过程中遇到难点问题时，能够迎刃而解。此时，员工已经能够参与企业生产活中的一些较为重要的决策。此时，员工已经由对机器（物）的管理，逐渐转向对人的管理。

（5）管理熟练阶段。在上述各个发展阶段的基础上，经过长期的努力，员工已经全面了解生产过程的作业方法，掌握了过程与成本控制以及实现既定目标的措施和手段，并能有效地领导自己的团队。

2. 严格规范性

专业技能，是专业理论在某个方面或某个工作领域的实际应用性操作，是有着相应的技能要求和操作规范的系统，表现为一定的操作工艺和作业流程。专业知识技能，特别是动作技能的养成一般经历四个阶段（《高职院校学生职业技能培训程序及原则》P164—165）。

（1）操作定向，即了解操作活动的结构与要求，在头脑中建立操作活动的定向映像的过程。定向映像包括两方面：一，有关操作动作本身的各种信息；二，与操作技能学习有关或无关的各种内、外刺激的认识与区分。

（2）操作模仿，即实际再现出特定的动作方式或行为模式。模仿的实质是将头脑中形成的定向映像以外显的实际动作表现出来。动作特点有四：一，动作品质，稳定性、准确性、灵活性较差；二，动作结构，各动作要素之间协调性较差，互相干扰，常有多余动作产生；三，动作控制，主要靠视觉控制，动觉控制水平低，不能主动发现错误与纠正错误；四，动作效能，完成一个动作往往比标准速度要慢，个体经常感到疲劳、紧张。

（3）操作整合，即把模仿阶段习得的动作固定下来，并使各动作成分相互结合，成为定型的、一体化的动作。其动作特点是：一，动作品质，表现出一定的稳定性、准确性、灵活性，但当外界条件变化时，都有所降低；二，动作结构，动作的各个成分趋于分化、精确，整体动作趋于协调、连贯，各动作成分互相干扰减少，多余动作也有所减少；三，动作控制，视觉控制不起主要作用，逐渐让位于动觉控制，肌肉运动感觉变得较清晰、准确，并成为动作执行的主要调节器；四，动作效能，疲劳感、紧张感降低，心理能量的不必要的消耗减少，但没有完全消除。

（4）操作熟练，指所形成的动作方式对各种变化的条件具有高度的适应性，动作的执行达到高度的完善化和自动化。其特点有：一，动作品质，具有高度的稳定性、准确性、灵活性，在各种变化条件下都能顺利完成动作；二，动作结构，各动作之间的干扰消失，衔接连贯、流畅，高度协调，多余动作消失；三，动作控制，动觉控制增强，不需要视觉的专门控制和有意识的活动，同时视觉注意范围扩大，能准确地觉察到外界环境的变化并调整动作方式；四，动作效能，心理消耗和体力消耗降至最低，表现在疲劳感、紧张感减少，动作具有轻快感。

3. 与知识和能力的密不可分性

知识是对客观人和事物的认识；技能是通过学习和训练而获得的顺利完成某种工作任务的动作和动作系统；能力是个性心理特征之一，是指人顺利地完成某种心理活动所必需的个性心理条件和心理特征。知识、技能和能力既有明显的区别，又相互联系、相互制约。

（1）技能是从知识的掌握到能力的形成和发展的中间环节，技能的形成对知识的掌握和能力的形成及发展有着重要的促进作用。从人的知识、技能和能力的形成过程来看，人一般是先具有一定的社会生产生活的知识，形成一定的物质资料生产和生活的技能，进而具备了各种必需的生存、生活以及生产的综合能力素质。人在改造客观世界的同时，也改造自己主观世界的各种不同层次和水平的能力。

（2）技能是知识与能力相结合的结果。职业技能是专业理论知识的物化和具体运用，有一定的能力是具备职业技能的必要条件。由于员工工作活动方式不同，所需要的相关知识和心理特征在个体身上的发展程度和结合方式也有差异，也就是说，员工的知识和能力发展水平，又对人的技能的形成和发展有着一定的制衡作用，制约和影响人掌握相应技能的速度、深度、广度以及复杂难易程度。

（3）知识、技能和能力统一于"实践—认识—再实践—再认识"的循环运动中。知识、技能和能力在这一循环往复的运动中相互渗透、相互作用、相互影响。知识的形成过程是人们从实践到认识的过程，而技能的形成又是一定的认识进行社会活动即再实践的过程，经过不断地实践—认识—再实践—再认识，最终导致了人某种能力素质甚至综合性能力素质的形成与发展。而人一旦具备了所需要的某类层次的能力之后，又会对人的知识域横向和纵向的扩展和加深，会对人的专业技能水平的提高起着巨大的促进作用。

（二）自我管理技能的特征

自我管理技能是一个人的综合素质，是一个人的基本品质与品性，也是一个人所具有的独特的、较稳定持久的、习惯性的行为模式或倾向。这些特征决定着特定的个人在各种不同情况下的行为表现，自我管理技能具有以下五个方面的特征。

1. 内在性

自我管理技能是人的品质特征的深层蕴藏，是职业劳动者在长期的生活、学习和职业活动中，经过自己学习、认识、工作、体验等实践活动，有意识内化、积淀和升华的个性心理品质和职业素质。它虽然是一种个体身上的客观实在，但是看不见、摸不着，具有隐蔽性和抽象性，在职业活动中，只有通过具体的职业行为方式、工作业绩等显性行为彰显出来。

2. 稳定性

自我管理技能作为高度统一的个体心理和行为，其内在结构是相对稳定的，并且这种稳定的内在结构不仅仅体现在某一时、某一事上，还时时、事事、处处表现在个体的各种活动中，即不仅体现在职业活动中，还表现在学习、生活等各种活动中。个性品质的形成是一个复杂、长期的过程，是遗传、环境、教育等多种因素相互作用、相互影响的结果，因此也相应地表现出持续而稳定的个性特征和行为特征。

3. 发展性

自我管理技能通过环境、教育、个体努力而改变。在职业活动中，自我管理技能会随着职业经历、职业环境的改变而发生变化，也可以通过后天教育、社会实践等途径进行提高和完善。随着社会发展、职业发展和自我发展对人们不断提出新的要求，人们为了更好地适应、满足社会发展、职业发展和自我发展的需要，总是不断地发展、提高、完善自我管理技能，所以，自我管理技能具有发展性。在职业活动中，一个优秀的职业劳动者，其自我管理技能是不断提升的，其驾驭工作的能力和创造的工作满意度也是不断增强的，这些都是环境塑造和个人不断进行自我锻炼、自我教育、自我管理、自我修养的结果。

4. 综合性

自我管理技能是复杂的现实与身心能量的整合。同一个自我管理技能的各种成分作为一个高度统一的整体存在于个体身上，相互依存、相互联系、相互影响。自我管理技能某一方面的优劣会影响到其整体其他方面的优劣，从职业素质的构成来说，自我管理技能不仅表现在知识、技能等显性职业素质中，还表现在职业道德、职业理想、职业尊严、职业精神、职业理念、职业兴趣、职业性格、职业价值观、职业行为习惯等隐性职业素质中。比如，如果说某位职业劳动者的自我管理技能好，不会仅仅说其在知识方面广、博，在技能水平方面专、精等，还会认为这位职业劳动者在思想政治素质、职业道德素质方面过硬。

拓展阅读

（三）可迁移技能的特征

可迁移技能，亦称通用技能，是人类从事任何职业都必不可少的跨职业的技能，对人的终生发展起着重要作用。可迁移技能是个体对环境的适应能力、学习能力、表达沟通能力、人际交往能力、团队合作能力等的综合体现，是职业劳动者在职场上取得成功必须具备的基本能力，是一种跨越具体职业、对人的终生发展起着重要作用的能力，是人们在教育或者工作等各种不同环境中培养出来的可迁移的、从事任何职业都必不可少的跨职业的技能，可以提高人们的工作效率、灵活性、适应性和机动性，是个人获得就业机会和事业发展的重要保障。一般来说，可迁移技能具有以下几个特征。

1. 整体性

整体性体现为可迁移技能内在的逻辑联系和必然性。可迁移技能的内在结构和体系，由浅入深、由表及里、由个别到一般，这些原理都是符合学习知识的过程。而好高骛远、脱离实际地追求技能的博大精深，只能是一种空想或幻想。

2. 相关性

相关性体现为可迁移技能的相互依赖、相互牵连的内在本质特点。所有的技能都不是孤立的和分散的，一门技能总是和其他技能有着或多或少、或深或浅的联系，从而构成了多种技能间相互依存、相互影响、相互促进的互动态势。例如，良好的表达能力是沟通的前提，而表达和沟通又是团队合作的基础。合理的可迁移技能结构体系，必须按照相互联系、相互依存、相互作用的特征去组合、建设，要按照人的身心发展规律和自我发展需求和目标以及工作性质等去学习和培养，而不是按照个人的喜好片面、单纯地追求某一方面的技能。

3. 迁移渗透性

迁移渗透性表现为可迁移技能的相互交叉、相互派生的特点。技能不是孤立、分散的，相近、相关的技能不仅可以互相依存、互相促进，而且在一定情况下也可以相互转化和派生。尤其是随着新的科学方法和思维观念的出现，技能之间相互渗透、相互迁移日益增多，交叉学科、边缘学科大量涌现，熟练掌握某种技能有助于另一种技能的提升，而这种技能的提升又会反过来促进前一种技能的提升。

4. 动态发展性

动态发展性体现为可迁移技能的发展规律，所谓"活到老，学到老"，就是对可迁移技能动态发展性特征最通俗的注解。在知识经济时代，知识和技术的更新更加频繁，新知识、新技术取代旧知识和旧技术的速度越来越快，已经建立的个人技能结构体系，如果不去进行持续的充实更新，就会丧失可持续发展力和生命力。

第二节　职业技能的构成要素

任何一个职业技能都有其相对稳定的基本内容构成。然而，由于各个国家的历史传统和文化背景不同，由于各个国家科学技术发展的水平不同，不同的国家对于某种职业技能的构成要素具有不同的要求或者规定。正因为如此，在学术界对于某个具体职业技能的构成多有争论。虽然如此，但是对具体的职业技能的构成还是存在一般性的标准的，也就是职业技能的起码标准还是统一的，只是不同国家或者一个国家的不同时期可能对某种职业技能的标准有某种具体的规定，而这种标准可能是表面上不一致的。这种不一致是技能发展的结果，也是对于某种技能的更高要求。

一、专业知识技能

1. 专业基础知识与理论

专业基础知识是广义的专门化的知识，是在专业与学科的基础上形成的，包含与培养人才紧密相连的某个工艺中设备的说明性知识系统。知识是专业理论的基础，理论则是专业知识的系统化，所以理论是以一定的体系的形式出现的。如果说知识在特征上是零散的、个别的、经验的、直观的、直接的，那么理论在特征上则是系统的、集合的、推导的、抽象的、间接的。可以说，理论是知识的抽象形式和系统形式。因此，理论在更高的层次上构成了专业知识和技法的基础。理论总结历史、解释现实、预测未来。但是理论无论以任何形式出现，在根本上都源自实践，依据的是知识，追求的是真理，最后仍然要回到实践中加以检验。具体地讲，学生要掌握本专业的基本工作原理、某个工艺或设备的说明性知识和理论，熟记有关概念、命题和对概念、命题的论证或论述等。

2. 使用、操作专业设备的能力

为了使学生具有适应第一职业的能力，毕业时能够顺利考取国家职业资格等级证书，职业技能的教育就必须要以提高学生的专业操作技能为原则。职业技能的掌握是一个由易到难、由简到繁、循序渐进的发展过程。首先要对本专业的各种工艺的概貌进行了解，然后对最简单的几个工序进行把握，最后对这几个工序复合、应用，组合成简单作业。当然还应该再学习几个新的工序，与已学工序复合、应用，组合成稍为复杂的作业。这样一个不断学习新工序，不断复合、应用，不断提高作业复杂程度的反复过程，就是学生的职业技能不断提高的过程。具体来说，包括两个基本环节。

（1）了解本专业的基本工作内容、各种工艺的工作程序与步骤

专业是与职业相对应的，但是一个专业可以包含许多不同的工艺，对应几种不同的职业。比如机械专业，机械专业包含有许多工艺，比如车工、钳工、铣工、电焊工、气焊工、锻造工、铸造工、加工中心操作工等，这些不同的工艺实际上就对应不同的职业。再比如旅游专业，旅游专业包含导游（境内和境外）、客服（前厅服务、餐厅服务、客房服务等）、旅游管理等。我国高等教育的专业培养方向基本上都是倾向"一专多能"的，所以对于学某个专业的学生来说，必须对一个专业中的不同工艺或方向要有所了解。对于法律专业的学生来说，其面向的职业包含书记员、审判员、刑侦、执行、管理等多种技能的要求。由于世界是普遍联系和变化发展的，任何专业范围内的每个职业技能都是相互关联的，并没有完全的区分界限，所以我们从事任何一个职业都必须了解整个专业的和行业内的其他职业和工艺的内容，以便自己能够顺利完成从上一个工艺段传递过来的任务，并转交下一工艺段的工作。这种对本专业的各种工艺的概貌的了解是核心技术的知晓。

（2）掌握与本专业相关设备的操作规范与要求、注意事项，熟练完成相关操作

大多数技能都不是徒手的，往往都要借助某些工具。这些工具是人类肢体的延伸，能够帮助人类完成单靠肢体所不能完成的工作。所以学生必须要学会使用与本专业相关的各种基本的机械设备，熟练使用与本工艺相关的所有的机械设备，并能够完成各种相关的操作。

对机械专业中的车工技能来说，车工必须要熟练操纵车床，能够进行工件旋转、表面车削加工，完成各种车工工艺。车削加工就是在车床上，利用工件的旋转运动和车刀的直线运动（或曲线运动）来改变毛坯的尺寸、形状，使之成为合格工件的一种金属切削方法。车削加工基本上是金属切削加工中的第一道工序，且使用的范围很广。它可以车外圆、车端面、切断、车外沟槽、钻中心孔、钻

孔、扩孔、镗孔、车圆锥面、车成形面、滚花、车螺纹、盘绕弹簧等。

3. 检测与维护专业设备的能力

专业设备在从业过程中实际上就像从业人员肌体的一部分，因为专业设备是从业人员能够完成工作的重要辅助，没有这些必备的设备有许多事情从业人员是没有办法做到的，所以我们要像爱护自己的身体一样爱护与我们工作密切相关的专业设备。专业设备的功能运转良好与否对我们完成专业工作有非常重要的影响，所以我们在工作之前要认真检测专业设备的运行状况，在工作完成之后要积极维护专业设备。检测和维护专业设备的能力应该包括以下几个方面。

（1）对专业设备的构成必须了然于心

对专业设备进行的检测和维护并不是简单对某一个部件的检视，而是对整个专业设备运行状况的全方位检测，所以对专业设备构成的了解必然成为检测和维护的前提。比如车床，要知道车床是由哪些主要部件构成的。车床主要由主轴变速箱、交换齿轮箱、进给箱、溜板部分、刀架、尾座及冷却、照明等部分构成。对于法律专业中刑侦工作人员来说，则要了解刑侦中所应涉及的各种专业设备及其在刑侦中的作用。比如与取得证据相关的设备，比如相机、显影仪、枪械等。对于文秘专业的从业人员需要了解起码的办公设备应该有哪些，比如电脑、打印机、扫描仪、复印机等。只有将本专业的技术设备都烂熟于心，才能在检测和维护的时候不至于忘了其中的任何一个设备。

（2）对专业设备的各个部件的主要功能要清楚

从事某种职业必然要了解技术设备的功能，检测和维护专业设备必然要对专业设备的功能了解清楚，不了解设备的主要功能是无法检测和维护技术设备的。比如车床主轴变速箱的主要作用是使主轴获得不同的转速，主轴用来安装卡盘，卡盘用来装夹工件。交换齿轮箱是把主轴的运动传给进给箱，进给箱是把交换齿轮箱传来的运动经过变速后传递给光杠、丝杠，以满足车螺纹与机动进给的需要。对于文秘专业的从业人员来说，自然要知道电脑、打印机、扫描仪、复印机等的功能，对电脑的光驱、刻录机、UBS接口、网络接口等的功能要清楚，对打印机、扫描仪、复印机的主要的部件的功用也要清楚。

（3）专业设备的保养要求要常驻于心

专业设备的保养是为了使专业设备能在一个良性的状态下运行，能更好地为我们服务，帮助我们完成专业任务。所以对专业设备的保养要求要始终放在心上。

为保证车床的正常运转和减小摩擦，必须对车床上需要减小摩擦的部分进行充分的润滑，根据车床不同部位采用不同的润滑方式。车工不仅仅只是操作车床，还要爱护车床，保养车床。车床保养的好坏直接影响加工质量的好坏和生产效率的高低。为保证车床精度、延长车床使用寿命，必须对车床进行合理的保养。当车床运行 500 小时后，就需要进行一级保养。一级保养应该是以操作工人为主、维修工人配合进行的，保养的主要内容是清洗、润滑和进行必要的调整。对于文秘专业的从业人员来说，要知道正常对电脑的杀毒、删除哪些不用的临时文件、适当整理电脑运行的程序文件、归类和整理自己工作的文档等，对打印机、扫描仪、复印机等也应知道如何保养。

4. 鉴别和考订本专业产品或活动质量的能力

一个合格的高级职业技术人员不只自己能够生产出合格的产品，还应该能够鉴别与考订本专业产品质量。这是以一定的理论水平为基础的。因为鉴别与考订别人的产品，首先必须熟练使用本专业的产品鉴别与考订的工具；其次还必须要有一定的理论依据，以理服人；再次还要能够提出合理化的改进建议，以鼓励年轻从业人员，以德馨人。

（1）要能熟练使用鉴别和考订本专业产品质量的工具

动作技能所能完成的机械加工产品、心智技能所完成的工作等，都有一个基本的衡量标准，且这些技能所完成的产品或工作的衡量标准基本都有精确的衡器来度量的。所以作为一个高级的职业技能从业人员必须要了解产品衡器的种类、性质，度量单位的标准等，同时要能够合理地利用衡器，并能够精确地读出衡器的度量结果。对于心智技能的工作也有类似的衡量标准，比如文秘专业的工作给领导写讲演稿，那么作为一个文秘工作者就必须要大致清楚讲演的语速、讲演的时间、打印稿字体的大小等，而所有这些就是衡量文秘工作的度量。

（2）在理论上了解理想和完善的工艺水平的要求

任何一个职业技能都是某个专业方向理论的具体应用，所有的专业产品必然有一个理想化的规范，这个规范就是衡量产品质量的前提。所以，作为高级的从业人员必须要具有一定的理论素质，要能够使用理论中的公式。这些动作技能类公式以及心智技能类的规范，是前辈多次失败的教训和成功的经验的总结，是我们不变的理论先导，也是人类生产实践中智慧的结晶。

（3）要能发现问题并指出修改意见

鉴别和考订产品的质量不能仅仅做出好坏的评价，还要指出好坏的原因，并能够对从业者改进和提高自己的水平作出有益的指导。有些从业人员只是会做，但是不了解为什么要这样做以及不这样做的后果，所以他们在技术方面就很难提高。作为高级的从业人员不仅要能够一眼看出产品的成色，还要能够指出之所以产生该成色是因为哪个工艺或者哪个流程中出现的什么原因导致的，进而对产品的加工和生产以及工作的开展提出后续改进的方案等。

课堂实训

发现你的专业知识技能

对下面的经历进行分析，尽可能全面地列出你所掌握的知识技能，再从中分别挑选出你自己感觉比较精通的和你在工作中应用或希望应用的知识技能，最后排列出对你来说最重要的五项专业知识技能。

1. 在学校专业课程和通识课程中学到的，如英语、计算机等_____

2. 在工作（包括兼职和暑期工作）中学到的，如电脑制图等_____

3. 在课外培训、辅导班学到的，如绘画等_____

4. 从志愿者工作中学到的，如小动物饲养、接待礼仪等_____

_____

5. 从爱好、娱乐休闲、社团活动、家庭职责中学到的，如摄影、缝纫等____

_____

6. 通过阅读、看电视、听磁带请家教等方式学到的，如钢琴演奏，ppt制作等_____

二、自我管理技能

大学生自我管理是大学生为了实现高等教育的培养目标以及为满足社会日益发展对个人素质的要求，充分调动自身主观能动性与卓有成效地利用、整合自我资源而开展的自我认知、自我计划、自我组织、自我控制和自我监督的一系列活动。自我管理技能是在进行自我管理的一系列活动中所表现出来的积极向上的个性品质（素质）。

1. 积极主动

知识、技能、态度是影响工作进行的三个重要因素，其中态度尤其扮演着带动的角色。成功是5％的技能＋95％的积极心态。态度是心态的基础，有两种不同的人生态度：积极的态度——正向思考，消极的态度——负向思考。成功人士的首要标志，在于他的心态（Positive Mental Attitude，PMA 黄金定律）。一个人如果心态积极，乐观地面对人生，乐观地接受挑战和应付麻烦事，那他就成功了一半。积极心态的人通常会有这样的表现：有必胜的信念；善于称赞别人；乐于助人；具有奉献精神；微笑常在，乐观自信；能使别人感到你的重要；等等。消极心态的人通常会有这样的表现：愤世嫉俗，认为人性丑恶，与人不和；没有目标，缺乏动力，不思进取；缺乏恒心，经常为自己寻找借口和合理化的理由；心存侥幸，不愿付出；固执己见，不能宽容他人；自卑懦弱，无所事事；自高自大，清高虚荣，不守信用；等等。

在职场中，职业员工不积极主动主要表现在八个方面：一，拒绝承担个人责任、习惯上推下卸；二，打工心态，当一天和尚撞半天钟；三，清高孤傲，不能委曲求全；四，不主动发现、思考、解决问题；五，青蛙，没危机和竞争意识；六，被动心态，对同伴和工作没兴趣和激情；七，独善其身，不愿意主动帮助他人；八，借口太多，不主动自发去努力表现。针对职业员工在积极主动性方面存在的八个问题，可以从以下八个方面进行改进：一，对工作要主动并全身心投入、不要过分依赖他人；二，接受工作不讨价，阶段完成、主动回报；三，比上司要求做得更好，想到他前边、做到他心里；四，对上司保持最起码的尊重，努力让他感到超出想象的满意；五，宽容性格怪异的同事，不发任何情绪；六，主动帮助他人，毫无怨言；七，寻找差距、创新改善、追求卓越，每天实现自我设定的目标；八，显示你的才能，努力成为有价值的人才。

2. 互利共赢

什么是互利共赢？人们在选择赢时也确保对方赢。互利共赢的建立有三个要素，一是双方信任，二是共同目标，三是维护相互的利益，这样才能建立有效长久的人际关系。互利共赢思维，是认为大家都可以是赢家的思维意识，其具有三个品格：一，诚信，忠于自己的感受、价值观及承诺成熟；二，成熟，勇于表达自己的想法与观点，体谅或理解别人的处境和感受；三，豁达，相信人人可分享到资源、成功。可以通过以下方法实现合作共赢：一，站在对方的立场、观点看问题，了解他人的需要与顾虑，甚至比对方了解得更透彻；二，认清问题的关键所在以及彼此的顾虑（而非立场）；三，寻求彼此都能接受的结果；四，商讨达成上述结果的各种可能途径。

在现实职场中，行业、部门、岗位之间存在不互利共赢的现象。如有的公司"嫡系部队"领导"非嫡系部队"，上下级之间很难建立起真正意义上的信任；有的部门部下都在"打小算盘，敲怨气鼓"，一肚子不满和愤懑；有的公司存在虚假"团结"，老板说一，高层不敢说二，有想法也不提。构建互利共赢的职业环境有以下途径：一，与老板共舞，也就是做企业最喜欢的那种人。企业有四类人，一是很现实的人，能力高态度差；二是真正的职业人，能力高态度好；三是要淘汰的人，能力低态度差；四是需充电的人，能力低态度好。要想成为真正的职业人，成为企业最喜欢的那种人，必须做到敬业负责、忠诚、步伐一致、加强沟通、不与上司争名等。二，与同事共乐，也就是做与同事协同协作、同甘共苦的人。要想成为与同事同甘共苦的人，必须做到真诚关心尽力帮助同事、避免矛盾、保持谦虚、不与同事争功等。三，与下属共长，就是成为受下属尊重、与下属共同进步的人。要想与下属共长，必须做到激励和赞美下属、关注下属的职业生涯、培养下属、授权、主动与下属沟通、不与下属争利等。

3. 忠诚敬业

一个企业要想成功，就要不断寻找充满主动性、责任感和忠诚敬业的优秀员工。纵观世界500强，它们的成功不仅仅源于正确的战略决策，更重要的是拥有一支高素质的优秀团队。福特公司原总经理艾柯卡的一句话为许多人所熟知："无论我为哪一家公司服务，忠诚都是我的一大准则。我有义务忠诚于我的企业和员工，到任何时候都是如此。"这句话也反映了福特公司良好的企业文化。索尼有这样一句话："如果想进入公司，请拿出你的忠诚来。"事实上，不仅仅是福特和索尼，不仅仅是世界500强，任何一个公司都需要对企业忠诚、对工作敬业的员工，因为一个企业的所有成绩都是靠忠诚敬业的员工创造的，企业形象也是靠员工的忠诚敬业来维护的。一般来说，忠诚敬业的员工在工作中表现出对企业强烈的归属感、认同感和感恩心，具有奉献精神，能够认同企业文化和内部制度，能够对工作兢兢业业、认真负责。[①] 下面列出了员工忠诚敬业的基本影响因素，也可以称之为员工忠诚敬业的一般素质模型（表4-1）。

表4-1 员工忠诚敬业的一般素质模型

构成要素	说　明
归属感	将自己看成企业的一分子、一部分，在企业中有一定的作用
认同感	认同企业文化、企业制度，并愿意将其化为自身工作的行为准则
奉献精神	愿意为企业的发展奉献力量
使命感	将工作看成自己的使命，有义务帮助企业完成任务，帮助企业进行决策
执行意识	无条件地自觉执行上司安排的任务
诚实守信	讲求信用，重视承诺，不自欺欺人
看重工作	重视自己的工作，认识到自己的工作在整个企业运行中的作用
尽职尽责	认真负责，一丝不苟，面对工作全心全意

表中所列的内容涉及员工忠诚敬业的很多方面，这些要素并不是单独存在的，而是相互依存、相互联系，综合在一起对员工能否做到忠诚敬业起着至关重要的作用。

4. 认真负责

一般来讲，责任指的是一个人对工作、对群体对社会应尽义务的自觉状态，

---

① 周仁锒，徐恺. 世界500强员工能力素质模型 [M]. 广州：广东经济出版社，2007.

是任何一个有担当的人在社会生活中应承担的角色义务，是对自己的不良行为应承受的后果。责任意识有着双重内涵：一，对自己负责，对自己应尽的职能、义务，对自己的成长、进步以及人际关系等负责，即对构成自我形象的综合要素负责；二，对工作、对他人、对社会负责，为人类进步做出自己应有的贡献。只有具有责任意识的人，踏上工作岗位后才能做到认真务实、敬业奉献，没有责任感的人是不会对工作乐于投入、甘于奉献、任劳任怨的。2018年山东人才网对200家用人单位的人事进行调查后发现，用人单位看重大学生的素质因素依次为责任感、团队协作精神、进取心、灵活应变能力、表达能力、独立性、自信心、承受压力能力、待人接物能力和在专业领域的特殊才能。

在校大学生虽然未承担起某种重要职务，但是将来会在不同的工作岗位上承担相应职务，承担起对国家、对社会、对公司、对岗位的责任。要做一个对工作有责任感的人，首先要做一个对自己负责的人。

拓展阅读

5. 自律自觉

自律，在他律作用范围内的影响、强制下，随着时间的推移，人们的思想得到了正确的认识并形成自觉的行为意念后，通过主观能动性的发挥而形成的自我约束、自我规范、自我调整的一种行为能力。自律最直接的外在表现就是遵纪守法、言行规范、团结和谐、努力向善。自律和自觉密不可分、相互联系、相互作用。自觉，是自律的基础，自律是自觉的归宿和目标。自律，贵在自觉，只有自觉，才能自律，不自觉，就谈不上自律。一个人修养水平的高低，主要不在其干什么，而在其不干什么。干，需要的是能力和韧性；不干，需要的是理智和克制。在这个社会中，可干的事很多，我们必须明白哪些事能干，哪些事不能干，哪些事无论什么时候也不能干，哪些事我们应干到什么程度。特别是克制人性的某些需要时，需要的是定性与忍受折磨。

6. 执着专注

执着专注就是把自己的全部精力凝聚到自己认定的目标上，不计得失，勇往直前。"慎独"是执着专注的最好注解。执着专注的关键是要在"隐"和"微"上下功夫。成功之路贵在坚持，贵在专注，贵在有一鼓作气的精神。人如果没有一种执着追求、敢说敢做、一鼓作气的个性，或迎难而退，或熬不过寂寞，或过分依赖他人，或"三天打鱼、两天晒网"，都不能真正做成自己想做的事情，也体会不了成功所带来的成就感、自豪感。从心理健康的角度讲，执着专注能使一个人拥有追求的动力。我国著名呼吸病学专家钟南山院士曾说过："一个人要能够使自己的心理平衡最主要的是要有一个追求的目标，一切为实现这个目标服务，那么周围一些不愉快的事情，也就不以为然了。"

经典案例

7. 自信自强

自信，是指自己相信自己，是人对自己的个性心理与社会角色进行的一种积极评价的结果，它是一种有能力或采用某种有效手段完成某项任务、解决某个问题的信念。自信不仅是相信自己能完成已经熟悉的事情，还包括对自己从没有从事过的事情的一种预估。因此，自信的人才能以自己的实际能力沉着、冷静地接受来自心理和社会的压力和挑战。心理暗示虽然可以提升自信，但是内心坚定的自信来自个人的能力。比如做任何事情，你都能顺利完成而体会到成就感，这无形中会增加你的自信；相反，做任何事情，都没法完成，这多少会给你一定的挫败感，降低你的自信。因此，我们需要不断学习和提升我们的技能，为自信提供坚强的后盾，为内心真正的强大奠定坚实的基础。自强是在自信的基础上充分认识自己的有利因素，奋发图强，积极进取，不甘落后，勇于克服困难，做生活和事业的强者。自强离不开努力学习，通过努力学习，生活和事业才能不断取得进步。

拓展阅读

课堂实训

发现你的自我管理技能

第一步：我愿意与……样的人共事

请列出你愿意与之共事的人的特质，并在小组中进行讨论，看看大家最重视的特质都有哪些。

_____

_____

第二步：他人眼中的我

通过他人对自己的反馈了解自己是一个很好的方式。向你身边的亲朋好友询问一下：如果让他们用三到五个形容词来形容一下你，他们会说什么？你可以通过面谈、打电话、发短信或电子邮件等多种方式来完成这个练习。请询问至少10个以上的人。

_____

_____

_____

得到他人的反馈以后，看一看他们对你的描述中，有哪些是你知道的，有哪些是你以前没有想到过的。他们所说的符合你对自己的评价吗？哪些方面是你的长处？哪些地方你需要改进？

_____

_____

_____

第三步：我是这样的人吗？

你符合大家所描述的理想同事吗？你的个性特征会怎样影响到你的生涯发展？你将采取什么措施完善或者改变自己，使自己成为别人的理想型同事？

_____

_____

_____

_____

三、可迁移技能

各国职业教育界对可迁移技能的内容界定各不相同，比如英国学者的六项说、美国学者的五项说等。我国人社部借鉴国外经验，将劳动者的核心能力细分为八种，即自我学习能力、信息处理能力、数字应用能力、创新能力、与人交流能力、与人合作能力、解决问题能力、外语应用能力。教育部办公厅《大学生职业发展与就业指导课程教学要求》中对可迁移技能的具体内容划分如下：表达沟通、人际交往、问题解决、创新能力、团队合作、组织管理等方面的能力。

1. 表达沟通能力

表达沟通能力是指运用语言阐明自己的观点、意见或抒发感情的能力，主要包括语言表达能力和文字表达能力。一个人要想让别人了解你、重视你，以及更好地发挥自己的才能，其前提就是要有表现自己的能力。要准确地展现自己，就离不开出色的表达能力。表达沟通能力不仅在大学生参加工作、走向社会后的各种人际交往活动中发挥重要作用，而且在大学生求职就业中也发挥重要的作用。比如撰写求职信、个人简历、参加面试等，都需要较强的表达沟通能力。锻炼表达沟通能力重在平时的功夫，多参加一些社交活动和社会实践活动、多读书、养成写日记的习惯等都有益于提高自己的表达沟通能力。

拓展阅读

2. 人际交往能力

所谓人际交往能力，就是通过语言和非语言与他人传递思想、情感和信息的能力。在现代社会，培养良好的社交能力是一个人事业成功的重要条件。古人曾把个人与他人的关系比作"船和水"，一个具有良好人际交往能力的人，必然会得民心，得民心，才能实现人和，才可能得天下。积极参加社会活动，是提高交际能力的基本途径。从某种程度上讲，员工的工作绩效取决于其与同事和老板的有效相处能力。有些员工需要改进其人际关系技能，包括如何做一个好的听众，如何同他人沟通自己的思想，如何避免冲突，等等。一个曾经有段时间很难与人一起工作的员工发现，通过一次 3 小时的小组座谈，她与同事们相互接触的方式发生很好的改善。在这次座谈会上，她和同事们开诚布公地谈了如何看待对方，她的同事们一致说她过于傲慢，她说的每一句话都像是命令。她了解到这种意见后，开始努力改变自己说话的方式，终于使她和同事的关系有了很大改善，提高了所在组织的工作绩效。

　　3. 分析判断能力

　　分析判断是为实现一定的目标或解决某种问题而制订行动方案并优化选择的过程。一个独立处理问题的过程其实就是一个决策的过程。分析判断能力是指人对事物进行剖析、分辨、观察和研究的能力。分析判断能力较强的人，往往学术有专攻，技能有专长，在自己擅长领域里，有着独到的成就和见解，并进入常人所难以达到的境界。同时，分析判断能力的高低还是一个人智力水平层次的体现。良好的分析判断能力可以帮助人们对实现目标的手段做出最佳选择。人们的决策过程，是一种思维过程，其中心环节是判断和选择，对各种方案做出优劣判断，进行取舍。对于即将毕业的大学生来说，选择何种职业、工作岗位，是人生的一个转折点，面对求职就业何去何从，是对自己分析判断力的一个检验。培养分析判断力要从小事做起，要养成多谋善断的习惯，这样才能不断提高自己的分析判断力。

经典案例

　　4. 解决问题能力

　　问题解决是指通过发现问题，对问题进行分析，最后运用一定的方法和技巧化解矛盾、实现工作目标的过程。问题解决的能力包括换位思考能力、总结能力、逆向思维能力、方案制订能力等。问题解决能力是个体通过认知过程去面对和解决真实的、跨学科的问题情境的能力，其问题求解路径并不明显，所应用的内容范围或课程领域不仅仅局限于某一单一领域。这些能力至少但不局限于主动探索和研究的精神，反思能力，规划、组织与实践能力，科学技术能力，数学能力等。通过发现问题、分析问题和解决问题，许多员工发现他们工作中需要解决的一系列问题，特别是那些非常规的、富于变化的工作更是如此，需要复合的能力。如果员工解决问题的技能不尽如人意，那么可以通过强化逻辑、推理和确定问题的能力，指定解决、分析问题的可行方案来达到目的。

5. 学习和创新创造能力

学习力概念，最早出现于 1965 年美国佛瑞斯特的一篇文章之中，并成为学习型组织理论的一个重要概念。该理论认为，学习力包括个人学习力和组织学习力。学习力包括学习动力——目标，学习毅力——意志，学习能力——知识＋能力。学习力是把知识资源转化为知识资本的能力，是生命力的源泉，是竞争力的指标，是创新力的基石，是发展力的助推器。个人学习力体现为快速全面获取知识信息的能力、适时地适应时代发展要求更新观念的能力、推动社会经济发展的创新思维能力等。

创新创造能力是指人们在改造自然和改造社会的活动中，所具有的发现、发明、创造的能力。创新能力越强，越有助于分析、解决问题能力的提高。只有那些思维敏捷、有创新精神，能在自然和社会发展过程中面对难题、新问题充分发挥自己的聪明才智创造性地去解决问题的人，才能称得上创造性人才。培养创新能力必须做到以下几点：一，有近期和远期的职业规划和奋斗目标，有理想、有抱负，有强烈的创造欲望，有胜不骄、败不馁的韧劲。二，要有敏锐的观察力和准确的判断力。三，要有批判糟粕、传承精华、开创新事物的开拓精神。任何发明创造都是继承和创新相结合的产物，人们要想有效地创新，就要继承和吸取前人的经验教训。继承性和思维独立性的统一，是创造力必备的思维方法。四，要有坚定的意志和顽强的毅力，以及吃苦耐劳的精神品质。

经典案例

拓展阅读

6. 团队合作能力

团队是由两个或两个以上成员组合而成，他们相互影响、相互依靠，以实现共同的目标为目的，在心理、行动上形成协调统一的有机整体。社会分工越细，成员之间的关系越密切，团队意识和合作精神越重要。团队合作是在一个团队中，每个团队成员都最大限度地发挥自己的潜力，在行动上相互配合、协调一致，在情感上相互帮助、相互关怀，为了团队共同利益与目标，激发出使团队整体大于各部分的协同效应。团队合作力是指一群人在完成共同任务的过程中，所需要的各种能力的集合，这些能力至少但不限于承担责任的能力、分享的能力、领导的能力、解决冲突的能力、组织与决定能力等。团队合作力的形成必须具备四大条件：一，自动自发、彼此负责（主动回报、沟通、关切）；二，目标同一、全力以赴（积极发现、分析、解决）；三，相互协作、优势互补（优化组合、冲突、原则）；四，有核心精神，相互欣赏与信赖。团队合作能力是现代企业发展壮大的重要力量，能促进企业凝聚力，增强企业竞争力，也是大学生就业能力的重要组成部分。

7. 组织管理能力

组织管理能力是指能成功地运用管理者的知识和能力影响机构的活动，并达到最佳工作目标的能力。组织管理水平的高低，已经成为一项工作、一个部门、一个单位工作好坏的重要因素。尽管不是每个大学毕业生走上社会后，一定从事组织管理工作，但是每个人都会在工作中不同程度地需要运用组织管理能力。现代社会表明，组织管理能力不仅领导干部、管理人员要有，其他专业技术人员也应当具备。现代科学技术已经综合化、社会化，科研规模日益扩大，团结协作趋势日益加强，组织管理效益也越发明显，这就有一个组织协调的问题。同时，现代社会科学技术高速发展，每一项工作完全靠一个人去完成是不可能的，这就有一个相互协调、相互配合的问题。如果没有一定的组织协调能力，专业技术工作是不能完成的。大学生在校期间多参加社团或组织活动，参与策划组织校园活动有助于提高个人的组织管理能力。

8. 客户服务能力

客户服务是一种以客户为导向的价值观。广义而言，任何能提高客户满意度的内容都属于客户服务的范围。想具有客户服务能力，需要进行从被服务到服务者的心态转换，在处理问题上要真正做到从客户的角度出发，进行换位思考。客户服务在商业实践中一般分为三类，即售前服务、售中服务和售后服务。售前服务一般是指企业在销售产品之前为顾客提供的一系列活动，如市场调查、产品设计、提供使用说明书、提供咨询服务等；售中服务是指在产品交易过程中，销售者向购买者提供的服务，如接待服务、产品包装服务等；售后服务是指向凡与所销售产品有连带关系提供的服务。客服基本分为人工客服和电子客服，人工客服又可细分为文字客服、视频客服和语音客服三类。基于微信的迅猛发展，微信客服作为一种全新的客户服务方式，也出现在客服市场上。微信客服依托于微信的技术条件，综合了文字客服、视频客服和语音客服的全部功能，具有较大的优势，备受市场好评。

课堂实训

测测你的可迁移技能

方法1：发现你的可迁移技能

优秀的你在大学期间一定参加过大量的社会实践活动，但请不要全部列出，而是选择3~5个你认为很成功或印象很深的实践活动，一定详细描述你在这几次活动中负责的事务以及具体参与了哪些工作，如果可以量化的话更好。

例如，在大学生艺术节系列活动中，你作为摄影协会会长，利用三周时间独立组织了一场500人参加的大型摄影比赛。

_____

_____

_____

_____

_____

方法2：理清你的可迁移技能

下图4-1反映了工作中常用的可迁移技能，并将可迁移技能根据作用的对象分为数据、人和事物三类，请在你认为已经拥有的技能上画圈，在你非常希望拥有，但尚不具备的技能上做三角形标记，其余的不做标记。

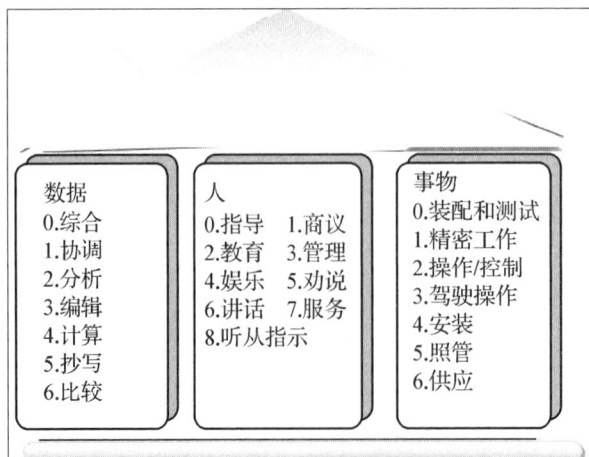

数据	人		事物
0.综合	0.指导	1.商议	0.装配和测试
1.协调	2.教育	3.管理	1.精密工作
2.分析	4.娱乐	5.劝说	2.操作/控制
3.编辑	6.讲话	7.服务	3.驾驶操作
4.计算	8.听从指示		4.安装
5.抄写			5.照管
6.比较			6.供应

图4-1 你的可迁移技能树

通过上面的练习，可以知道你有了哪些可迁移技能，而那些做了三角形标记的技能，就是你今后努力的方向了。

第三节　职业技能的获取与发挥

《中华人民共和国劳动法》第八章第六十九条规定："国家确定职业分类，对规定的职业制定职业技能标准，实行职业资格证书制度，由经过政府批准的考核鉴定机构负责对劳动者实施职业技能考核鉴定。"《中华人民共和国职业教育法》第一章第八条明确指出："实施职业教育应当根据实际需要，同国家制定的职业分类和职业等级标准相适应，实行学历文凭、培训证书和职业资格证书制度。"这些法规充分说明了我国的职业技能的获取是必须通过职业技能鉴定的程序的，这些法规也确定了国家推行职业资格证书制度和开展职业技能鉴定的法律依据。开展职业技能鉴定，推行职业资格证书制度，是落实党中央、国务院提出的"科教兴国"战略方针的重要举措，也是我国人力资源开发的一项战略措施。这对于提高劳动者素质、促进劳动力市场的建设以及深化国有企业改革、促进经济发展都具有重要意义。所以，我们职业技术教育既要使学生获得基本的做人、做事的本领和素质，同时又要让学生能够熟练把握职业技能标准，通过国家的职业技能鉴定，最终获得职业资格证书。

什么是职业技能标准？职业技能标准是指在职业分类的基础上，根据职业（工种）的特性、技术工艺、设备材料以及生产方式等的要求，由国家劳动行政部门制定的、对劳动者的技术业务知识和技术操作能力提出的综合性水平规定；是用来衡量劳动者职业技能水平的准则；是劳动者培训和鉴定考核的基本依据。

职业技能标准是衡量劳动者技术水平高低的客观尺度，它在开发我国劳动力资源方面起着十分重要的作用。对国家来说：一，职业技能标准有利于培养技术素质较高的劳动者，有利于把我国的劳动力资源转化为人才优势，有利于促进社会主义市场经济的发展；二，职业技能标准有利于实行"职业资格证书制度"和"就业准入制度"；三，我国的职业技能标准应该与国际标准接轨，这样更有利于我们参与国际经济大循环，也有利于我国的劳务输出。同样，对用人单位来说：一，职业技能标准，是设计和实施职业技术培训的依据；二，职业技能标准是用人单位考核和招聘员工的依据；三，职业技能标准是鼓励员工努力争取事业发展和个人进步的一种手段。

为了能通过职业技能鉴定，获得职业资格证书，我们必须掌握扎实的专业基础知识和理论，练就娴熟的操作技术和本领，还必须了解本行业技术发展和设备更新的动态和状况。

一、专业知识技能的获取与发挥

1. 掌握扎实的专业基础知识和理论

由于科学技术的迅猛发展，各类职业对从业者的知识结构、技术能力的要求越来越高。对专业基础知识和理论有如下要求：一，明白本专业理论体系所包含的具体内容；二，领会本专业理论的内在逻辑关系；三，对本专业理论的重点、难点了然于心。

积累专业知识的主要途径有：

（1）培养和增强对专业的兴趣：兴趣能使人思想活跃、观察敏锐、注意力持久恒定，从而促进灵感的出现和创造性思维的产生。

① 积极期望，相信所选择的学科专业是非常有趣的；

② 有目标意识，对所学专业知识设定恰当的追求目标；

③ 培养自我成就感，进而培养直接的学习兴趣；

④ 在解决问题的过程中增强对专业的兴趣。

（2）重视课堂学习：课堂是大学生进行专业知识学习的主阵地，是大学生高效率获取知识的重要学习途径。

（3）不断拓展和优化知识结构：大学生应自觉对自己的专业知识结构进行拓展和优化，自动补充、更新专业知识和相关知识，随时准备大容量的新知识储备。

（4）考取相关职业的从业资格证书：从业资格证书是一块敲门砖，是获取进入专业领域的资格证，如教师资格证、注册会计师证、律师证、国际精算师证等。但是，如果大学生不能结合自己的专业、特长，盲目地去考证书，不一定对自己的择业有帮助。

2. 练就娴熟的操作技术和本领

职业技能的教育关键就是要练就一身精熟的"武艺"，参加职业技能教育的学习就是要熟练地运用和操作专业性的工艺和作业系统。为了能练就娴熟的操作技巧和本领，要做到以下几点。

（1）在观念上要重视，这是学习职业技能的态度。不管何种学习，态度决定一切。只有在观念上重视起来，对技能的学习才能认真、细致和到位。一般来说，在专业技能上成就的行家往往都是一些对技能的学习重视和认真的人。有不少同学对专业学习之前的专业思想教育不感兴趣，以为那都是些空洞的说教，殊不知，专业思想教育实际上向同学们传授的是一种对专业技能学习的理念，介绍的是专业学习中的经验和教训，对专业的学习具有非常重要的引导作用。

（2）要不断地练习。对技能的学习别无他途，说起来就是一句话，苦练、苦练加苦练，所以在学习的过程中不能有畏难情绪。古人云，熟能生巧，通过不间断的练习必然能够掌握好各种技巧。我们有不少同学很聪明，脑子很好用，一学就会了，但是由于心浮气躁，学得不踏实。专业的技能基本上都会了，但是没有技巧。在实践过程中，会不会使用专业技能的技巧，对自己工艺的完成、对节约时间和成本有着非同寻常的意义。同样开公交车，有的司机就很省油，有的司机就耗油；同样是车工，有的人使用削刀很节约，有的人就要经常换刀片。《庄子》中"庖丁解牛"的故事就是讲的这个道理。

（3）要琢磨、思考和提高。经验告诉我们，人的学习总会遇到阶段性的"瓶颈"，当学习到一定的阶段后就很难提高，这个时候要静心地去琢磨技能的关键点和阻止自己继续前进的难点，再通过尝试和努力，在熟练的基础上加以提高。在现实生活中有些人不思进取，满足于完成基本工艺，做一天和尚撞一天钟。但是对于任何一位有上进心的从业人员，都应该思考如何提高自己的工艺，成为一名出色的员工和专业中的行家里手。

（4）不要害怕失败。在最初的学习和操作中失败是正常的，不能因为害怕失败而因噎废食、不思进取。俗话说，失败是成功之母，我们常常可以通过纠错的学习使自己的学习得到一些意想不到的提高。同时，失败也给我们提供一种警示，说明某些途径可能是走不通的，以后不应继续从这条路径"行走"。

（5）要谦虚地多向行家学习和请教。有人总不好意思向别人请教，怕别人瞧不起自己。实际上，在学习上谦虚的人始终是让人肃然起敬的。只有通过向行家请教才能学会自己本来不会的技能和技巧，只有通过向行家请教才能在从业中获得新的经验和知识，才能有更多的思想火花的碰撞，才会有创新的可能和机会。当然也有人是不谦虚的，不愿向别人请教，这当然是最要不得的。我们要学会通过多种途径向专业技能的行家请教，以提高自己的专业技能。

3. 了解与本行业技术发展相关的创新理论和设备更新成果动态

为了能跟上时代的发展，及时更新从业专业的理念和专业技术设备，我们必须要关注国内外在本专业的理论、学科分类和设备上的最新成果及其发展趋势。

为了能及时关注国内外本专业的最新技术成就，我们要利用一切可能的途径了解最新状态。从目前信息取得的方法来看，主要有以下几个方面：

第一，关注专业网站，网络是最快的具有各方面信息的渠道，所以要在网络中寻找本专业的各类网站，并从中筛选出优秀的网站加以收藏，尽可能每天能上网浏览一次。当然，网络信息有甄别的必要。

第二，订阅本专业的专业杂志及有关本专业发展状况的报刊，专业杂志和报刊是本专业在当下发展的最真实的传递渠道，大量学术性强的专业信息主要是通过杂志和报刊出现的。一般来说，许多专家通过杂志和报刊来发表自己关于专业发展的观念和思想，所以本专业的国内外权威杂志和报刊一定要翻阅。

第三，了解新书信息。关于本专业的一些最新体系化的理论成果往往是通过书籍的形式出现的，这些体系化理论的全局性和整体性特征使其在专业技术领域能保持一定时期的理论优势，并能解决多方面的技术困难。

第四，通过其他多种途径了解本专业的发展状况，比如参见国内外的学术性研讨会、商贸洽谈会、展览会、参观访问等，在这些活动中通过与同行专家的交流，了解本专业的行家们最近思考的问题或者遇到的困惑，以使自己得到更多的教益和提醒。

由于国外有些职业技能和科学技术比国内先进，所以还要更多地关注国外有关本专业的最新科技发展状况。这首先就要求提高自己的专业外语水平，能够具有阅读国外网站、杂志、专业书刊等的基本能力，因为没有语言基础要想自己主动了解国外的专业技术状况是不可能的。其次，有条件的话可以到国外的著名企业参观考察，直接了解国外的专业发展状况。

要关注专业的变化发展，特别是新职业的出现，这样才能把握时代的脉搏，使自己始终跟随国家职业的变化发展而发展。

拓展阅读

二、自我管理技能的获取与发挥

1. 培养职业意识

职业意识是职业道德、职业操守、职业行为等职业要素的总和。职业意识是约定俗成、师承父传的。职业意识是通过法律、法规、行业自律、规章制度、企业条文来体现的。职业意识具有社会共性的，也有行业或企业相通的，它是每一个人从事其所在工作岗位的最基本的也是必须牢记和自我约束的标准。职业意识的根本是职业精神，包括诚信意识、顾客意识、团队意识、自律意识、学习意识等。培养职业意识的主要途径有：一，在日常生活中培养。大学生要从小事做起，严格遵守行为规范，养成良好生活习惯，培养良好精神品质。二，在专业学习中训练。专业学习是了解专业、了解职业及相关职业岗位规范，培养职业意识，养成良好职业习惯的主要途径。三，在社会实践中体悟。社会实践是个人素质培育和发展的根本途径。四，在自我修养中提高。自我修养能培养较强的职业技能和个人素质，帮助人正确认识自我，客观看待自己，正视自己的缺点，扬长避短，把个人素质的基本要求自觉转化为个人内心的要求和坚定的信念。五，利用校园文化陶冶。校园文化能塑造良好的性格和高尚的品格，影响大学生思想品质、价值观念和生活方式的选择，完善大学生的知识结构，提升大学生的现代审美观念和审美能力。

2. 配合学校的培养任务，完成知识、技能等显性职业素养的培养

职业行为和职业技能等显性职业素养比较容易通过教育和培训获得。学校的教学及各专业的培养方案是针对社会需要和专业需要所制订的，充分利用专业课老师的力量帮助理解通常会更加容易。老师并不只是在照本宣科，他只不过是由于教学的目的把课程简化和分解了，以便让同学们尽快地了解将要学习的专业，并消除同学们的畏难情绪。课后多向老师请教，让老师帮助更好地理解知识含义，以尽早进入专业领域并开始深入的研究。还可以请教不会说话的老师——充分利用图书馆资源扩充专业知识架构。所谓师傅领进门，修行靠个人，除了课堂上的老师外，学校图书馆也是一位"不会说话的老师"，他不仅拥有大量的历史文献和最新资讯，还拥有"自然"老师所不具备的跨学科、跨领域知识。这些不设边界的学术领域，可以满足同学们在知识上的一切好奇。选择专业书籍和兴趣爱好之外，千万不要忘了关注一下其他非专业学科的知识，保证自己在知识结构上不做"一条腿长、一条腿短的知识残疾"。多留意关注社会行业资讯，积极参加社会实践活动。互联网的成熟发展，给我们提供了大量的外部信息，除了利用传统的报刊、电视电台外，同学们还可以通过互联网了解自己专业相关的行业资讯，以便根据社会发展趋势适时调整自己的步伐。有些行业常常会组织行业活动，如广告行业的广告大赛、新闻媒体行业的新闻专题大赛以及营销方案设计大赛等，参加这些社会活动不仅可以充实社会实践内容，还能在参加过程中巩固、练习专业技能。

3. 有意识地培养职业道德、职业态度、职业作风等方面的隐性素养

隐性职业素养是大学生职业素养的核心内容。核心职业素养体现在很多方面，如独立性、责任心、敬业精神、团队意识、职业操守等。事实表明，很多大学生在这些方面存在不足。有记者调查发现，缺乏独立性、会抢风头、不愿下基层吃苦等表现容易断送大学生的前程。严于律己，该是自己承担的工作就不要别人帮忙。一个人的工作，如果自己应该做的却没有做好，总是需要别人来帮忙才能完成任务，就说明你不称职。久而久之，自己的工作能力上不去，

在别人心目中的形象也立不住。长此以往，别说是向上发展，就是在原来的工作岗位上能否站稳都不好说。一个不能胜任本职工作的人，就离脱离本职不远了。大学生职业素养的自我培养应该在思想、情操、意志、体魄等方面进行自我锻炼。同时，还要培养良好的心理素质，增强应对压力和挫折的能力，以便能从逆境中寻找转机。对于我们这些大学生来讲，职业的素养是在未来不可或缺的一部分，也可以说是伴随一生的基本准则。不论同学们在以后做的是什么样的事情，做什么样的职业，这些都是不可缺少的。最基本的职业素养是我们应该具有的。

拓展阅读

三、可迁移技能的获取与发挥

1. 充分利用学校的课程安排学习

现代高等教育更加强调学生的人际交往、合作意识、心理承受力、终身发展能力的培养。结合我国的实际国情，高校的课程设置已充分考虑未来社会的需求和受教育者生存发展的需求，更多地偏重培养学生的创新精神、竞争精神和应变能力。大学生不但要学习专业知识和培养专业技能，而且要更加重视培养全面素质和综合能力，为求职就业做准备。因此，大学生必须充分利用必修课、选修课和辅修课的课程学习，宽基础、厚专长，建立合理的专业技能和通用技能结构。

2. 积极参加校园文化活动

校园文化活动是教学计划之外、引导和组织学生开展的各种健康而有意义的文化活动，它包括政治性的、学术性的、知识性的、健身性的、娱乐性的、公益性的活动。大学生积极参加校园文化活动，可以学到许多课堂上无法学到的知识和技能。如校园内形式多样、内容各异的学术讲座、学术报告会、学术交流活动，以及各种专业性、技能型、公益性、志愿性的社团活动，既有利于大学生专业知识和技能结构的文理交融，拓宽知识面，优化技能结构，又有利于促进学生身心和谐发展，激发学生学习兴趣和积极性。

3. 广泛参与社会实践

实践是检验真理的唯一标准，合理的知识技能结构不仅是理论知识的有效积累，也是实践经验的结晶。在理论与实践的天平上忽视或缺失任何一方面，都会导致知识技能结构的偏颇。当代大学生应深入社会，参与专业技能实习，吸取前人的经验。理论联系实际，在实践中不断增长才干，完善自己的知识技能结构。大学生应充分利用毕业实习和假期见习的机会，多和实习、见习单位的上司、同事交流，时刻注意向上司及同事们学习职业经验，努力增加社会阅历，积极提高工作能力等。

4. 充分利用互联网等媒体

在知识经济时代，知识技能时刻处于发展变化之中，科技也时刻处在发展变化之中。作为印刷载体，单纯教材所能提供的知识技能容量和视野有限，它很难及时反映本学科领域的最新成果和发展。随着信息技术的发展，大学生要善于利用多种媒体，如手机、电视、互联网等，多渠道地获取知识和技能。不同媒体有不同的特点和实效性，将它们科学地结合起来，不断提高查找定位能力，广泛获取各种专业的和通用的技能。

5. 参加课外业余培训

当我们感到现有的知识技能不能很好地帮助自己实现顺利就业和职业的发展时，就必须利用业余时间去参加社会上一些培训机构举办的相关技能培训，从而获得自己迫切需要的专业技能和通用技能。这是当前一种很有效的提升自己职业能力的途径。在获得技能的同时，还能够获得相关部门颁发的资格证书，可以为自己的职业发展提供一些硬件条件，为职业生涯的发展增加一些筹码。

拓展阅读

课堂实训

撰写成就故事

1. 请写下生活中令你有成就感的具体事件，然后对其进行分析，看看你在其中使用了哪些技能。

2. 每一个故事都包括：

当时的形式（Situation）

面临的任务/目标（Task/Target）

采取的行动/态度（Action/Attitude）

取得的结果（Result）

3. 至少写出3个故事，分析出技能之后，看看是否有重复出现的技能。它们就是你喜爱施展也最擅长的技能。将这些技能按优先次序加以排列。

学习思考题

1. 如何理解职业技能的概念？

2. 职业技能有哪些类型？

3. 职业技能具有哪些特点？

4. 一般说来，职业技能的构成要素包括哪些方面？

5. 结合自己所学专业，谈谈本专业职业技能的构成要素应该包括哪些？

6. 如何练就娴熟的职业技能？结合自己的专业学习谈谈就本专业技能的学习应该如何达到对专业技能的熟练把握？

阅读参考书目

1. 杨千朴. 职业素养基础[M]. 南京:南京大学出版社,2007.

2. 郑芝鸿,翁琳. 职业生涯规划与就业创业指导[M]. 成都:电子科技大学出版社,2019.

3. 陈彩彦,兰冬蓉. 大学生职业生涯规划[M]. 北京:航空工业出版社,2018.

4. 迟云平. 职业生涯规划[M]. 广州:华南理工大学出版社,2019.

5. 张静. 大学生,凭什么找份好工作:大学生职业生涯规划[M]. 青岛:中国海洋大学出版社,2016.

6. 夏忠. 大学生职业生涯规划与就业指导[M]. 北京:北京理工大学出版社,2017.

7. 胡恩立. 大学生就业指导[M]. 北京:高等教育出版社,2021.

8. 张继玉,祝爽. 大学生就业指导学程[M]. 南京:南京大学出版社,2021.

第五章

职业道德

道德是人类最古老的行为规则，它伴随着人类社会的存在始终在维持人类社会的和谐与稳定方面发挥着不可替代的作用。《公民道德建设实施纲要》明确指出，切实加强社会主义道德建设是提高全民素质的一项基础工程，对形成良好的社会道德风尚，促进物质文明与精神文明协调发展，全面推进建设中国特色社会主义伟大事业，具有十分重要的意义。职业道德是社会主义道德建设的重要内容，而学校是进行系统职业道德教育的重要阵地。

第一节　职业道德的含义与特征

职业道德作为人类道德的重要组成部分，是伴随着社会分工登上历史舞台的，新的社会角色、社会行为和新的行为规范的出现，使得职业道德的产生成为必然。每个从业人员，不论是从事哪种职业，在职业活动中都要遵守道德。因此，在发展和完善社会主义市场经济体制和扩大对外开放的今天，加强职业道德建设显得尤为重要和迫切。

案例导读

林俊德：大漠铸核盾　生命写忠诚

2013年2月19日晚，"感动中国2012年度人物评选"颁奖典礼在中央电视台综合频道播出，将一生奉献给核事业、工作到生命最后一刻的中国工程院院士、总装某基地研究员林俊德被选为年度人物（图5-1）。

在记录林俊德事迹的电视画面中，有着这样令人动容的一幕：

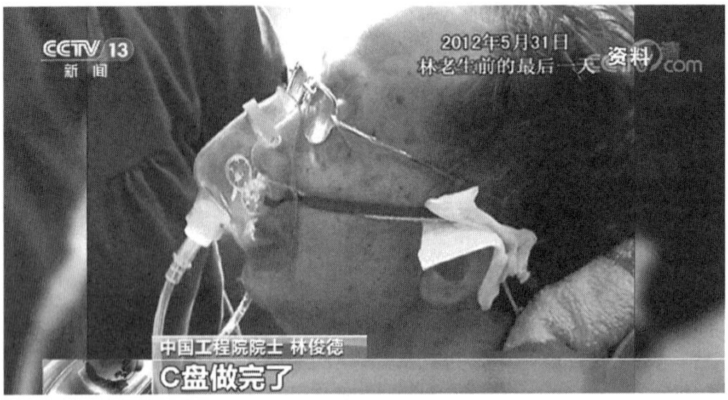

图 5-1 林老生前的最后一天

一位脸上戴着氧气罩、身上插着各种医疗管线的垂危老人，在人们的搀扶下迈向病房中的办公桌……

如同重伤的黄继光向着枪眼那最后的一扑，这悲壮的一幕，凝成了一位"科学战士"最后的冲锋姿态。

悭吝的时间不肯给这位可敬的科学家临终的从容。来不及把笔记本上 5 条提纲的内容填满，来不及整理完电脑中的全部文档，甚至来不及给亲人更多的嘱托和安慰，2012 年 5 月 31 日 21 时 15 分，这颗赤子之心便匆匆停止了跳动，距最后一次离开办公电脑只有 5 个小时。

思考：林老身上体现出老一辈科学家什么样的精神？

一、职业道德的含义

在古代，"道德"一词无论是中国还是西方国家都有阐述。在中国，"道"原指人走的路，后引申为做人的道理、原则、规范，之后又进一步表示事物运动、变化的规则、规律等。"德"主要指内心的情感、信念，即主观方面的情操，亦称德行、品德。道德二字连用成为一个概念，始于春秋战国时的《管子》《庄子》等书中，指人们在社会生活中所形成的道德品质、道德境界和调整人与人之间关系的道德原则和规范。在西方，"道德"（morality）一词源于拉丁语"摩里斯"（mores），指风俗和习惯，后来引申为规则和规范、行为品质、善恶评价等。近代马克思主义伦理学认为，道德作为一种社会规范属于上层建筑，是由社会经济关系所决定的用善恶标准去评价的一种社会现象。

职业道德的概念有广义和狭义之分。广义的职业道德是指从业人员在职业活动中应该遵循的行为准则，涵盖了从业人员与服务对象、职业与职工、职业与职业之间的关系。狭义的职业道德是指在一定职业活动中应遵循的、体现一定职业特征的、调整一定职业关系的职业行为准则和规范。不同的职业人员在特定的职业活动中形成了特殊的职业关系，包括了职业主体与职业服务对象之间的关系、职业团体之间的关系、同一职业团体内部人与人之间的关系，以及职业劳动者、职业团体与国家之间的关系。每一历史时代的职业道德，都是当时社会或阶级的道德在职业活动中的具体贯彻和表述，是一般社会道德在职业活动中的具体表现，是一种更具体化、个性化的社会道德。它包括职业观念、职业情感、职业理想、职业态度、职业技能、职业良心、职业作风等多方面的内容。具体来讲，职业道德的含义包括以下八个方面：

（1）职业道德是一种职业规范，受社会普遍的认可。

（2）职业道德是长期以来自然形成的。

（3）职业道德没有确定形式，通常体现为观念、习惯、信念等。

（4）职业道德依靠文化、内心信念和习惯，通过员工的自律实现。

（5）职业道德大多没有实质的约束力和强制力。

（6）职业道德的主要内容是对员工义务的要求。

（7）职业道德标准多元化，代表了不同企业可能具有不同的价值观。

（8）职业道德承载着企业文化和凝聚力，影响深远。

二、职业道德的特征

职业道德是在职业活动中形成和发展起来的，除体现一般社会道德或阶级道德的要求，还具有自身的显著特征。

1. 职业道德的内容具有稳定性

职业道德是在特定的职业环境和职业活动中产生和发展起来的。职业环境和职业活动的具体内容和方式，虽然要受到社会关系和生产力发展的影响（因而同一职业在不同的社会里会有不同的情况），但一定的职业产生和确定之后，并不随着一定经济关系的消灭而消灭。一些基本类型的职业，如商业、医务和教育等职业，在迄今为止除原始社会的各社会形态里都是存在的。不同的社会和阶级虽然会由于对职业活动的要求和目的的不相同，提出各不相同的职业道德要求，但任何职业都有其自身的职业利益和特定的活动方式，因而，必然会从中产生出一些特殊的道德要求，具体表现为世代相袭的职业传统、从职人员比较稳定的职业心理和行为习惯。所有这些是不会随社会经济关系的变更而很快变化的，它们具有较强的连续性和稳定性。如商人道德中"买卖公平、老少无欺"的要求，医生道德中"救死扶伤"的要求，教师道德中"学而不厌、诲人不倦"的要求等，无论在封建社会和资本主义社会，还是在社会主义社会，都是基本相同的。

2. 职业道德的作用范围具有局限性

职业道德反映的是特定的职业关系，具有特定职业业务的特征，因而它的作用范围仅仅局限于特定的职业活动中。具体地讲，它调节两方面的关系，一是从事同一职业人员的内部关系，二是他们同所接触的对象之间的关系。社会中的各个职业集团为了维护自己的职业信誉和尊严、实现职业活动的目的，不但要求职业内部人员相互团结、密切配合，而且也很重视社会各个方面对本职业的要求，重视职业的内外关系，特别是对与服务对象关系的调节和处理。所以，职业道德主要是用来规范和约束职业内部人员的行为活动，对于职业外部人员或职业人员的非职业性活动，则不具有规范和约束的作用。

3. 职业道德的形式具有具体多样性

社会中各种职业为适应本职业活动的客观环境和具体条件，总是要从本职业活动和交往的具体内容和方式出发，对从业人员提出本职业的道德要求。因而，它就不仅仅是一般的原则性规定，而是具体多样的，并用规章制度、工作原则、服务公约、劳动规程、行为须知、职业誓词等形式表现出来。这些表现形式对从职人员的思想、行为等各方面做了具体的规定，使职业道德变成了看得见、摸得着的规范细则。同时，由于这些细则也是相应的操作程序和行为标准，具有鲜明生动、针对性强的特点，所以其非常便于从业人员接受和践行，进而养成符合职业要求的道德习惯。另外，由于职业特点的不同，有些职业道德在形式上也会与社会道德原则发生矛盾。例如，社会道德要求人们诚实守信、不讲假话，但作为医生，有时为了减轻病人的精神痛苦或增强病人战胜疾病的信心，会对病人讲"假话"，隐瞒病情，这是医生职业道德所允许的例外，进一步丰富了职业道德的形式。

三、职业道德的作用

职业道德是社会道德体系的重要组成部分，一方面它具有社会道德的一般作用，另一方面又具有自身的特殊作用，具体表现如下。

1. 调节职业交往中从业人员内部以及从业人员与服务对象间的关系

职业道德的基本职能是调节职能。一方面，它可以调节从业人员内部的关系，即运用职业道德规范约束职业内部人员的行为，促进职业内部人员的团结与合作。如职业道德规范要求各行各业的从业人员，都要团结互助、爱岗敬业，齐心协力地为发展本行业、本职业服务。另一方面，职业道德又可以调节从业人员和服务对象之间的关系。如职业道德规定了制造产品的工人要怎样对用户负责，营销人员要怎样对顾客负责，医生要怎样对病人负责，教师要怎样对学生负责，等等。

2. 有助于维护和提高本行业的信誉

一个行业、一个企业的信誉，也就是它们的形象、信用和声誉，是指企业及其产品与服务在社会公众中的受信任程度。提高企业的信誉主要靠产品的质量和服务质量，而从业人员职业道德水平高是产品质量和服务质量的有效保证。若从业人员职业道德水平不高，则很难生产出优质的产品和提供优质的服务。

3. 促进本行业的发展

行业、企业的发展有赖于高的经济效益，而高的经济效益源于高的员工素质。员工素质主要包含知识、能力、责任心三个方面，其中责任心是最重要的。职业道德水平高的从业人员，其责任心是极强的，因此职业道德能促进本行业的发展。

4. 有助于提高全社会的道德水平

职业道德是整个社会道德的主要内容。一方面，职业道德涉及每个从业者如何对待职业、如何对待工作，是一个从业人员的生活态度、价值观念的表现，是一个人的道德意识、道德行为发展的成熟阶段，具有较强的稳定性和连续性。另一方面，职业道德也是一个职业集体甚至一个行业全体人员的行为表现，如果每个行业、每个职业集体都具备优良的道德，那么其对整个社会道德水平的提高肯定会发挥重要作用。

由于职业道德是同人们的职业活动相联系的，主要表现在实际从事一定职业的人们中间，是已经进入工作岗位的成年人的道德，所以其自然是对由家庭影响和学校教育初步形成的道德意识和道德行为的进一步的完善和发展。对于每一个从职人员来说，职业道德教育能使他们在青少年时期初步形成的道德品质更趋稳定和成熟。

第二节　职业道德的形成与发展

职业与职业道德不是从来就有的，作为一种社会现象，两者均属历史的范畴。它们的产生及发展的根本原因和客观基础，是由人类社会生产力发展而引发的社会大分工。职业道德从萌芽、形成到各个不同阶段的呈现，已经历了很长的发展历程。

一、职业道德的萌芽

社会发展表明，职业作为一种社会现象，是与社会分工和生产内部的劳动分工相联系的。它对人们的道德意识和道德行为，对整个社会的道德习俗和道德传统，都产生着重大的影响，而这也为职业道德的产生奠定了基础。

人类从古猿转变为真正的人距今有 300 万年的历史。人类首先进入了原始社会的蒙昧时代和野蛮时代的前期——人类的童年，不会用火，不会制造工具，进入蒙昧时代的高级阶段后，人类才学会打制石器工具，并逐渐进入磨制石器工具时期。当时，由于生产力水平极其低下，人们的生产活动以共同采摘野生植物和狩猎野生动物为主，男女老幼一起参加这些劳动，没有专门的社会分工，没有专门的职业，也就不存在职业道德。

真正意义上的分工是从野蛮时代开始的。在野蛮时代的低级阶段，分工完全是自然产生的，只存在于劳动生产活动中的男女两性之间。男子作战、打猎、捕鱼，获取食物和原料并制作工具；女子管家，制作食物和衣服。到了野蛮时代的中期，一些先进的部落开始驯养动物、种植谷物，最后终于从野蛮人人群中分离出游牧部落，从而在人类历史上出现了第一次社会大分工，即畜牧业和农业的分离。这次社会大分工的结果，使低下的劳动生产率得以提高，财富不断增加，生产场所逐渐扩大。进入野蛮时代的高级阶段，人们学会了制造金属工具，以致金属加工业开始出现。同时，原始的纺织业、制陶业等手工业有了发展。这些彼此独立的职业的出现及其发展，显示出生产的日益多样化和生产技术的日益改进，促进了生产力的发展。农业除了种植谷物，豆科植物和水果以外，人们开始制作植物油和葡萄酒。于是出现了第二次社会大分工，即手工业和农业的分离。第二次社会大分工和第一次社会大分工相比，在性质上发生了很大变化。如果说第一次社会大分工只是简单的部落内部或部落间的物品交换，那么第二次社会大分工就使得交换产品成为社会发展的必要手段。农业为手工业提供谷物、水果、植物油和葡萄酒等，手工业则为农业提供各种金属工具、纺织品、陶器等。这样，就自然而然地形成了不同职业集团。由于职业活动的具体内容和方式各不相同，承担着不同的职业责任，所以其所产生的职业利益和需要也不相同。各职业集团为了调节内外关系，指导成员的职业活动，便逐步地把一些表现职业的心理、惯例和习俗收集、整理和明确起来，用以指导、约束职业人员的思想和行为活动。

在原始社会，人们的思维和语言尚不发达，还不能用丰富多彩的道德观念来把握社会的道德现象，而且也没有更多的语言词汇来描绘道德观念和行为，仅以感情和感觉的简单形式加以概括。当时，仅能区分"好的"和"坏的"、"有利的"和"有害的"、"自己的"和"别人的"等简单概念，用以说明"善""恶"

的观念。"好的""有利的""自己的"就是善的;"坏的""不利的""别人的"就是恶的。此外,当时也没有文字记载,只能以动作、语言、民族禁忌、宗教仪式、模仿老人的行为等形式表现出来。这时期的职业道德观念贫乏、直观、含混,处于萌芽阶段。

二、职业道德的形成

由于生产力发展,铁器工具得到使用,生产的剩余物品慢慢多起来。这时,社会已能养活一部分专门从事艺术、科学、商业活动和公共事务的管理活动者,从而出现了更加深刻的具有决定意义的第三次社会大分工,即农业和商业、脑力劳动和体力劳动的分离。与此同时,人类历史上第一个阶级社会奴隶社会产生,此时不仅出现了调整阶级关系的阶级道德,还出现了调整行业和职业关系的职业道德。据先秦时期成书的《周礼·考工记》记载,当时大的职业分工就有六种,即王公、士大夫、百工、商旅、农夫、妇功。王公(高级统治集团)之职是"坐而论道",士大夫(官僚和小贵族)之职是"作而行之",百工(手工业者)之职是"审曲面势,以饬五材,以辨民器",商旅(坐商行贩)之职是"通四方之珍异",农夫之职是"饬力以长地材",妇功(家庭女工)之职是"治丝麻以成之"。其中的百工就有攻木之工7种,攻金之工6种,攻皮之工5种,设色之工5种,刮摩之工5种,共计30余种。不同职业分工有不同的职责,也就有不同的职业道德要求。如被誉为西方医学之父的古希腊著名医生希波克拉底提出了医生应具有的职业道德,他在《誓言》中说:"无论至于何处,遇男或女,贵人及奴婢,我之唯一目的,为病家谋幸福。""我一定尽我的能力和判断力来医治病人,而不损害他们。""我不得将危害药品给予他人。"中国古代的著名思想家孔子曾说:"百工居肆以成其事,君子学以致其道。"意为各种工人居住在其制造场所,完成他们的工作,君子则用学习获得道。

在古希腊奴隶社会,职业道德也得到明确阐述。古希腊著名的哲学家、思想家柏拉图在他的著作《理想国》中谈道,哲学家的道德是"智慧",武士的道德是"勇敢",自由民的道德是"节制",当这三个阶级在国家里面各做各的事而不互相干扰的时候,便是有了正义。这里的"智慧""勇敢""节制"有职业道德的意义,或者说是阶级道德在不同职业中的体现。

奴隶时期的职业道德有一个显著的特点就是统治者比较重视上层社会人们的职业道德,特别是与统治者的切身利害有关的职业道德,而对直接从事物质生活、资料生产的体力劳动者的职业道德则比较轻视。如在我国各朝各代的统治者都奉行"礼不下庶人"的信条,而且鄙视劳动,鄙视劳动者,把劳动看作卑贱的、只有"小人"才去干的事。在历史文献中反映较多的是有关政治、军事、文化、教育、医生等方面的职业道德。譬如从政为官的职业道德历来为统治者所重视，我国最早的一部史书《尚书》中，就特别强调"敬德保民"的政治思想。孔子讲"其身正，不令而行；其身不正，虽令不从"，强调从政者职业道德的重要性。再如柏拉图所概括的智慧、勇敢、节制等道德要求，也主要是对统治集团、武士、商人的道德要求，奴隶是不在其中的。

三、职业道德的发展

职业道德在封建社会得到初步发展。因为农民在封建社会的特殊作用，决定了农民的职业道德成为封建社会职业道德的主体。又因为绝大多数的农民租佃地主的土地进行耕种，向地主交租和服劳役，这样农民既是私有者，又是劳动者、受剥削者。如此，农民的职业道德就具有了两重性的特点。一方面，他们在长期艰难的劳动生活中，养成了勤劳节俭、团结互助、富有人道和憎恶剥削、压迫等优良的道德品质，像东汉《太平经》所说的"夫人各自衣食其力"，"力强者当养力弱者"。另一方面，由于农民所处的经济地位和受当时社会一家一户自给自足的生产条件的限制，又决定了他们思想观念表现有自私狭隘、保守散漫、只顾眼前、贪图小惠、安于官令、盲目崇拜的特点。

除了农民这个最主要的社会职业外，其他各行业在封建社会也有了进一步发展，在西欧的中世纪就出现了各种行业帮会。在我国，从隋唐到明清，也出现了各种各样的帮会，如手工业行帮、商人行帮等。在行帮内部的师徒之间、学徒之间、行帮会员同整个社会成员之间，都形成了一些协调相互关系的职业道德准则。

由于自给自足的自然经济和等级更加森严的政治制度的共同作用，封建社会的各种职业道德不可避免地带有浓厚的封建色彩。比如统治阶级把安于本分、忠于职守的职业道德看作是保护现有职业分工和令统治阶级进行的统治长治久安的方法，认为只要人们"安其居，乐其业"，国家就能出现"太平之象"。另外，那时候的职业道德大都维护家长制统治，当时许多职业都是世袭的，特殊的职业是"父子相传"，进而形成职业道德的家长制传统。在封建社会中，职业被分为三六九等，各种手工业者、医乐师等，社会地位十分低下。唐代文学家韩愈在《师说》一文中说："巫医乐师百工之人，君子不齿。"意思是从事巫医乐师百工职业的人，是不能和有地位的君子相提并论的。至于商人，地位在那时就更为低下，汉代史学家司马迁曾写道："行贾，丈夫贱行也。"这和中国封建统治阶级历来实行重农抑商、重本抑末政策有很大的关系。当然，职业道德在封建社会的长期发展过程中，除具有封建性外，也包含着人类道德文明的一些共同因素，这些因素至今仍然还有很好的借鉴作用。例如，唐代名医孙思邈对医德做了详细的论述。他说，医生对病人，不论贫富贵贱、老幼美丑，只要是病人，都要"普同一等，皆如至亲"。对病人要有同情心，不得"安然欢娱，傲然自得"；对同行，不能"道说是非，议论人物，炫耀声名，訾毁诸医，自矜己德"。[①]

到了资本主义社会，职业道德获得了充分发展。这是因为从 18 世纪开始，欧美资本主义国家进行广泛深入的工业革命，进入了机器大工业的发展时期，推动了资本主义经济的快速发展，社会分工和生产内部的分工越来越明确具体，形成了更大规模的职业活动。在人和人的道德关系中，不但保持了工人、农民、商人、学者、医生、军人等古老传统职业及其职业道德规范，而且出现了诸如律师、工程师、新闻记者等新的职业，并形成了相应的职业道德规范，甚至多至上百、上千种。各种不同的职业集团，为了增强竞争能力，增加利润，纷纷提倡职业道德，以提高职业信誉。在许多国家和地区还成立了职业协会，制定了协会章程，规定职业宗旨和职业道德规范，从而促进了职业道德的普及和发展。但是，由于资本主义仍然是以私有制为基础的社会，各种职业道德必然要受到资本主义利己主义、个人主义道德原则的影响，因而其仍带有很大的局限性。资产阶级一切活动的基本点就是最大限度地剥削无产阶级，榨取剩余价值。这些反映到他们的意识观念上，就是个人主义，其极端表现是利己主义和享乐主义，在实践中表现为唯利是图、尔虞我诈、损公肥私、损人利己等。

到了近现代，由于社会主义制度的建立和发展，职业道德进入了一个崭新的阶段。社会主义制度的建立，为社会主义新型的职业道德的形成与发展开拓了无限广阔的前景。在我国，自十一届三中全会以来，党和政府极为重视职业道德建设。在 1996 年 10 月 10 日，十四届六中全会通过的《中共中央关于加强社会主义精神文明建设若干重要问题的决议》中，对职业道德的建设和发展做了明确的规定："要以服务人民、奉献社会为宗旨，开展创建文明行业活动。各行各业特别是与群众生活关系密切的'窗口行业'，都要根据自身特点，对职工普遍进行职业责任、职业道德、职业纪律的教育，加强岗位培训，规范行业行为，树立行业新风。"同时，又指出："我们要大力倡导爱岗敬业、诚实守信、办事公道、服务群众、奉献社会为主要内容的职业道德。"[②] 随着改革开放和社会主义市场经济的建立与发展，为职业道德的发展注入了新的活力。

社会主义职业道德是一种新型的职业道德，是人类职业道德史上的一次伟大变革、一次伟大的升华。它是共产主义道德的有机组成部分，伴随着社会主义事业的实践而产生、形成于职业集团内部个人与集体及其相互之间，所建立起来的

---

① （唐）孙思邈. 备急千金要方［M］. 太原：山西科学技术出版社，2010.
② 邱少敏.《公民道德建设实施纲要》学习读本［M］. 北京：党建读物出版社，2002.

关系都是同志式的平等、团结、互助和合作的关系。各种职业之间只有分工的不同，没有高低贵贱之分。自强不息、勤劳节俭的道德品质，都是社会主义职业道德不可缺少的准则和规范。当然，社会主义职业道德作为一种体系，不可能是一座没有任何历史渊源的空中楼阁，它与传统的职业道德仍有着千丝万缕的联系，像我国封建社会中所提倡的"鞠躬尽瘁，死而后已"和"先天下之忧而忧，后天下之乐而乐"的高尚道德情操以及古代的商德、师德、军德、医德，都在经过扬弃之后被社会主义职业道德继承下来。

此外，随着市场经济竞争的日益激烈，各行各业对从业人员的职业观念、职业态度、职业技能、职业纪律和职业作风的要求也越来越高。所以，任何从业人员要想适应市场经济的发展，就必须打破和抛弃在长期的自然经济和旧的管理体制下形成的束缚人们思想的一切旧观念，如不守时间、不讲效率的观念，因循守旧、怕冒风险的观念，论资排辈、妒贤嫉能的观念，平均主义、"吃大锅饭"的观念，等等。要树立勇于开拓、敢于进取的观念，公平公正、竞争合作的观念等。不仅如此，每个从业人员还要树立正确的劳动态度，诚实劳动、勤奋工作；学习科学技术，提高职业技能，履行职业责任；严格遵守职业纪律，自觉维护正常工作和生产秩序；从我做起，互相学习、互相监督，自觉养成优良的职业道德和作风。这些做法不仅使我国社会主义职业道德得到了进一步的完善和发展，而且对促进我国改革开放和社会稳定起了重要的作用，对我国社会主义市场经济的健康发展起了巨大的积极促进作用。

第三节　职业道德的一般要求

职业道德的内涵丰富，种类繁多，在不同的社会、不同的时代都要受到社会制度、政治思想、不同阶级的道德原则的影响。尽管如此，我们仍能从中概括出一些共同的要求来。

一、忠于职守，尽职尽责

历史上有一个《庖丁解牛》的故事，说的是庖丁替文惠君宰牛，手所触及的、肩所依的、足所踩到的、膝所抵住的都发出吱吱的响声，而这响声既符合《桑林》舞曲的节奏，又符合于《经首》乐意的韵律。文惠君说："啊！好极了！你的技术怎么达到如此神奇的地步？"庖丁放下屠刀回答道："我开始宰牛时，映入我眼帘的都是一头头整牛。几年之后，就不曾看到整体的牛了。现在，我只用心领会而不用眼睛去观看，器官的作用停止而只见心神在运用。顺着牛体自然的生理结构，劈开筋肉隔膜，导向骨节的空隙，我从没有碰到过筋脉经络的部位和骨头紧密相连的地方，更不用说去碰那些大骨头了。好的厨师一年换一把刀，他们是用刀去割筋肉；普通的厨师一个月换一把刀，他们是用刀去砍骨头。现在，我这把刀已经用了 19 年了，所解的牛有几千头了，可是刀刃锋利得就像刚从磨刀石上磨过一样。这是为什么呢？因为牛骨节是有间隙的，而刀刃是没有厚度的，以没有厚度的刀刃切入有间隙的骨节，当然是游刃有余了。"这个故事告诉人们：无论从事什么职业，只要热爱有加，诚敬专一，总能把工作做好。庖丁热爱解牛，已经进入了"艺"的境界，所以他才能够以一种喜悦、自豪的心情对文惠君叙述自己的工作过程。庖丁对自己的工作是诚敬专一的，正因为如此，他才会几年如一日，勤学苦练，对牛的结构了如指掌，进入"以无厚入有间，恢恢乎其于游刃必有余矣"的工作境界。从中，我们更能看出庖丁的敬业精神，而忠于职守、尽职尽责是爱岗敬业最核心的内容之一。

《中共中央关于加强社会主义精神文明建设若干重要问题的决议》指出，爱岗敬业是全社会大力提倡的职业道德行为准则，是国家对人们职业行为的共同要求，是每个从业者应当遵守的共同的职业道德。爱岗敬业作为最基本的职业道德规范，是对人们工作态度的一种普遍要求。爱岗就是热爱自己的工作岗位，热爱本职工作。敬业就是要用一种恭敬严肃的态度对待自己的工作。勤勤恳恳，兢兢业业，忠于职守，尽职尽责，也就是要求我们干一行，爱一行。在中国历史上，第一个提出爱岗敬业的当属孔子。他认为，无论为人还是做事都应该"敬事而信"。宋朝的朱熹曾说"专心致志，以事其业"，也就是说要辛勤从业，全心于事业。马克思也指出："在科学上没有平坦的大道，只有不畏劳苦沿着陡峭山路攀登的人，才有希望达到光辉的顶点。"人类的发明创造和开拓创新，民族优秀文化的发扬光大，现代化建设与改革事业的不断前进和发展，都需要一代又一代人去拼搏奋斗。

中华民族历来就有"敬业乐群""忠于职守"的传统，是一个崇尚敬业、乐业精神的民族，这里的"敬事""敬业"都是指在工作时要聚精会神、全心全意。从古到今，爱岗敬业的楷模说之不尽。如明代医学家李时珍，在发现前人所作的《本草》错漏很多时，忧心如焚，认为事关人命，不可等闲视之，于是用三十多年时间搜罗本草，遍采四方，编撰成医学巨著《本草纲目》。朱镕基就任国务院总理时曾立下誓言，"不管前面是地雷阵还是万丈深渊，我都将一往无前，鞠躬尽瘁，死而后已"，充分体现了伟大的敬业精神。这些都是值得我们一辈子学习的职业态度。

随着社会主义市场经济发展的需要，我国的劳动用工制度逐步向市场化迈进，劳动力市场的开放在一定程度上推动了求职者和用人单位双向选择的进程，在某些职业领域出现了"跳槽热"。"跳槽热"现象的出现，有社会、政治、经济等各方面的原因，它对社会经济的发展既有积极的作用，也有消极的作用，不能一概而论，既不可全盘肯定，也不能全盘否定。从积极的方面来说，它确实解决了一些单位长期以来人才积压、学非所用、工作安排不合理、职工收入不尽如人意等弊端，这对改革开放和调动人的积极性有一定的好处。但反过来说，"跳槽"现象不仅可能会给一些单位带来损失，也可能使一些职工工作不安心，朝秦暮楚，最终导致失业。目前，我国的就业情况并不乐观，而"跳槽"只有对那些素质好、专业技能高的人才有可能行得通。就企业来说，出于降低成本、提高效率的考虑，一些企业在机构、人员调整进程中解聘了一部分职工。特别是国有大中型企业，由于产品结构调整和经济转型过程中效益一时难以提高，部分职工被迫下岗；耕地的减少和农业科技水平的提高，又使农村劳动力大量富余；加之人口年龄构成等方面的影响，我国失业人口增加、劳动就业不足的问题还是非常严重的。在这种条件下，还是要提倡"干一行，爱一行"，因为求职者是否具有爱岗敬业精神，是用人单位挑选人才的一项重要标准。近年来，许多下岗工人虽然年龄偏大，专业技术水平也不是很高，但因为他们有敬业、尽职尽责的精神，还是实现了二次就业。试想一下，有哪家单位愿意本单位的职工总是处于一种不稳定的状态呢？这本身就是对单位、对职工的一种不负责任的表现，要想很好地发展，稳定和谐是首要因素。因此，对于不负责任、不敬业的职工，企业肯定是不欢迎的。

另外，从职人员要充分认识本职工作在整个社会生活中的地位和作用，认识本职工作的社会意义和道德价值。社会生活中任何一种职业，只要它是人类存在和发展所必需，有助于社会文明的发展，能增进人类幸福，就都是重要的职业。职业的区分只是社会分工的不同，没有高低贵贱之分。只有认识到本职工作的重要性，敬重本职工作，才能做到忠于职守，尽职尽责，进而表现出高度的职业献身精神。为了实现职业的志向，甚至不惜牺牲个人的物质利益、家庭利益乃至自己生命的敬业精神，是永远值得提倡和发扬的。

二、乐于服务，热情周到

从业人员不仅要敬重本职工作，而且还要热爱本职工作，认识到做好本职工作是光荣和幸福的，并从热爱本职工作出发，进一步热爱自己的工作对象和劳动资料。以人为服务对象的职业，如教育、医务、商业等行业，尤其要热爱自己的服务对象，要乐于服务，热情周到。在北京台湾饭店就曾出现过这样动人的一幕：一家入住的客人，妻子是全身瘫痪的残疾人，也许是由于疾病心情不好，不肯吃饭，弄得丈夫愁、孩子哭。看到这种情景，中餐厅一位年轻的服务员走上前去接过饭碗，一遍又一遍耐心地鼓励、安慰客人，一次又一次地把饭送到她紧闭的嘴边。终于，女客人张开嘴笑了，一口、两口……服务员代替她的亲人喂她吃完了饭。事后，有人问年轻的姑娘，怎么会走上前的？这位服务员回答，看到这不幸的一家，她从内心感到他们的痛苦，忍不住流下同情的泪水，一股强有力的力量推着她上前帮助他们。这"强有力的力量"就是道德义务感，是高尚的爱心。如果服务员只热爱自己的本职业务而不热爱自己的工作对象——顾客，那他们的业务再好，也做不好自己的工作。乐业，不仅要热爱自己的业务，还要热爱自己工作的对象，这样才能做好本职工作。

在社会分工越来越细的现代社会里，每个岗位都承担着一定的社会职能，每一个从业人员都通过自己的职业扮演着特定的社会角色，就业不仅意味着从此获得生活来源，掌握了一个谋生手段，而且还意味着有了一个社会承认的正式身份，能够履行社会的职能。因此，必须认识自己从事的职业在社会生活中的作用和意义，认识自己的岗位在整个行业中的意义，要把职业生活看成是一种乐趣、一份责任，而不是一种负担。也只有这样从业人员才能真正感受到职业给他带来的成就感。

北京元隆顾绣绸缎商行专营国产丝绸，很有名气。在这个店中有一位普通的售货员叫张丛笑。她接待顾客就像她的名字一样，总是面带笑容，举止文雅，彬彬有礼。有一天中午，一位老太太来到"元隆"找到小张并高兴地说："去年，你帮我挑选的几块面料带回去后，大家都说好。这次我女儿、儿子和亲戚、朋友都托我再来买。"这时已是下班的时候，但她依然面带微笑，一边向这位老太太介绍商品，一边热情地为她挑选绸缎，一直忙到下午3点多钟，连中午饭都没顾得上吃。当这位老太太知道这一切后，十分感动，紧紧拥抱着张丛笑，向她表达了深深的谢意。这位售货员始终以热情、周到的服务接待顾客，赢得了别人的肯定，把乐业的精神发挥得淋漓尽致。试想，如果张丛笑换一种方式，对顾客露出一副"后娘面孔"，态度不好，语言不亲切，服务不主动、不热情，尽显不耐烦，只顾自己扎堆聊天，这样的话还有顾客敢光顾这家商店吗？对于绝大多数人而言，事业是生命中最重要、最精彩的部分，珍惜岗位，全心全意地投入到工作中是我们应有的人生态度。就像张丛笑一样，相信那样笑容会更加灿烂！

在就业形势日益严峻的今天，能找到一份发挥自己所长的工作，本身就是一件幸事，是生活的眷顾。因此，应该持着"感恩"的态度去工作，去回报社会，不管是何种职业都要这样。既然社会给了我们施展才能的空间，我们每个人都有责任、有义务，责无旁贷地去做好每一份工作，为社会尽一份心，出一份力。

三、勤于业务，精益求精

从业人员要把热爱本职工作的情感，变为自觉履行职业义务的行动，要勤勤恳恳、踏踏实实。为了能够保质保量地做好本职工作，还必须努力精通业务，熟练地掌握职业技术。职业技能和业务水平直接关系到服务质量。一个医生无论对病人多么负责，多么热情，但如果他的医学知识浅薄，诊断治疗的水平也不高，面对病情复杂的病人就会束手无策；而具有深厚的医学理论，又有实际诊断治疗本领的医生，则可以很快地帮助病人解除痛苦。职业技能和业务水平就其本身来说不是道德问题，但用在职业活动中就具有了道德意义，特别是在以人为服务对象的职业中。正因为如此，所以历来都把勤于业务、对技术精益求精作为职业道德的重要内容和要求。

勤于业务，要求一切从业人员都要努力钻研所从事的专业，孜孜不倦，锲而不舍，不断提高职业技能。任何一种职业活动都有自己专门的职业技能和业务要求，都有专门的知识和学问。比如售货员要做好本职工作，必须具备一定的知识修养和技术能力，做到取货"一抓紧"，称量"一称准"，收付"一口清"，结算"一遍准"。优秀的售货员张秉贵用七个字来概括一个售货员所应掌握的知识，这七个字就是"一懂、四会、八知道"。一懂就是懂得进、销业务的一般规律，了解市场需求情况；四会就是会使用、会调试、会组装、会维修；八知道就是知道商品的产地、价格、规格、质量、性能、特点、用途和使用保管方法。人们常说"三百六十行，行行出状元"，我们也可以说"三百六十行，行行有学问"。

精益求精，就是要把自己的业务、自己的工作做得越来越好，甚至是好上加好。这是对工作、对自己在事业上所取得成就永不满足的一种精神，是一种不懈的追求。一个人不断钻研业务、努力精益求精的动力与目的，主要来自两个方面，一方面是对本职工作的热爱以及由此产生出来的创造欲望、成就感，另一方面，更为重要的是为了更好地为人民服务。古人云："业精于勤，荒于嬉。"大庆的新一代"铁人"王启民，三十年如一日，先后主持了八项重大开发试验，每一项试验往往都要经历数年时间，要收集成千上万个数据，做无数次的试验，经受无数次挫折。再比如日本丰田汽车在创业之初是靠强有力的销售网络发展起来的，上千名老销售员的敬业精神让其他汽车生产商（如日产公司）望尘莫及。但是随着时代的进步，汽车性能不断改进，对销售员的素质要求也越来越高，到了20世纪60年代，丰田不断将那些敬业精神堪称楷模的老销售员换下来，将一批受过专门训练的大学生换了上去。因为随着市场经济的不断发展和完善，时代在变化，仅有敬业精神已经不够了，还必须做到"精业"。为了应对市场竞争，企业对人才的要求将越来越高，"精业"已经成为必要的条件。在职业生涯中，努力提高自己的综合素质，把"敬业"上升为"精业"已是从业人员立足社会的根本。

要做到"精业"，首先要不断地学习、提高，要从对社会、对人民、对事业极端负责的高度，去刻苦钻研本职业务和技术。要十分熟悉本职业务范围内的工作标准和各环节上的要求，练就适应现代职业生活的各种本领，努力掌握最先进的科学技术和文化知识，并通过自身的职业实践将知识变成富有成效的实际行动。其次，还要求从业人员对本职工作一丝不苟，不得马马虎虎、敷衍塞责。最后，要求从业人员始终保持谦虚谨慎、不骄不躁的工作作风。熟悉业务是一个动态的概念，随着时间的推移和形势的发展，要不断加强业务修养和技术培训，使自己的业务本领得到不断提高，这样才能成为适应职业活动的合格劳动者。

第四节　职业道德修养

江泽民在十五大的报告中指出："建设有中国特色社会主义，必须着力提高全民族的思想道德素质和科学文化素质，为经济发展和社会全面进步提供强大的精神动力和智力支持，培育适应社会主义现代化要求的一代又一代有理想、有道德、有文化、有纪律的公民"。[①] 各行各业的从业人员要想实现自己的职业理想，成为社会主义四有劳动者，就必须加强职业道德修养。

案例导读

汉武帝刘彻在位时，司马迁在朝中任太史令，具体负责编写《史记》。当时，许多达官贵人都想讨好司马迁，期望通过他的笔给自己在历史上留下好名声，于是纷纷给他送来了奇珍异宝。

有一天。朝中最得宠的大将军李广利派人给他送来一件礼物，司马迁的女儿妹娟打开送来的精致盒子，发现盒子里放着的是一对世间罕见的珍宝——玉璧。

司马迁发现妹娟对宝物有不舍之意，于是语重心长地说："白璧最可贵的地方是没有斑痕和污点，所以人们才说，白玉无瑕。我是一个平庸而卑微的小官，从来不敢以白璧自居，如果我收下了这珍贵的白璧，我身上的污点就增加了一

---

① 中共中央文献研究室. 十五大以来重要文献选编. 上 ［M］. 北京：人民出版社，2000.

分。白璧不能要，叫人送了回去。"

思考：司马迁何以能据实写史？

分析：司马迁所著的《史记》被称为"史家之绝唱"，在我国历史上占有重要的地位。《史记》的价值就在于真实地记录了历史。原因之一就是他自身清白，珍惜自己的名誉，行得端、坐得正。倘若司马迁见了别人的东西就喜爱，不珍惜自己的名誉，必定使他难以秉笔直书，《史记》也绝不会有今天这样的价值。

一、职业道德修养的含义与内容

1. 职业道德修养的含义

人的一生是一个不断学习和不断提升的过程，也是一个不断增加修养的过程。那么什么是修养呢？《孟子》中有"修身养性"之说；北宋哲学家程颐第一次正式提出"修养"这一概念。"修"原意是指学习、锻炼、整治和提高；"养"原意是指培育，养成和熏陶。所谓修养，是指人们为了在理论、知识、艺术、思想、道德品质等方面达到一定的水平，所进行的自我教育、自我改善、自我锻炼和自我提高的活动过程。从此定义可以看出它包含很多方面的内容，如政治修养、理论修养、科学修养、文化修养、艺术修养、道德修养等。修养是人们提高科学文化水平、专业技能和思想品质所不可缺少的手段，而其中道德修养占有非常重要的地位。

职业道德修养是指从事各种职业活动的人员，按照职业道德基本原则和规范，在职业活动中所进行的自我教育、自我锻炼、自我改造和自我完善，并形成的良好职业道德品质与达到的职业道德境界。从中我们可知，任何一个从业人员职业道德素质的提高，一方面靠他律，即社会的培养和教育，另一方面靠自律，即自我修养。两个方面相辅相成，缺一不可，而后者尤为重要。

2. 职业道德修养的内容

职业道德修养包括职业道德认识、职业道德情感、职业道德意志、职业道德信念和职业道德行为等多方面的内容，可概括为职业道德意识的修养和职业道德行为的修养。

（1）职业道德意识的修养

职业道德意识是职业道德的主观方面，体现着人们对客观存在的职业道德活动及道德关系的认识和理解。在层次上它分为自发自存的职业道德心理和自觉自为的职业道德意识，在内容上可分为职业道德认识、职业道德情感、职业道德意志、职业道德信念等。

职业道德认识是从业人员对反映一定职业关系的职业道德原则和规范的理解与掌握。在职业道德修养活动中，提高职业道德认识，是从业人员增强道德责任感，形成优秀道德品质的第一步。德谟克利特说："对善的无知是犯错误的原因。"《道德经》说："有德出于有知，无德出于无知。"职业道德情感是指从业人员心理上对职业道德要求、职业道德义务所产生的各种体验、态度和情绪。职业道德情感包括对本职业的荣誉感、尊严感，对自身职业劳动的责任、义务感，对服务对象的同情、尊重和热爱等情感态度，它比职业道德认识具有更大的稳定性。职业道德意志是指从业人员在履行职业义务过程中，自觉克服困难、排除障碍的毅力和能力，它是职业道德品质形成的关键。有了坚强的职业道德意志，就能抵制外来的腐蚀和引诱，能够排除困难达到自己的目的。职业道德情感和职业道德意志都属于职业良心范畴，即职业劳动者对职业责任的自觉意识。职业道德良心在职业道德修养中的作用十分巨大，它左右着人们职业道德的各个方面。职业道德信念是指人们发自内心地对某种职业义务的强烈责任感，它起到了精神支柱的作用，是道德品质的灵魂，也是职业道德认识、职业道德情感和职业道德意志的结晶。

（2）职业道德行为的修养

职业道德行为是社会对人们在道德方面的外在要求，一般通过行为、习惯和传统固定下来，是职业道德规范转化职业道德活动的具体表现。这种行为一旦形成，就不需要时时、事事都要经过深思熟虑、要人监督、受舆论左右才会去践行职业义务，而会表现为"习惯成自然"。列宁曾经说过，当人们对于人类一切公共生活的简单基本规则由人人必须遵守变成习惯了自觉遵守的时候，那"共产主义社会的第一阶段过渡到它的高级阶段的大门就会敞开"。①

二、提高职业道德修养的途径和方法

1. 提高职业道德修养的途径

提高职业道德修养的途径有两种：社会实践和理论学习。社会实践是从业人员职业道德修养的根本途径，这正如学游泳一样，敢在水里扑腾而不呆坐在岸边是关键，因为只有亲身参加实践，才能检验从业人员的职业道德品质，才能提高从业人员的职业道德水平。下水学"狗刨"，在大风大浪里可能会呛水甚至沉没，因此还必须进行方法和技巧的学习。同理，善于理论学习也是从业人员提高职业道德修养的重要途径，理论上的融通会增强行为的自觉性和坚定性。

---

① 中共中央马克思恩格斯列宁斯大林著作编译局. 列宁选集第三卷［M］. 北京：人民出版社，1995.

2. 提高职业道德修养的方法

想要提高职业道德修养，除了需要自觉的修养意识和坚定的克己毅力外，还应把握行之有效的职业道德修养方法，一般来说应从以下几个方面着手进行。

（1）学习职业道德规范，掌握职业道德知识并积极投身实践

古语道："玉不琢不成器，人不学不知义。"在竞争日益激烈的现代社会依然要提倡"活到老，学到老"的精神。苏格拉底认为"知识即美德"；皮亚杰强调道德认知对道德自律的重要意义；我国古代思想家孔子认为"学而不思则罔，思而不学则殆"，这些都说明了道德知识的重要性。对于即将步入社会，为社会主义建设贡献青春的青年学生来说，要想树立起崇高的职业道德理想、良好的行为规范，必须认真学习相关的理论知识，树立正确人生目标，正确处理个人与社会、贡献与索取的关系。理论是指导实践的方向盘，只有从理论的高度去认识职业道德修养的实践，才能避免盲目性。我国古代的思想家们大都十分重视学习在道德修养中的重要作用，例如，孔子就明确指出过"笃信好学，守死善道"。在他看来，不爱学习，缺少应有的知识，即使主观上爱好仁德，也不会有完善的道德品质。他主张"博学""多闻""志于学"，这样才能有完善的道德品质。比较充裕的知识含量，是提升我们道德修养的前提。

实践是人生修养的基础，一切社会意识和规范都是在社会实践中形成的，人们只有在社会实践中，在个人与他人、个人与集体、个人与社会的道德活动中，才能深刻认识道德规范和判断自己的行为。离开了社会实践，离开了人类的道德活动，人们的善恶观念就无从产生，无从比较，也不能克服自己不正确的思想和不道德的行为，更不能培养自己崇高的思想和道德品质。实践是检验真理的唯一标准，同样职业实践才是职业道德修养的根本。事实上，当一个职业劳动者以高度的职业责任感认真履行自己的职业义务并获得一定的职业荣誉时，就意味着社会对其职业行为给予了肯定的评价和认可，劳动者便会从中获得良心的满足感，这种道德情感体验又反过来会促使他坚定遵守道德行为的自觉性。反之，劳动者会受到社会的谴责，引起良心上的羞耻感、内疚感。我们要积极投身到丰富多彩的改革开放和现代化建设的沸腾生活中，立足本职，躬身实践，同时注重知识修养的提高，努力使自己成为社会主义建设队伍中的一员。

（2）经常进行反躬自省，增强自律性

反躬自省是指依据一定的职业道德标准，经常检查自己，寻找自身思想和行为中的缺点和错误，从而规划和约束自己的行为，使之符合职业道德标准的要求。这是提高职业道德修养一种行之有效的方法，没有内心省察检讨的过程，也就不可能达到自律的目的，目标也就随之消失。我国古代思想家就非常重视道德修养中"内省""克己"的功夫。孔子曰："内省不疚，夫何忧何惧？"意思是说，

自我反省没有愧疚，也就不会有什么忧愁和恐惧了。曾子也讲"吾日三省吾身"。

我们老一辈的无产阶级革命家也非常重视这种自省的精神，陈毅说："中夜尝自省……灵魂之深处，自掘才可能。"这种反躬自省的修养方法，在改革开放和发展市场经济的环境中尤为重要，它是我们抵御腐朽思想的重要保证。

在职业实践中内省自己，要按照高标准严格要求自己，否则就会自我满足，达不到提高职业道德修养的效果。在自己的职业活动中，要经常联系思想、工作和生活中的实际进行自我反省、自我剖析，摒弃职业等级观念、特权意识等陈腐的职业观念。

（3）提高精神境界，努力做到"慎独"

"慎独"一词出自我国古籍《礼记·中庸》："道也者，不可须臾离也；可离，非道也。是故君子戒慎乎其所不睹，恐惧乎其所不闻。莫见乎隐，莫显乎微，故君子慎其独也。"所谓慎独，是指在无人监督的情况下，仍能坚持道德信念，自觉按照道德规范的要求去做事的一种道德品格和道德境界。古人在道德修养中十分注重细微之处，认为最隐蔽的东西最能看出人的品质，最微小的事情最能显示人的灵魂。所以说，一个人若能在无人监督的情况下不做任何不道德的事，就达到了一种崇高的精神境界。"慎独"是一种道德境界，同时又是一种自觉性更强的自我修养方法。要做到暗地里不做违背良心的事，就要求人们必须从小处入手，严于律己，防微杜渐。三国时代的刘备在他的遗嘱里叮嘱儿子"勿以恶小而为之，勿以善小而不为"，指的就是这种防微杜渐的修养方法。"小恶"虽小，但任其发展，就会泛滥成灾，正所谓"千里之堤，溃于蚁穴"。荀子说："积土成山，风雨兴焉；积水成渊，蛟龙生焉；积善成德，而神明自得，圣心备焉。"这说明个体的"山"不是一蹴而就的，需要有一个不断积累和深化的过程。从"慎独"所达到的境界来看，职业道德修养是一个长期艰巨的自我教育、自我磨炼、自我改造和自我完善的过程。在日常生活中，我们唯有按照职业道德的标准严格要求自己，不断发现和纠正自我存在的缺点与不足，才能不断提高职业道德水平，达到一种较高的精神境界。

（4）努力学习现代科学文化知识和专业技能提高文化素养

努力学习现代科学文化知识和专业技能是做好本职工作的基本条件，只有勤奋努力，才能学到知识和技能，而掌握科学文化知识和专业技能，有助于职业道德修养的提高。如果把职业道德修养比喻成一项"基础性工程"的话，那科学文化知识和专业技能所承担的就是"地基"的责任，可见它的重要性。有了这个"地基"，我们才能践行职业道德的各项要求，发挥自身职业活动的社会价值。同样，一个人也只有准确理解了职业活动在现实社会中的重要作用，才能更好地去学习现代科学文化知识和专业技能，提高自己的职业劳动本领。

学习思考题

1. 什么叫职业道德？它有哪些特征？

2. 职业道德具有哪些功能？

3. 职业道德修养的途径和方法主要有哪些？

4. 如何理解爱岗敬业？

5. 简述"慎独"。

6. 司马光在《资治通鉴》的开篇把人分为四种："才德全尽谓之圣人，才德兼亡谓之愚人，德胜才谓之君子，才胜德谓之小人。"同时指出，在用人时，如果没有圣人和君子，那么与其得小人，不如得愚人。因为"君子挟才以为善，小人挟才以为恶……愚者虽欲为不善，但智不能周，力不能胜……"这就是说，有才而缺德的人是最危险的人物，比无才无德还要坏。司马光还说，人们往往只看到人的才，而忽视了德。自古以来，国之乱臣，家之败子，都是才有余而德不足。司马光的论断对你有何启发？

阅读参考书目

1. 罗国杰.中国传统道德[M].北京:中国人民大学出版社,1995.

2. 李菡.职业道德修养[M].上海:华东师范大学出版社,2001.

3. 杨千朴,李兰芬.伦理学导论[M].南京:江苏人民出版社,1993.

4. 高伟峰,张时春.职业道德与就业创业指导[M].北京:清华大学出版社;北京交通大学出版社,2005.

5. 邹文开.职业道德教程[M].北京:中国财政经济出版社,1997.

第六章

职业尊严

　　职业是社会分工的结果，也是社会生活需要的产物。因此，无论什么职业都具有社会价值与意义，都应受到人们的尊重，都自有它的尊严。在历史上和现实中，由于利益关系和历史偏见的原因，职业被区分为好坏的高低和贵贱的不同。如"讲劳心者治人，劳力者治于人"。"劳心"是高贵的职业，"劳力"是低贱的职业。这些历史上形成的观念，不仅影响一般社会公众，还会直接影响从业者自身的认识与感受，如称自己的职业为"贱职"，称自己为"贱民"。既自认"贱业""贱民"，其自轻、自卑心理显而易见。故从业人员不仅要有职业理想、职业技能、职业道德，还应树立职业尊严。由于职业尊严是从业人员对所从事职业的肯定性评价和对自己职业身份的内心认同，是从业人员对其职业活动的社会意义与价值的理解与觉悟，所以树立职业尊严自然也是职业素养的主要内容与要求。

第一节　职业尊严的含义与特征

　　每个人、每个职业都有自己的尊严需求，这是现代社会最大的特点。尊严、职业尊严作为人的精神素质的主要内容，是人们进行社会活动和创造人生价值的特殊心理机制。为深入探索这一心理机制，首先要了解尊严与职业尊严的含义与特征。

案例导读

尊严故事——亚蒙·哈默

　　在一个寒冷的冬天，在逃难的路上，年轻的哈默饥寒难忍，但是他拒绝了镇长杰克逊大叔送到面前的食物，理由是他不能白吃人家赐给的食物。在为杰克逊大叔干活之后，他才吃那份食物。后来，哈默被杰克逊留在庄园里，成为庄园里的一把好手。

思考与讨论： 亚蒙·哈默身上具有怎样的精神品质？

分析： 哈默在极度饥饿的情况下，仍然坚持自尊、自强、自立，他以尊重自我赢得了别人的尊重，另一方面也反映了杰克逊尊重他人。

拓展阅读

一、尊严、职业尊严的含义

1. 尊严的含义

温家宝在政府工作报告中说过这样一句话："让人民生活得更幸福、更有尊严"，决策层提出"人民的尊严"是历史的进步。因为"致富不能解决所有问题"，这一点早已被先哲所认识。亚当·斯密写完《国富论》后深感困惑，又动手写了《道德情操论》，希望用道德的力量来纠正富人们的良心，因为经济发展是永远和人内心深处的道德约束相联系的。一个健康的社会，在发展经济的同时，社会道德的发展也应当是积极的、和谐的。"尊严"成为中国当代的一个"热"词，"热"说明人民需要、社会需要，说明了它的稀缺。

"尊严"一词的使用范围非常广泛，使用频率也很高。如说人要有人的尊严，国家要有国家的尊严。这几处"尊严"主要用以表达人的庄重、威严、独立而不可侵犯的地位和身份。除此以外，它还被用来表达人的特定意识、情感和心理。我们常指责那些丧失国格和人格的人"没有一点民族的尊严和起码的人的尊严"。马克思和恩格斯也曾指责那些表现出萎靡、畏缩和自卑的德国人，是"不感到自己是人的人，就像繁殖出来的奴隶或马匹一样……没有任何思维和人的尊严"。很显然，"尊严"一词在这里指的是人的自尊意识、自尊情感或心理。这种自尊的意识、情感和心理，是生活于一定历史条件和社会环境的人，对自身的社会地位和存在价值的主观反应。当人通过劳动"作用于他身外的自然并改造自然时，也就是同时改变他自身的自然。他使自身的自然中沉睡着的潜力发挥出来，并且使这种力的活动受他自己控制"。人自身中的潜力包括人的认识能力。这就是说，人类的生产实践不仅是获得物质资料的客观实践活动，而且也同时伴随着一系列的思维活动；在生产活动中，人类不仅取得了衣、食、住、行等方面的成果，而且也发展了主体的认识能力。这种主体的认识能力，既表现为对客观的自然现象和社会现象的认识和把握，也表现为对自身的认识和把握。在改造客观世界与主观世界的长期活动中，这种自我认识和把握能力又不断地得到丰富和发展，逐步使人认识到自己是"万物之灵"，因而在内心中产生出族类的优越感。同时，人生活在与他人结成的各种社会关系中，还会由于认识到自己的独特地位和身份以及对于他人的价值，产生出肯定自己的思想意识。所以，尊严作为人的特定意识，是人们对自己的主体地位和社会价值的自我评价和确认；作为人的特定情感和心理，是由于认识和了解了自己的主体地位和社会价值而产生的自尊心和自豪感。

尊严与人的权利和自由相关，即宪法规定的公民的权利。尊严偏重政治权利。人的尊严要保障，即人的权利必须得到保障。生存权和民主权都必须得到保障，这样才能谈尊严，如果人的社会地位及应该享受的权利都得不到保障，还奢谈什么尊严呢？最基本的人权——生存权。人，只有先活着，拥有生命，生命之上的那些美好而文明的东西，方才有所附丽。从这个意义上看，生存是神圣的。要强调的是，生存尽管是重要的，但对人而言，它却不是最重要的，因为人类是拥有尊严的。

经典案例

2. 职业尊严的含义

尊严是人认识到自己的社会价值而产生的自尊心和自豪感。这里所说的社会价值，主要是指个人对社会进步所做的贡献。它是以个人用社会劳动和劳动产品满足他人和社会的正当需要的方式体现出来的。正是在这样的特定关系中，人们才能由对自己价值的发现和肯定，产生出内心的自尊意识和自豪感。由于人们的实践活动总是离不开一定的部门和行业，而不同的部门和行业的目的、活动过程与满足社会需要的方式又不一样，这就决定了人们在创造社会价值的实践中产生的自尊意识和自豪感必然带有自身职业的内容和特征，从而形成了从业人员的职业尊严。所以，职业尊严是从业人员对自己特定职业的社会价值的自我确认，以及由此产生的自尊情感和心理。

职业尊严，作为存在于职业劳动者内心中的特定意识、情感和心理，包含有这样几个方面的主要内容：一，由于理解了自身职业的社会意义，而得到的肯定自我的评价；二，由于特定的职业身份和由此体验到的主人翁的地位，而产生的职业自豪感；三，由于认识到社会分工是生产力发展的表现和对于一般人心目中职业高低贵贱观念的超脱态度而增强起来的自爱心、自尊心；四，由于自己熟练的职业技能、良好的职业道德和劳动贡献而感受到的获得感和满足感；等等。所有这些职业尊严的内容，不只是职业实践活动的性质和特征的一般反映，更主要是特定职业的从业人员通过自觉的职业实践在内心深层形成的情感和心理，它既不是职业活动以外的其他人所能体验和感受的，也不是所有从业人员都必然具有的。

二、职业尊严的特征

与个人的尊严相比，职业尊严带有典型的行业特征。

1. 职业尊严与职业权利和自由相关

人人生而自由，在尊严和权利上一律平等——《世界人权宣言》。这句话，确定了人类生活中所有正当职业的价值取向。职业尊严首先涉及职业劳动者从事某种职业应有的权利，并且这些权利被他人、社会所认可和尊重。一些所谓的职业，本与人类的自由、尊严和权利的实现格格不入，理应终止。

2. 职业尊严与职业义务和使命相关

首先，职业尊严更大程度地皈依职业共同体的规律而不是外部的潜规则。即这个职业规定你要怎么做，你就怎么做。如当一个记者面对公权力的时候，只要代表民众独立地提问，去追问事实的真相，充分地满足民众的知情权，就是最大限度地尊重这个职业自身的规律。其次，职业尊严最大程度地肩负起职业共同体的使命。职业是生产力发展的必然结果，是社会分工的产物，现代分工体系赋予了不同职业不同的神圣使命。如记者的使命是追寻真相和正义，医生的使命是救死扶伤，法官的使命是忠于事实和法律，教师的使命是教书育人，等等。职业尊严来源于高尚的职业道德，职业人只有用诚信、公平、理性和良知等职业道德才能打造行业的诚信品牌。

拓展阅读

3. 职业尊严和职业劳动者的人格尊严和道德风范相关

人格就是作为人的资格，即人们做人的价值、地位和作用的总和。人格是人与动物的本质区别——社会属性。这种本质规定性，使得每个人都获得了做人的尊严和权利，在社会中应当受到他人的尊重和享受人的待遇。这种意义上的人格，不论职位的高低、财富的多少、相貌的美丑、健康状况的好坏，不论种族的差异及其文明发展的程度，都具有完全平等的意义。每一个人的人格都应该得到社会的尊重，不容任何人污辱和亵渎。这种社会属性是个人在社会环境和实际活动中形成，并在行为和各种社会关系中表现出来，决定个人理性、道德和意志诸层面的整体性、综合性精神特质。所以，人格尊严作为尊严的一种，和职业尊严是相互依存、相互作用的。人格尊严是个人产生和获得职业尊严感的基础和内因，职业尊严是个人获得人格尊严的条件和保障。

任何一个行业、岗位的职业尊严，都不是绝对赋予每名从业者的，更多时候是需要以从业者个人的道德操守、职业能力、工作精神去赢得他人的尊重。所以，即使是同样的职业、岗位，是否受人尊重，也常常是因人而异。如果从业者个人的职业操守不能被称道，或者是一个无德、无能、无才的"三无产品"，即使是官居高位或拥有万贯财产，也依然会受到人们的唾弃，因为其高位或者财产的获得是以出卖道德、尊严得到的，理所当然不会被尊重。相反，无论是多么平凡的岗位，只要从业者具有高尚的道德操守、精湛的业务能力和饱满的工作精神，就会赢得他人的认可和尊重。如在工作的第一线，我们发现无论是项目经理、技术人员还是普通工人，都有一个共同的外部特征：坚毅、沉稳的目光。从这种目光里，你能感受到长期的职业生涯培养出来的素质和素养。这种目光是有震慑力的，是让我们肃然起敬的，让我们又一次想起了鲁迅先生说的话：中国的脊梁。

经典案例

拓展阅读

第二节 职业尊严的价值与意义

马克思曾这样认为："尊严就是最使人高尚起来……并高于众人之上的东西。"职业尊严是存在于从业人员内心中的一种道德力量，它有自己的特定内容和作用方式，在职业活动中具有特殊的作用和意义。

一、激励从业人员爱岗敬业

爱岗敬业是社会主义职业道德规范的最基本要求。固然，从业人员能否接受并践行这条规范的要求，他人对该职业的评价、看法与相关的种种社会舆论以及从业人员的实际社会地位和与此相联系的种种物质利益等方面的因素对此有很大的影响，但起关键作用的因素是从业人员的职业尊严。因为职业尊严意识和情感具有自我控制和支配作用，这种作用会内在地坚定从业人员献身本职事业的决心，强化从业人员敬重本职工作的思想情感，进而促使从业人员做出与其心中尊严意识相一致的行为抉择。这样，从业人员在其自身的道德生活乃至整个职业生活中，自然会表现出热情、忠诚和献身的精神。2004年感动中国人物"马班邮路"铁汉王顺友，"忠诚执着、爱岗敬业、无私奉献、乐观向上"。20年，每年至少330天，王顺友在苍凉孤寂的深山峡谷中独行；20年，步行26万公里，足可重走长征路21回，环绕地球6圈半；20年没延误一个班期，没丢失一封邮件，投递准确率100%，平凡的工作呈现出一种不平凡的伟大。两次诺贝尔奖获得者居里夫人发现镭之后，有人建议她申请专利，居里夫人说："镭是属于全人类的，把镭作为赚钱的工具是违背科学精神的。"于是，她向世人毫无保留地公布了镭的研究成果，她的这种精神使她在科学事业上永葆青春，两次获得诺贝尔奖。像王顺友、居里夫人这样的先进模范，如果没有强烈的职业尊严的意识、情感和心理，要达到如此高的思想境界，做出那些实实在在的物质奉献和精神奉献是不可能的。

经典案例

二、协调职业内外各种社会关系

职业道德具有调节职业活动的重要功能，它通过指导和约束从业人员的思想和行为，调节职业工作者与服务对象之间的关系，调节职业集团内部成员间的关系，调节职业集团与职业集团之间的关系。职业道德要求从业人员与同行上下级之间要密切配合，职业内部人员与职业外部人员要相互尊重、相互支持，职业集团与职业集团之间既要公平竞争，又要友好合作。在建立和发展各种社会关系的过程中，整个社会的政治、经济状况和社会风气无疑会对此产生很大的影响，但起关键作用的是从业人员的自身因素，而职业尊严则是建立和发展各种社会关系的重要保证。具有职业自尊意识和尊严感的从业人员，在处理职业内外的各种关系时，一般都能做到推己及人，由尊己想到敬人，做到同行之间互相尊重，对服务对象诚实负责、热情周到，做到行业之间、职业集团之间既公平竞争，又诚信合作。医疗打假英雄陈晓兰，为维护医生的职业尊严，坚守"与生命打交道不能撒谎"的信念，与医疗腐败现象搏斗。她以自己的职业为荣，是腐败的现象中的一股清流，留下一道尊严的表率。她的行为既维护了医生的职业尊严，也有利于协调医生与患者之间的人际关系，更有利于医疗行业之间的公平竞争和友好合作。

经典案例

三、增强从业人员职业责任感和使命感

马克思和恩格斯曾这样指出："作为确定的人，现实的人，你就有规定，就有使命，就有任务，至于你是否意识到这一点，那都是无所谓的。"现阶段，我们的职业责任就是从各行各业的实际出发，为现代化建设事业服务。为此，从业人员应该刻苦钻研专业知识，熟练掌握本行业的劳动生产技能。具有职业尊严意识和情感的从业人员，会在职业活动中始终保持强烈的职业责任意识，牢记和践行神圣职业使命，这是引导和激励从业人员接受和践行刻苦钻研专业知识、努力提高业务技能的内在动力。徐虎为什么能在平凡的岗位上做出不平凡的贡献，具有不平凡的影响，从水电工成为首席董事？许振超，一个只有初中文凭的吊车司

机，为什么一年内就两次刷新世界集装箱装卸记录，成为桥吊专家？除了他们对职业的热爱，在很大程度上还是由于从业人员的职业尊严所产生的职业责任意识和职业神圣使命感具有的激励和支配作用。

经典案例

第三节 职业尊严的树立与维护

既然人类任何正当的职业都是有尊严的，那么为何当面对强权和财富的时候，有的从业人员丧失了职业尊严呢？过去社会上只有一种尊严，就是权力的尊严，当权力独大，社会不存在其他力量的时候，权力就是不容冒犯的。但是现在，很多社会力量成长了起来，媒体人开始形成职业共同体，媒体的尊严和媒体人的尊严就被提了出来；法律人开始形成法律人的共同体，律师职业的尊严和法官职业的尊严也被提出来了。除了权力需要尊严，每个趋向于成熟的职业都在呼唤自己的尊严，这样尊严就多元化了。对于这种状况，权力还不适应，权力还停留在过去的感觉当中，它没有认识到过去的已一去不复返。现在社会最大的特点就是每个人、每个职业都有自己的尊严需求，在这种情况下，权力的尊严和其他种种尊严之间就必然出现紧张关系，必然发生各种冲突。如记者遭封杀，记者的采访权经常受到来自各方的无理阻挠和粗暴干涉。在行政层面，一些官员可以随意阻止甚至斥责他们所不中意的媒体提问，甚至习惯性地动用权力来威胁胆敢"冒犯"的记者；在执法层面，一些执法人员对现场采访的记者推搡驱赶，甚至无理殴打辱骂，动辄以"拘你""办你"相威胁；一些企业，特别是在灾难或事故发生之际，一些无良老板和员工最要防的便是记者，"文"的试图用封口费收买，"武"的就以恫吓或武力相要挟。他们羞辱和轻蔑的只是媒体、媒体人的职业尊严吗？

在财富面前丧失尊严的更多。有的经济学家枉顾公平正义为利益集团代言，或借眼球经济谋取个人利益；有的医院、医生把创收放在第一位，把为患者服务、满足人的基本医疗服务放在第二位；有的法官徇私舞弊，"吃了原告吃被告"，甚至和贪赃枉法者沆瀣一气，置国家和人民的利益于不顾；有的官员丧失公仆本色，无为或乱为，伤害百姓利益，败坏国家工作人员形象；有的记者不以提供及时、有效、读者亟待了解的新闻为荣，网上一大抄，脱离实际、脱离百姓，更有甚者搞有偿新闻或者"有偿不闻"；等等。基于以上的情况，我们应该如何引导和启发从业人员树立和发展自身的职业尊严呢？从社会的角度说，要做到以下两点。

一、加强制度建设和思想引导

1. 加强制度建设

首先，加强权力监督，让权力在阳光下运行。这就是温家宝所说的："创造条件让人民批评政府、监督政府，同时充分发挥新闻舆论的监督作用，让权力在阳光下运行。"如何让权力在阳光下运行？第一，要保证民众的知情权，政府的政务信息要公开透明，情况都不知道人民怎么监督呢；第二，要拓宽批评渠道，要广开言论渠道，利用各种渠道接纳民声，比如充分利用网络，接受网民的批评；第三，民主的选举要落实，要真正自然地选举官员，选出符合民意的官员；第四，司法要公正，要守住法律的底线。

其次，收入分配制度改革。当前社会最首要的任务就是调整职工收入的过大差别，遏制贫富悬殊的恶性加剧。因为职业尊严不只是精神范畴的东西，它离不开物质基础，不能兀自独立存在。这种包括薪酬、福利、一定劳保水准在内的物质基础，使职业尊严不仅成为精神的自我慰藉，也构成一种实实在在的生存状态。

最后，加强职业尊严的立法保护。职业作为人所扮演的社会角色之一，是个人安身立命之所在，职业本身的社会地位、社会声誉对个体的尊严和幸福至关重要。加强职业尊严的立法保护，既有利于维护职业本身的存续、保护职业的社会地位，又有利于实现从业者的社会价值，满足其对职业尊严的需求。因此，在完善我国职业相关的立法时，应当对职业尊严予以关注，具体地说，我国职业尊严的法律化既要强调其义务性，即从业者自身对职业尊严、职业形象的维护，对职业使命、职业职责的履行，又要强调权力性，即社会对职业尊严的尊重和维护，形成对职业荣誉、声誉、尊严、权威的全面保护。

2. 注重思想引导

首先，树立时代典型，大力弘扬劳动精神、劳模精神和工匠精神。人们从事任何一种职业，都应以社会需要的视角，予以正面评价，这是职业尊严平等的理性源泉。从社会评价来说，人不可因从事某种职业而被轻视、歧视，更不该因此而被贬损、伤害、侮辱；就个人心理而言，不会因从事某种职业而感到卑贱。在改革开放进程中涌现出一系列时代楷模和榜样群体，生动展示了当代中国的民族精神和时代精神。"雕刻火药的大国工匠"徐立平，在悬崖绝壁上书写精彩传奇的"当代愚公"黄大发，践行"只要生命不结束，服务人民不停止"诺言的杨善洲，练就了"一钩准""一钩净""无声响操作"等绝活的许振超，对党忠诚、心系群众、忘我工作、无私奉献的县委书记廖俊波，爱生如子、甘做学生成长引路人的高校思想政治理论课教师曲建武……这些时代楷模在各自的岗位上心怀大我、至诚报国，书写了当代中国最美的时代华章。

其次，建立社会主义职业文化。在学习和践行社会主义荣辱观和社会主义核心价值观的实践中，通过建立社会主义职业文化，增强人们的职业尊严和荣誉感。这有助于在各个行业践行社会主义荣辱观和社会主义核心价值观，建立起与社会主义市场经济相适应的职业文明和职业文化。

最后，构建良好社会文化生态，培养企业家精神。加大人力资源培育力度，更加注重调动和保护人的积极性。塑造良好社会文化生态，营造鼓励创新、终身学习的社会氛围，厚植企业家精神土壤，理清政府、市场边界，拓展企业家精神生长空间，激发和保护企业家精神。

二、把握人生方向和创造人生价值

我们自己要有尊严，要让人家尊重我们，就要先自尊，因为职业尊严不是谁给的，只能是自己挣来的。所以，从个人的角度说，要做到以下两点。

1. 以正确的人生观、价值观为指导

正确的人生观和价值观是形成自身职业尊严的重要思想前提和保证。职业活动的意义和价值，只是职业尊严形成的基础，还不是职业尊严。因为职业尊严是从业人员对自身价值的自觉意识和情感，只有当从业人员的职业劳动及其社会意义不仅为他人和社会所承认，也同时为从业人员本人所觉识，其才能在个人与他人、个人与社会整体利益关系上发现自己、肯定自己，才能体验到内心的尊严意识和情感。人们需要以正确的人生观和价值观为指导，那些把人生的意义限定在个人名利圈子里的从业人员，即使有时候也能实现一些个人的名利欲望，自尊心得到一些满足，但由于他们始终是在个人私利的基础上来理解个人存在的价值，他们所考虑的也只能是个人的一些恩怨得失，不会得到他人和社会的尊重、认可，也就谈不上有任何的职业尊严。为此，作为一个从业人员应该自觉抵制个人主义、享乐主义、拜金主义等剥削阶级人生观、价值观对我们的影响，要经受得起金钱和权力的诱惑，在对待金钱上坚持"取予有度，生财有道"，进行"健康、科学、理性"的享受，坚持"理与欲、物质享受与精神享受的统一"。

2. 努力做好本职工作，争取更大的价值贡献

努力做好本职工作，争取更大的价值贡献，是树立和发展自身职业尊严的根本途径与方法。马克思曾经这样指出过，能给人以尊严的是"最能为人类福利而劳动的职业"。这句话深刻地揭示了尊严的根源。人们是由对自身价值的发现和肯定，才产生出自尊意识和情感的。显而易见，人的社会价值是尊严的基础，是从业人员为他人、社会所做的贡献。从业人员只有通过劳动才能为他人、社会做贡献，所以从业人员对自己的工作愈是认真负责，对专业技能愈是内行精通，所创造的社会财富就愈多，为社会做出的贡献就愈大，当然，可能实现的职业尊严也就愈多。所以，从业人员积极投入祖国的现代化建设，投入本部门、本行业的各项改革，努力做好本职工作，争取实现更高的劳动目标，是树立和发展自身职业尊严的根本途径和方法。

学习思考题

1. 什么叫职业尊严？
2. 职业尊严与个人自我尊严有何区别？
3. 职业尊严与职业义务、职业良心和职业荣誉有何不同？
4. 职业尊严有何价值与意义？
5. 从业人员为树立职业尊严应做哪些努力？
6. 从业人员树立职业尊严需要哪些客观条件？

阅读参考书目

1. 孔江联,黄河浪. 现代大学生人文素质与修养[M]. 南昌:江西科学技术出版社,2004.

2. 杨千朴. 职业素养基础[M]. 南京:南京大学出版社,2009.

3. 吴玲. 职业尊严[M]. 北京:北京理工大学出版社,2016.

4. 曹顺妮. 工匠精神:精造企业崛起[M]. 北京:机械工业出版社,2017.

5. 文章,明理. 哈佛家训[M]. 北京:中国华侨出版社,2015.

6. 雁翔. 拼尽全力,只为成就更好的自己[M]. 广州:广东人民出版社,2018.

7. 马松源. 巨人百传[M]. 北京:线装书局,2011.

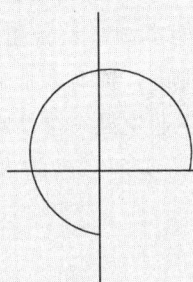

践行篇

第七章

职业生涯规划

职业生涯规划是求职就业乃至将来职业升级的关键一环。因此，大学生不仅要认真学习专业理论知识，掌握专业技能本领，具备生产、管理和服务的才能，还应了解职业活动知识，学习职业规划理论，拥有职业规划能力，以便能够制订一份阶段性或长远性的规划，给自己的职业生涯一个清晰的定位，并以此不断地鞭策自己、激励自己，为成功步入社会，实现自己的人生抱负做好充分的思想准备。

第一节 职业生涯规划认知

案例导读

你是哪只毛毛虫

毛毛虫都喜欢吃苹果，有五只要好的毛毛虫，都长大了，各自去森林里找苹果吃。

（1）第一只毛毛虫

第一只毛毛虫跋山涉水，终于来到一株苹果树下。它根本就不知道这是一棵苹果树，也不知树上长满了红红的可口的苹果。当它看到其他的毛毛虫往上爬时，稀里糊涂地就跟着往上爬。没有目的，不知终点，更不知自己到底想要哪一种苹果，也没想过怎么样去摘取苹果。它的最后结局呢？也许找到了一颗大苹果，幸福地生活着；也可能在树叶中迷了路，过着悲惨的生活。不过可以确定的是，大部分的虫都是这样活着的，没想过什么是生命的意义，为什么而活着。

（2）第二只毛毛虫

第二只毛毛虫也爬到了苹果树下。它知道这是一棵苹果树，也确定它的"虫"生目标就是找到一棵大苹果。问题是它并不知道大苹果会长在什么地方。但它猜想：大苹果应该长在大枝叶上吧！于是它就慢慢地往上爬，遇到分支的时候，就选择较粗的树枝继续爬。于是它就按这个标准一直往上爬，最后终于找到了一颗大苹果，这只毛毛虫刚想高兴地扑上去大吃一顿，但是放眼一看，它发现这颗大苹果是全树上最小的一个，上面还有许多更大的苹果。更令它泄气的是，要是它上一次选择另外一个分枝，它就能得到一个大得多的苹果。

（3）第三只毛毛虫

第三只毛毛虫也到了一株苹果树下。这只毛毛虫知道自己想要的就是大苹果，并且研制了一副望远镜，还没有开始爬时就先利用望远镜搜寻了一番，找到了一颗很大的苹果。同时，它发现当从下往上找路时，会遇到很多分支，有各种不同的爬法；但若从上往下找路时，却只有一种爬法。它很细心地从苹果的位置，由上往下反推至目前所处的位置，记下这条确定的路径。于是，它开始往上爬了，当遇到分支时，它一点也不慌张，因为它知道该往哪条路走，而不必跟着一大堆虫去挤破头。比如说，如果它的目标是一颗名叫"教授"的苹果，那应该爬"深造"这条路；如果目标是"老板"，那应该爬"创业"这分支。最后，这只毛毛虫应该会有一个很好的结局，因为它已经具备先觉的能力。但是真实的情况往往是，因为毛毛虫的爬行相当缓慢，当它抵达时，苹果不是被别的虫捷足先登，就是苹果已熟透而烂掉了。

（4）第四只毛毛虫

第四只毛毛虫可不是一只普通的虫，它具备先知先觉的能力。它不仅知道自己要什么苹果，更知道未来的苹果将如何成长。因此当它带着那"先觉"的望远镜观察苹果时，它的目标并不是一颗大苹果，而是一朵含苞待放的苹果花。它计算着自己的行程，估计当它到达的时候，这朵花正好长成一个成熟的大苹果，而且它将是第一个钻入大快朵颐的虫。结果它如愿以偿，得到了一个又大又甜的苹果，从此过着幸福快乐的日子。

（5）第五只毛毛虫

它什么也没做，就在树下躺着纳凉，而一只只大苹果从天而降，因为树上某一大片树枝早就被它的家庭占领。它的爷爷，爸爸，哥哥们盘踞在某一树干上，禁止它虫进入。然后当苹果成熟时，就一只只地丢给底下的子孙们捡食。

分析：

第一只毛毛虫是只毫无目标，一生盲目，是没有自己"虫"生规划的糊涂虫，不知道自己想要什么。遗憾的是，我们大部分的人都是像第一只毛毛虫那样活着。

第二只毛毛虫虽然知道自己想要什么，但是它不知道该怎么去得到苹果，在习惯中的正确标准指导下，它做出了一些看似正确却使它渐渐远离苹果的选择。而曾几何时，正确的选择离它又是那么接近。

第三只毛毛虫有非常清晰的人生规划，也总是能做出正确的选择，但是，它的目标过于远大，而自己的行动过于缓慢，成功对它来说，已经是明日黄花。机会、成功不等人。同样，我们的人生也极其有限，我们必须把握。单凭我们个人的力量，也许一生勤奋，也未必能找到自己的苹果。如果制订一个适合自己的计划，并且充分借助外界的力量，借助许许多多的望远镜之类的，也许第三只毛毛虫的命运会好很多。

第四只毛毛虫，它不仅知道自己想要什么，也知道如何去得到自己的苹果以及得到苹果应该需要什么条件，然后它制订清晰实际的计划，在望远镜的指引下，一步步实现自己的理想。

第五只毛毛虫，占据了先天优势，99％的虫子都不会如此幸运。
资料来源：https：//www.51test.net/show/6400013.html（有改动）。

其实我们的人生就像毛毛虫，而苹果就像我们的人生目标——职业成功爬树的过程就像我们职业生涯的道路。毕业后，我们都得爬上人生这棵苹果树去寻找未来，完全没有规划的职业生涯注定是要失败的。

现代社会，规划决定命运。有什么样的规划就有什么样的人生。我们的时间非常有限，越早规划你的人生，你就能越早成功。要想得到自己喜欢的苹果，想改变自己的人生，就要先从改变自己开始，做好自己的职业生涯规划，做第四只毛毛虫。

一、生涯与职业生涯

（一）生涯的定义

生涯，英文是"career"，在我们的日常翻译过程中，大家习惯上称其为"职业生涯"，往往被理解成个人所从事的工作。实际上，"career"翻译成为"生涯"更加贴切，"生"即"活着"，"涯"即"边界"，"career"应该被理解成为贯穿个人一生的各种活动。

舒伯认为：生涯就是终其一生，不同时期的不同角色的组合。

在生涯彩虹图中（图7-1），纵向层面代表的是纵观上下的生活空间，由一组职位和角色所组成，即子女、学生、休闲者、公民、工作者、持家者六个不同的角色，他们交互影响，交织出个人独特的生涯类型。舒伯认为，个人在发展历

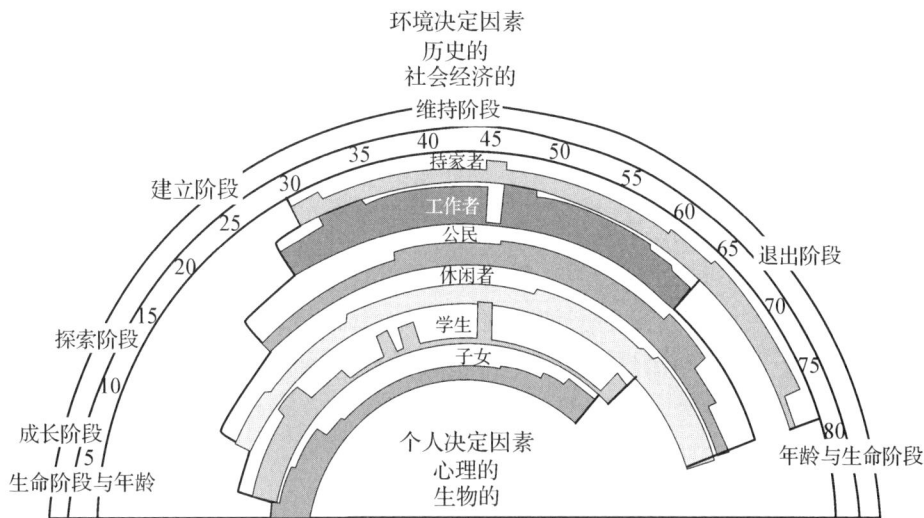

图 7-1　舒伯生涯彩虹图

程中随年龄的增长而扮演不同的角色。图的外圈为主要发展阶段，内圈阴暗部分的范围长短不一，表示在该年龄阶段各种角色的分量；在同一年龄阶段可能同时扮演数种角色，因此彼此会有所重叠，但其所占比例则有所不同。

根据舒伯的看法，一个人一生中扮演的许许多多的角色就像彩虹，同时具有许多色带。他将显著角色的概念引入了生涯彩虹图，认为角色除与年龄及社会期望有关外，与个人所涉入的时间及情绪程度都有关联，因此每一阶段都有显著角色。

生涯是生活中各种事件的演进方向与历程，统合了个人一生中各种职业与生活的角色，由此表现出个人独特的自我发展组型。生涯是人生自青春期起，迄退休之后，一连串有酬或无酬职位的综合。除了职位之外，还包括任何和工作有关的角色，如副业、家庭和公民的角色等。

因此，生涯不仅仅局限于"工作"或"职业"，还包含了个人的"生活风格"，即包含一个人在其一生中所从事的所有活动。工作是指在一个组织机构中，一群类似的、有薪资的职位，且要求工作者具有类似的特性；职业是指在许多工商事业或机构中的一群类似的工作，如工人、商人、教师、医生等。而生涯的定义要比这两者都宽泛很多，除了工作和职业之外，它还涵盖了人一生所从事的各种活动的集合。人的一生，扮演着不同的角色，从孩童、学生、上班族直到为人父母，不同社会角色的组合就形成了人的"生活风格"，这样的发展过程就构成了"生涯"。

（二）职业生涯

职业处于生涯的核心位置，对个人的生存和发展起关键作用。在 20 世纪 70

年代，职业生涯就专指个人生活中与工作相关的各个方面，包括个人从职业学习开始到职业劳动的最后结束。如今，职业生涯发展成为一个更加动态、开放的概念，指个人一生中所有的职业岗位和与工作活动相关的生活经历，包括从职业能力的获得、职业兴趣的培养、选择职业、就职，直至最后完全退出职业劳动这样一个完整的职业发展过程。

从个人的角度来说，职业生涯就是一个人一生中与职业相联系的所有行为与活动，以及相关的态度、价值观、愿望等的连续性经历的过程，也是一个人一生中职业、职位的变迁及工作理想的实现过程。具体而言，包括以下内容。

一，职业生涯是个体的概念，是指个体的行为经历而非群体或组织的行为经历。

二，职业生涯是职业的概念，实质是指一个人一生中的职业经历或历程。

三，职业生涯是时间的概念，意指职业生涯期。职业生涯期起始于最初工作之前的专门职业学习和训练，终止于完全结束或退出职业工作，实际的职业生涯期在不同个体之间的差别很大，有长有短。

四，职业生涯是发展和动态的概念，意味着个人的具体职业内容以及职位发展和变化。职业生涯不仅表示职业工作的时间长短，而且内含着职业变更与发展的经历和过程，包括从事何种职业，职业的发展阶段，职业的转换、晋升等具体内容。

二、职业生涯规划内涵与特征

1. 职业生涯规划的概念

"职业生涯规划"这个概念是在职业生涯教育兴起的背景下，由二十世纪六七十年代市场经济已经非常成熟的发达国家首先提出的。它主要是对市场趋势性的问题进行研究，进而得出结论，帮助人们主动将自己的职业发展和行业市场发展紧密结合，促成自己的成功，而不再像以往那样坐等着机会的降临。

职业生涯规划（career planning）简称生涯规划，又叫职业生涯设计，是指个人发展与组织发展相结合，在对个人职业生涯的主客观条件进行测定、分析、总结的基础上，对自己的兴趣、爱好、能力、特点进行综合分析与权衡，结合时代特点，根据自己的职业倾向，确定其最佳的职业奋斗目标，并为实现这一目标做出行之有效的安排。

职业生涯设计的目的绝不仅是帮助个人按照自己的资历条件找到一份合适的工作，以实现个人目标，更重要的是帮助个人真正了解自己，为其定下事业大计，筹划未来，拟定一生的发展方向，并进一步详细估量内、外环境的优势和限制，根据主客观条件设计出合理且可行的职业生涯发展方向。

一份行之有效的职业生涯规划将会引导个人正确认识自身的个性特质、现有与潜在的资源优势，重新对自己的价值进行定位并使其持续增值；引导个人对自己的综合优势与劣势进行对比分析，使之树立明确的职业发展目标与职业理想；引导评估个人目标与现实之间的差距，进行合理的职业定位，搜索或发现新的或有潜力的职业机会；使人们学会如何运用科学的方法采取可行的步骤与措施，不断增强职业竞争力，实现自己的职业目标与理想。

2. 职业生涯规划的分类

按照时间长短，职业生涯可以分为人生规划、长期规划、中期规划和短期规划四种类型，如表7-1所示；按职业问题处理方法，职业生涯规划可分为依赖型、直觉型和理性型，如表7-2所示。

表7-1　按时间长短分职业生涯规划

类型	定义及任务
人生规划	整个职业生涯的规划，时间长至40年左右，设定整个人生的发展目标
长期规划	5~10年的规划，主要是设定较长远的目标
中期规划	一般为2~5年的目标与任务
短期规划	2年以内的规划，主要是确定近期目标，规划近期完成的任务

表7-2　按职业问题处理方法划分职业生涯规划

类型	定义及任务
依赖型	依赖父母、朋友、老师，或遵从书本与社会舆论
直觉型	凭自己的直觉和一时好恶做出决定
理性型	综合考虑个人与职场因素，分析利弊得失，做出相应的计划

3. 职业生涯规划的特点

处于不同职业生涯发展阶段的人，所面对的环境要求会有不同，自身经验积累也有不同，因此个人的职业生涯规划，应根据其规划时的所处阶段、职业发展现状及自身条件而进行。大学生正处于职业的学习、准备和起步阶段，与已工作过一段时间的职业者的职业生涯规划相比较，大学生的职业生涯规划有其一定的自身特点，在总体原则和操作步骤大体一致的情况下，两者的规划内容和侧重点不尽相同。

（1）个性化

个性化是职业生涯规划最重要的特征，它是由个人性格、价值观、思维方式、行为方式、对成功的评价等方面的差异性决定的。职业生涯规划不是别人强加在个人身上的实施方案，而是个人在内心动力的驱使下，结合社会和企业的发展，依据现实条件和机会所制订的个性化的发展方案。尽管家庭、企业、社会环境对个人职业生涯规划有着重要的影响，但其发展的动力和源泉还是来源于个人的自尊。

（2）开放性

职业生涯规划具有开放性。个人是职业生涯规划制订和执行的主体，但这并不意味着个人闭门造车、独自完成，也不意味着必须一次完成、终身不变。职业生涯规划的开放要求个人与外界尽可能多地交换信息，与家人、老师、上级、下级、朋友、职业顾问等交换意见，广泛听取他们的建议，并充分利用测评工具测定职业潜能。同时，职业生涯规划是使人全面发展的一种有效工具，而不是固定的行为模式，需要根据客观环境、自身条件的变化等及时进行调整。

（3）指导性

职业生涯规划作为个人职业发展和行动的方案，发挥着指导性的作用。它能够指导大学生全方位地整合信息，以科学的态度进行职业规划和职业选择。正确地选择自己的职业和发展道路；指导大学生有效地解决思想及行为上的问题，引导大学生进行积极的职业准备，帮助大学生在未来的职业发展中有较强的目的性和计划性，在遇到困惑的时候不盲目、不慌乱。

大学生处于职业生涯的准备阶段，其职业生涯规划的实施策略主要是了解和探索职业，完成与未来可能从事职业相关的学习、培训任务，提高职业生活的基本能力和素质，行动计划必须与大学生本身的学习任务和校园活动密切联系。

4. 职业生涯规划的认识误区

（1）信息化时代变数太多，很多事情无法预测，规划亦是枉然

"凡事预则立，不预则废。"大学期间的职业生涯规划不仅是很有必要的，而且是越早开始越好。进行职业生涯规划是为了不断探索自我和环境，为以后的职业道路做充分准备，不断开发自己的潜能。大学生应尽早开始评估自己的能力特点、兴趣所长、志向目标，从而有针对性地开始为就业做好准备。职业生涯规划并不意味着定下就不可改变，根据社会的变化和个人的成长，职业生涯规划完全可以不断完善。它可以不完美，但对个人的发展一定是有帮助的。对大学生而言，可以多参加一些由学校就业指导中心或协会举办的课程，与老师及学长进行交流，也可以参加一些用人单位的宣讲会，以了解行业需求。

（2）大学生制订好职业生涯规划，可以一劳永逸

人在变化，社会也在变化，职业生涯规划是一个不断改进、调整的过程，个人对环境及自我的探索是不可能一劳永逸的。不同阶段的成长环境需要不同的规划来配合自身的发展，一次完成终身的职业生涯规划是不可能的事情。职业生涯

规划最忌纸上谈兵。对大学生而言，在学校参加项目调研的时候，对项目书、计划书同样需要不断进行思考。当设定好一个目标后，大学生通过参加实习、实践、职业体验，往往会产生一些新的想法。

（3）职业生涯规划十分重要，必须清晰明确

没有多少人能够将职业生涯规划详细地制订出来并按照计划执行。人生充满了太多的变数。职业生涯中充满了不确定因素，也伴随有确定性因素。正因为变量太多，大学生在制订职业生涯规划的时候，应该把有限的时间和精力都放在自己可以影响和掌控的常量上，如思维、能力、价值观、知识技能、兴趣、习惯、综合素质等。成功经验大多是事后总结出来，而不是事先规划出来的，试图制订过于清晰精细的计划，结果就是等于没做。

三、职业生涯规划的意义与价值

拓展阅读

毕业生小王来自云南罗平，直到毕业当年3月份他还未落实工作单位。老师去参加国家医药管理局的供需见面协调会，顺便将他的应聘材料带去帮他落实单位。刚好罗平有一家制药厂要他，专业对口，又是家乡，然而他本人的择业意向却是：单位地点必须在昆明市，至于到昆明的什么单位、具体做什么工作都无关紧要，除此以外，什么单位都不考虑。在这种心态下，其结果自然难以如愿。

【成长体验】

小王的思想在当前毕业生的择业过程中具有一定的代表性。不少毕业生过于向往经济发达地区，尤其是沿海地区的中心城市，最低的期望也是回自己家乡所在地的中心城市。他们只注重经济文化发达、工作环境优越的一面，而忽视了发达地区人才济济、相对过剩的一面，择业期望值居高不下，甚至还有逐年上升的趋势，从而导致主观愿望与现实需求之间的巨大落差。小王这样过分看重单位所在地的毕业生不在少数。根据抽样问卷调查，在衡量单位是否符合自己的标准时，有92％的毕业生要选择效益好、工资高的单位，超过85％的毕业生要求单位地处大中城市，愿意到急需人才的边远地区和艰苦行业的毕业生仅占2％。

职业生涯规划对大学生的意义主要体现在职业生涯规划可以帮助大学生寻找适合自身发展需要的职业，可以结合自身特点，准确定位，实现个体与职业的匹配，体现个体价值的最大化等方面。

一般而言，大学生职业生涯规划的意义可以概括为如下几点。

（一）能明确大学生人生奋斗的方向与具体目标

一项对大学毕业生的调查结果显示，有 63.8% 的学生在填报大学志愿时，没有考虑将来从事的职业，50% 的大学生职业理想是在大学期间形成的，20% 的大学生毕业时仍未形成比较明确的职业理想。这导致很多大学生在求职的过程中"匆忙抱佛脚"，自己没有明确的立场和追求，别人要什么他也要什么，人云亦云，随波逐流，不知何去何从。可想而知，这种在职业方向不明晰的情况下迈出的职业生涯第一步是多么盲目。

经典案例

哈佛大学有一个关于预立目标人生规划的著名故事。某年，一群意气风发的天之骄子从美国哈佛大学毕业了，他们的智力、学历、环境等条件都相差无几。临出校门前，哈佛对他们进行了一次关于人生目标的调查。结果是这样的：27% 的人，没有目标；60% 的人，目标模糊；10% 的人，有清晰但比较短期的目标；3% 的人，有清晰而长远的目标。以后的岁月，他们行进在各自的人生旅途。

25 年后，哈佛再次对这群学生进行了跟踪调查。结果是这样的：3% 的人，25 年间他们朝着一个方向不懈努力，几乎都成为社会各界的成功人士，其中不乏行业领袖、社会精英；10% 的人，他们的短期目标不断地实现，成为各个领域中的专业人士，大都生活在社会的中上层；60% 的人，他们安稳地生活与工作，但都没有什么特别成绩，几乎都生活在社会的中层；剩下 27% 的人，他们的生活没有目标，过得很不如意，并且常常在抱怨他人，抱怨社会，抱怨这个"不肯给他们机会"的世界，当然，也抱怨自己。

"哈佛调查"的故事生动地说明了明确目标、确定规划对于人生成功的重要意义。

职场上有句名言："你今天站在哪里并不重要，但是你下一步迈向哪里却很重要。"如何来理解这句话的真正含义？俗话说："凡事预则立，不预则废。"要想干成一件事，仔细、认真的规划是不可或缺的。同样，这样的道理也适用于职场，一个人想要立足职场，那么在这之前的职业生涯规划就是不可缺少的一步。成功的人生需要正确的规划，合理规划自己的职业生涯，是每一名学生迈向成功人生的第一步。"如果你不知道要到哪里去，那你哪里也去不了。"

所以，无论如何，我们不能没有目标，哪怕我们最初确立的目标有误，但在重新调整之后，我们仍有成功的希望，只不过是迟了一点。如果一直没有目标，那么未来成功的希望就只能用"渺茫"二字来形容了。成功需要明确的目标和方向，职业生涯规划可以帮助大学生明确人生奋斗的发展方向与具体目标。

（二）能增强大学生对于未来前途的信心和做好充足的精神准备

美国作家爱默生说："自信是成功的第一秘诀。"居里夫人认为："成功的窍门在于恒心和自信心，尤其是自信心。"不管是做成一件事情，还是获得职业生涯的成功，都需要自信。自信是一种乐观地对待生活的态度，它较少受认识的影响。自信方面的障碍并不是认识障碍，而是与以往的经历和体验密切相关的情绪障碍。在现实生活中，我们几乎每个人都知道自信对事业、对人生的重要性，但是知道自信的必要性，并不等于就有了自信。实际上，缺乏自信一向是困扰人们的大问题，有一项针对某大学选修心理学的学生所做的调查，其中有一道问题是关于个人最感困扰的事。调查结果显示，缺乏自信的人占75％。在生活中，因循、畏缩、深陷于不安、无能感，甚至对自我能力怀疑的人，几乎随处可见。这几种类型的人对自己是否具有担负责任的能力深感疑虑，他们也怀疑自己能否抓住有利机会。他们总认为事情不可能顺利进行，从而抱忐忑不安的心态。此外，他们也不相信自己可以拥有心中想要的东西。于是他们往往退缩而求其次，只要拥有些许的成就便觉心满意足。职业生涯规划的过程，是大学生不断学习和积累的过程，职业生涯规划能够帮助大学生集中精力，全神贯注于自己有优势并且会有高回报的方面，这样有助于大学生尽可能发挥自身的潜力。随着知识的积累、培训和教育的增多，大学生对自己和职业工作的认识加深，自信心也就会逐渐建立起来。

（三）能帮助提升大学生的职业品质，实现个体的"人职匹配"

大学生职业生涯规划往往从学生进入大学就开始了。这种观念的引入，最直接的结果就是引发了学生对于职业与未来的思考——大学毕业后我能干什么？现在社会需要什么样的人才？现在的就业形势怎么样？这一思考过程就是学生关注外界就业环境、关注用人单位招聘人才标准的过程。不仅让学生认清了形势，更促使学生用外界的职业需求与职业要求指导自己的学习生活，提升自身的职业品质。学生通过长时间的关注与思考，对就业将有全面的认识，有助于学生形成正确的就业观念。社会上的职业多种多样，不同的职业对从业人员的知识、技能、素质等的要求不同，而毕业生的自身条件也不一样，不同的个体所具有的素质也是千差万别。因此，要了解社会对不同职业的需求情况，了解自己的经济地位、社会关系，以便根据个人的优势选择自己的职业目标，选择比较适合的岗位。同时，要树立"只要依法从事有一定报酬的劳动，对社会发展做出贡献都属于就业"的大就业观，明确择业的标准只有"适合与否"，没有"好""坏"之分。

在职业生涯规划中，学生会评估职业能力倾向、测定职业兴趣爱好、了解性格和性格特点、找出擅长的技能，运用经验分析和量表测量的方法不断认识自己，更为清晰具体地认识自己。在不断关注用人标准的前提下，结合个体的职业理想，不断改进个体素质，并适时调整自己的职业目标，在动态中实现个人与职业的匹配，实现学生利益最大化，提高学生的就业满意度。

（四）能有助于稳定人才市场，减少人才流动和人力资源损耗

缺乏职业生涯规划的大学生由于职业目标模糊、缺乏自我认知，往往盲目择业和就业，直接的后果就是人职不匹配，接着就会频繁跳槽。相反，进行过系统的职业生涯规划的大学生一般都有明确的职业定位，对第一次择业往往都很慎重，会找到一个相对适合自己的职业，从而减少因人职不匹配而导致的离职。大学生离职率的降低可以极大地促进人才市场的稳定，也可以减少由此带来的人力资源耗损。这样企业才可以尽力培养员工，使他们在一个合适的领域内积累必要的职业经验，发挥自己的最大潜能，并使其成为事业发展进步的基础。

大学生的就业应建立在科学择业的基础上，而科学的择业得益于正确的职业生涯规划。大学生职业生涯规划的现实意义具有潜在性和长期性。面对"随行就市"的现实主义，从短期来看，虽然个体可以谋到一份职业，但由于对工作、对自己的认识不足，反而会加大人才的流动和人力资源的耗损，无论是对自己、对企业，还是对整个社会都是极不稳定的因素。所以，大学生要借助职业生涯规划正确认识自我和社会，慎重地选择每一个岗位和职业，将自己的职业生涯导入良好的轨道中。

成功的职业生涯设计对于大学生的择业乃至一生的发展都有重要的意义，有利于大学生明确人生奋斗目标，制订培订计划，从而能够自己控制自己的命运。对于个人的一生来说，职业生涯规划的好坏必将影响整个生命历程。我们常常提到的成功与失败，不过是所设定目标的实现与否，目标是决定成败的关键。个体的人生目标是多样的：生活质量目标、职业发展目标、对外界影响力目标、人际环境目标……整个目标体系中的各因子之间相互交织影响，而职业发展目标在整个目标体系中居于中心位置。这个目标的实现与否，直接产生成就与挫折、愉快与不愉快的不同感受，影响着生命的质量。而对社会来说，成功的职业生涯设计将使大学生对自己的职业科学定位，正确认识社会竞争和自身在社会中的价值，能够比较顺利地解决就业问题，施展自己的才华，促进社会发展和进步。大学生迈入社会，走向职场的第一步就是应该做好职业生涯设计。好的职业生涯设计能够在一定的程度上避免"就业错位"，使学与用更加紧密结合，使得毕业生的人才效益、社会效益得以彰显。

第二节 职业生涯规划准备

案例导读

山上的寺院里有一头驴，每天都在磨坊里辛苦拉磨，天长日久，驴渐渐厌倦了这种平淡的生活。它每天都在寻思，要是能出去见见外面的世界，不用拉磨，那该有多好啊！

不久，机会终于来了，有个僧人带着驴下山去驮东西，他兴奋不已。

来到山下，僧人把东西放在驴背上，然后返回寺院。没想到，路上行人看到驴时，都虔诚地跪在两旁，对它顶礼膜拜。

一开始，驴大惑不解，不知道人们为何要对自己叩头跪拜，慌忙躲闪。可一路上都是如此，驴不禁飘飘然起来，原来人们如此崇拜我。当它再看见有人路过时，就会趾高气扬地停在马路中间，心安理得地接受人们的跪拜。

回到寺院里，驴认为自己身份高贵，死活也不肯拉磨了。

僧人无奈，只好放它下山。

驴刚下山，就远远看见一伙人敲锣打鼓迎面而来，心想，一定是人们前来欢迎我，于是大摇大摆地站在马路中间。那是一队迎亲的队伍，却被一头驴拦住了去路，人们愤怒不已，棍棒交加……驴仓皇逃回到寺里，已经奄奄一息，临死前，它愤愤地告诉僧人："原来人心险恶啊，第一次下山时，人们对我顶礼膜拜，可是今天他们竟对我狠下毒手。"

僧人叹息一声："果真是一头蠢驴！那天，人们跪拜的，是你背上驮的佛像啊。"

人生最大的不幸，就是一辈子不认识自己。有时，离开平台，自己什么都不是！

有时我是我，有时我不是我，有时认识自己比认识世界还难。我们每天都照镜子，但是我们在照的时候，有问过自己一句话："你认识自己吗？"

资料来源：http://lizhi.shangc.net/a/39649.html（有改动）。

一、自我探索

职业生涯规划强调，对自我的了解是生涯规划的前提。比如，专业选择本身就受到许多复杂因素的影响，有些学生可能会因为录取专业不是自己的首选，就觉得不喜欢自己所学的专业，这背后其实是将自己的挫折感和现在的专业做了一个错误连接，导致不能接受的是自己的考学挫折而不是现在的专业。更有的学生是受周围环境舆论的影响，比如认为男生不应喜欢学师范，男人当老师没有出息，等等。还有的学生受社会流行看法的影响，觉得一些专业的发展前景不好，比如认为学英语以后没有发展前景等。

这些因素都会在不同程度上令他们迷失方向，因此大学生职业生涯规划与发展成功的第一步是学会"认识自我"。

认识自我是职业生涯规划的第一步。一般认为，自我包括生理自我、心理自我和社会自我三个方面。这里我们主要探讨心理层面的自我，从兴趣、性格、能力和价值观四个方面介绍了解自我的方法与途径，以让我们学会正确、全面地认识自我，结合职业需求充实完善自我，为职业生涯规划打下良好的基础。

（一）兴趣探索

经典案例

菲尔的父亲开了一家洗衣店，他把儿子叫到店里工作，希望他将来能接管这家洗衣店。但菲尔不喜欢甚至讨厌洗衣店工作，所以懒懒散散的提不起精神，只做些不得不做的工作，有时候干脆"逃工"。他的父亲十分伤心，认为养了一个没有野心、不求上进的儿子，觉得在他的员工面前丢尽了脸。有一天，菲尔告诉他的父亲，他希望到一家机械厂当工人。什么？他的父亲既惊讶又生气。不过，菲尔还是坚持自己的意见。他穿上油腻的粗布工作服，干起了比洗衣店更为辛苦的工作，但他竟然快乐地在工作中吹起口哨。工作之余他还选修了工程学课程，研究机械。而当他在1944年去世前，已经是波音飞机公司的总裁，并且制造出"空中飞行堡垒"轰炸机，帮助盟国军队赢得了第二次世界大战。

1. 兴趣的含义

兴趣是一个人对某种事物或某种活动的一种选择态度，表现在某方面需求的情绪倾向。当一个人对某一个事物产生浓厚的兴趣时，他一定会对这个事物保持充分的注意，并进行积极的探索活动。兴趣在人的实践活动中具有重要的意义，可以使人集中注意，产生愉快、紧张的心理状态。

我国著名的心理学家林崇德说过，"天才的秘密在于强烈的兴趣与爱好"。兴趣起源于人类寻求快乐的本能，它是一种无形的动力，是促使我们在某一领域追求成功的驱动力。凡是有兴趣的事情，就不会让人感到枯燥乏味，而是使人废寝忘食，锲而不舍，直到走向成功。

每个人都会对他感兴趣的事物给予优先注意和积极的探索，并表现出心驰神往。例如，对美术感兴趣的人，对各种油画、美展、摄影都会认真观赏、评点，对好的作品进行收藏。如果硬要让一个擅长美术的人把兴趣转移到推导数学公式方面，他会感到无用武之地，甚至会感到苦不堪言，在选择职业时，基于不同需要的个体会有不同的职业兴趣。

实践探索

达尔文喜欢小动物，爱迪生爱好做实验，徐悲鸿喜欢画画，聂卫平喜欢围棋，周星驰喜欢表演、郎朗喜欢钢琴、林书豪喜欢篮球……

琴棋书画，斧绒钩叉，唱念做打，煎炒烹炸……

① 你感兴趣的三件事是：

_____

_____

② 在这些兴趣活动中，你有何收获？

_____

_____

每个人的兴趣爱好有所不同，但相同的是，每个人都会对自己感兴趣的事物更加关注。兴趣在人的实践活动中具有重要的意义，特别是对每个人的职业生涯影响深远。

2. 兴趣与职业

（1）兴趣是职业生涯选择的重要依据。兴趣是人动机产生的重要主观原因，是一种强大的精神力量。

（2）兴趣是职业稳定、生涯发展的内在动力。兴趣是工作动力的主要源泉之一。当一个人对某一职业发生兴趣时，他就能调动整个身心积极地感知、观察事物，勤于思考，大胆探索；就能增强记忆效果，增强克服困难的意志，有效地促进职业生涯良性发展。

（3）兴趣是职业生涯成功的重要因素。兴趣可以充分调动和发挥职业潜能，促使一个人通过创造性的劳动与不懈的努力取得职业生涯的成功。

职业兴趣即对某类职业或工作的积极态度。不同的人有不同的职业兴趣，如果能从事与自己的职业兴趣相符的职业，个体在工作中就能更加积极热情、全神贯注并富有创造力。职业兴趣是个人成功的推动力。古今中外，凡在事业上有成就者无不对自己的职业充满浓厚的兴趣。

职业兴趣并不是天生的，它的形成与人们所处的历史条件、实践活动和对自身能力的认识有着密切的关系。例如，当计算机技术得到较大发展时，对这个职业有兴趣的人也增加得很快，这是由现实需求和历史发展阶段决定的。又如，某人从事某种特定职业，在长期实践过程中通过对职业活动的认识，了解和培养了自己的能力和特长，也可引起对该职业的浓厚兴趣。

拓展阅读

兴趣是可以培养的

小刘是一名就读于某职业技术学校商务英语专业的一年级学生，她从小就喜欢设计，想选择设计专业，但是爸爸却要她选择商务英语专业，说读这个专业将来能有一份好的工作。小刘对商务英语一点兴趣都没有，可是又没有办法改变现状。

后来，在学校她向班主任求助，班主任给她进行了细致全面的分析。由于无法改变父母的决定，就需要接受这个专业，如果因为商务英语专业与自己的兴趣不符而不去努力学习，最终会让时光白白流失；如果试着了解这个专业，在学好商务英语专业的同时，利用业余时间学习自己喜欢的设计，结果既能学好现在的专业，也能把设计自学好。通过与老师交流，小刘认识到不能学习自己感兴趣的专业并不一定会导致自己的理想破灭，商务英语本身与自己的兴趣和理想并没有冲突，没有认真学习商务英语并不能说明自己就没有商务英语方面的兴趣和才能。班主任同时给她看了一些专业方面的就业前景，去年的毕业生在当地的会展中心工作，那儿需要的恰好是那种既懂商务英语又有一些美术才能的人才。观念转变后，小刘渐渐地喜欢上了现在的专业。她说："我现在对这个专业也挺感兴趣的。"

3. 职业兴趣探索

美国心理学家、职业指导专家霍兰德的职业兴趣理论建立在以下三个假设之上：人可以分为六大类，即现实型、研究型、社会型、事务型、企业型和艺术型；职业环境可以分为相对应的同名称的六大类；人格与职业环境的匹配是形成职业满意度和成就感的基础（图7-2）。

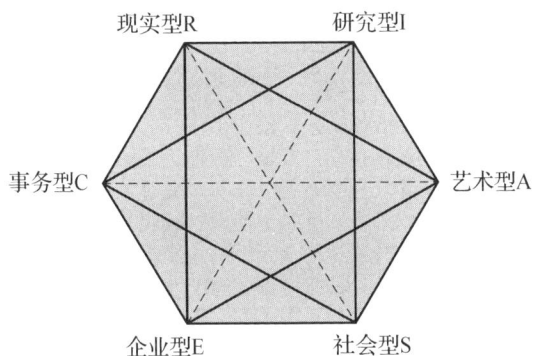

图 7 - 2 霍兰德人格—职业匹配六角图

相邻关系：如 RI、IA 等，属于这种关系的两种类型的个体之间共同点较多。

相隔关系：如 RA、RE 等，属于这种关系的两种类型个体之间共同点较相邻关系较少。

相对关系：如 RS、IE 等，在六边形上处于对角位置，相对关系的人格类型共同点少。

霍兰德职业兴趣理论中对劳动者类型与职业类型对应关系如表 7 - 3 所示。

表 7 - 3 劳动者类型与职业类型的对应关系

类型	劳动者	职业
现实型（R）	愿意使用工具从事操作性工作；动手能力强，手脚灵活，动作协调；不善言辞，不善交际	主要指各类工程技术工作、农业工作，通常需要一定体力，需要运用工具或操作机器 主要职业有：工程师，技术员，机械操作、维修、安装工人，矿工，木工，电工，鞋匠，一般翻译人员，司机，测绘员，描图等
研究型（I）	抽象思维能力强，求知欲强，肯动脑，善思考；喜欢独立的和富有创造性的工作；知识渊博，有才华，不善于领导他人	主要指科学研究和科学实验工作 主要职业有：自然科学和社会科学方面的研究人员、专家，化学、冶金、电子、计算机、无线电、电视、飞机等方面的工程师、技术人员、飞机驾驶员、计算机操作员等
社会型（S）	喜欢为他人服务和教育他人；喜欢参与解决人们共同关心的社会问题；渴望发挥自己的社会作用，体现自身社会价值；看重社会义务和社会道德	主要指各种直接为他人服务的工作，如咨询服务、医疗服务、教育服务、生活服务等 主要职业有：教师，保育员，行政人员，心理咨询师，医护人员，衣食住行服务行业的管理人员、服务人员，福利人员等
事务型（C）	喜欢按计划办事，习惯接受他人的指挥和领导，自己不谋求领导职务；不喜欢冒险和竞争；工作踏实，忠诚可靠，遵守纪律	主要指与文件档案、图书资料、统计报表相关的各类科室工作 主要职业有：会计、出纳、统计人员、打字员、办公室人员、秘书、文书、图书管理员、导游、外贸职员、保管员、邮递员、审计人员、人事职员等
企业型（E）	精力充沛、自信、善交际，具有领导才能；喜欢竞争，敢冒风险，处理事情稳重果断；喜爱权力、地位和物质财富	主要指那些组织并对之施加影响，使他人共同完成组织目标的工作 主要职业有：经理，企业家，政府官员，商人，领导者、管理者等

续表

类型	劳动者	职业
艺术型（A）	喜欢以各种艺术形式的创作来表现自己的才能，实现自身的价值；具有特殊艺术才能和个性；乐于创造新颖的、与众不同的艺术成果；渴望表现自己的个性	主要指各类艺术创作工作。 主要职业有：音乐、舞蹈、戏剧等方面的演员、艺术编导、教师，文学艺术的评论员，广播节目的主持人、编辑、记者，画家、书法家，摄影家，家具、时装、珠宝、房屋装饰等行业的设计师等

一种职业有它的主要兴趣类型，一个人会同时有几种职业兴趣，关键是要弄清自己哪些职业兴趣是强项，从社会需要和能力优势方面选择、确定一种主要的职业兴趣。大学生在选择学业或人生职业规划时，应把自己的职业兴趣与个人的职业能力、人格特征结合起来。

实践探索

实践探索

霍兰德职业兴趣量表及分析

http://www.apesk.com/holland/index_m.html? from＝groupmessage

（二）性格探索

【互动游戏】

活动目的：探索自己的性格特征。

活动准备：颜色与性格图片的多媒体展示片。

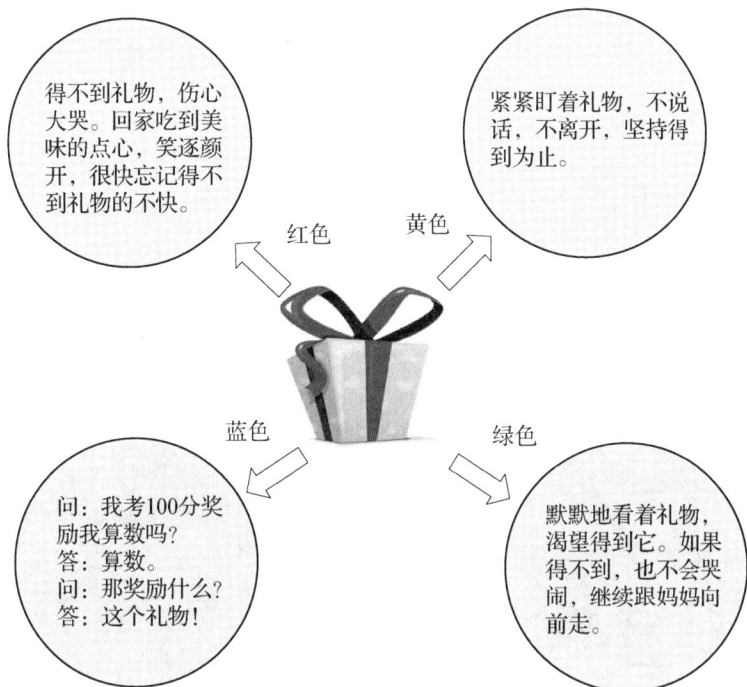

得不到礼物，伤心大哭。回家吃到美味的点心，笑逐颜开，很快忘记得不到礼物的不快。

紧紧盯着礼物，不说话，不离开，坚持得到为止。

问：我考100分奖励我算数吗？
答：算数。
问：那奖励什么？
答：这个礼物！

默默地看着礼物，渴望得到它。如果得不到，也不会哭闹，继续跟妈妈向前走。

红色　黄色　蓝色　绿色

活动过程：

① 请同学们从以上四种颜色的说明中找出一种属于自己性格的颜色。

② 根据性格颜色在团队中找到自己的位置。

活动解析：

红色性格：属于精力旺盛的行动派，积极乐观但缺乏耐性，情绪波动大。

黄色性格：是富有高度创造力的领导者，热衷社会运动，但控制欲强。

蓝色性格：是很理性的思想者，临危不乱，受人尊敬，但感情脆弱。

绿色性格：是亲切友好的和平者，善于团结，受人爱戴，但拒绝改变。

人的行为千变万化，但行为背后的性格却有迹可循。

1. 性格的含义

性格是指表现在人对现实的态度和相应的行为方式中的比较稳定的、有核心意义的个性心理特征，是一种与社会最密切相关的人格特征，在性格中包含有许多社会道德含义。

在日常生活中，我们经常说某人的性格活泼、某人的性格温和、某人的性格孤僻等。那么，什么是性格呢？性格是个人稳定的态度和习惯的行为方式，与气质的稳定性不同，性格具有更大的变性。性格是一个人区别于另一个人的集中体现，世界上没有性格完全相同的两个人，每个人的性格都与别人有所不同。

性格通过人对事物的倾向性态度、意志、活动、言语、外貌等方面表现出来，如大公无私、勤劳、勇敢、自私、懒惰、沉默、懦弱等，都反映了自身的性格特点。

实践探索

性格基本特征测试

请从以上漫画中找出切合自己行为特征的选项，并分析自己性格的基本特征。

测试解析：

A：你是一个性格外向、直爽、有点急躁的人。如果学校离家比较远，这样的处理可能就不合适。你做事行动迅速，但缺乏持久性，准备一个备忘录可能对你很有用哦！

B：你是一个性格外向、活泼开朗的人，对未来充满希望，对自己充满信心。对紧急事情的处理多采用发散性思维，另辟蹊径。

C：你是一个性格内向、沉着稳定的人。对于与自己有关的事物都认为很重要，妥善处理，勇于承担责任，即使可能受到老师的批评，你也会把不好的影响降到最低。

D：你是一个性格内向、平和、比较依赖他人的人，但你也是一个比较冷静、聪明的人。善于运用自己把握的资源，可能会有一个不错的人际关系。

2. 性格与职业

著名经济学家凯恩斯曾说："习惯形成性格，性格决定命运。"庄子也有云："积行成习，积习成性，积性成命。"这都说明性格对一个人人生的影响。不同性格的人适合不同的职业，不同职业要不同性格的人从事。例如，对驾驶员要求具备注意力稳定、动作敏捷的职业性格特征，对医生则要求具备耐心细致、热情待人的职业性格特征。当然每个人的性格特征都不能百分之百地适合某项职业，但可以根据自己的职业方向来培养、发展相应的职业性格。职业及环境所需要的性格特性是个人内部的动力，是确定个人在职业上的特征性行为的依据，因此也被称为"职业性格"。

在职业生涯规划过程中理解、透视性格，是为了了解自己的思考方式和行为倾向，更好地接纳自己、发展自己，也是为了了解人与人之间的性格差异，在团队合作方而提出改进措施，同时还能了解不同的性格人群在对职业的选择和适应上的倾向性，以帮助我们合理地做出职业决策、谋划职业发展。

职业和性格的最佳匹配可以使得我们成为更有效的工作者。绝大部分职业都同时与几种性格类型特点相吻合，而大多数人也都同时具有几种职业性格类型的特点。在实际的匹配过程中，应根据个人的性格与职业要求，具体情况具体处理，不能一概而论。

3. 职业性格探索

人的性格倾向，就像分别使用自己的两只手写字一样，都可以写出来，但惯用的那只写出的会比另一只更好。每个人都会沿着自己所属的类型发展出个人行为、技巧和态度，也都存在自己的潜能和潜在的盲点。

MBTI（Myers-Briggs Type Indicator），一种迫选型、自我报告式的性格评估测试，用以衡量和描述人们在获取信息、做出决策、对待生活等方面的心理活动规律和性格类型。MBTI 由美国的心理学家 Katherine Cook Briggs（1875—1968）和她的女儿心理学家 Isabel Briggs Myers（1897—1980），根据瑞士著名的心理分析学家 Carl G. Jung（荣格）的心理类型理论和她们对于人类性格差异的长期观察、研究而提出。经过了长达 50 多年的研究和发展，MBTI 已经成了当今全球最为著名和权威的性格测试工具，主要应用于职业发展、职业咨询、团队建议、婚姻教育等方面，是目前国际上应用较广的人才甄别工具。

MBTI 倾向显示了人与人之间的差异，而这些差异产生于：

——他们把注意力集中在何处，从哪里获得动力（外向、内向）；

——他们获取信息的方式（实感、直觉）；

——他们做决定的方法（思维、情感）；

——他们对外在世界如何取向，通过认知的过程或判断的过程（判断、知觉）。

MBTI 具体用字母代表如下，其中两两组合，可以组合成 16 种人格类型（表 7 - 4）。

精力支配：外向 E；内向 I。

认识世界：实感 S；直觉 N。

判断事物：思维 T；情感 F。

生活态度：判断 J；知觉 P。

表 7－4　MBTI 性格类型表

内倾感觉思考判断 （ISTJ）	内倾感觉情感判断 （ISFJ）	内倾直觉情感判断 （INFJ）	内倾直觉思考判断 （INTJ）
内倾感觉思考知觉 （ISTP）	内倾感觉情感知觉 （ISFP）	内倾直觉情感知觉 （INFP）	内倾直觉思考知觉 （INTP）
外倾感觉思考判断 （ESTJ）	外倾感觉情感判断 （ESFJ）	外倾直觉情感判断 （ENFJ）	外倾直觉思考判断 （ENTJ）
外倾感觉思考知觉 （ESTP）	外倾感觉情感知觉 （ESFP）	外倾直觉情感知觉 （ENFP）	外倾直觉思考知觉 （ENTP）

实践探索

实践探索

MBTI 职业性格测试

http://www.apesk.com/mbti/dati.asp

（三）能力探索

互动游戏

数字传递

活动目的：提高学生的组织协调能力、执行力和创新力，进而引导学生认识职业能力的重要性。

活动形式：游戏。

活动准备：根据班级人数，将学生分成若干组，排成若干列，统一面向讲台坐好。为每组适配一名监督员。

游戏规则：

① 主持人向每组的最后一名队员提供一个数字（数字一般为 3 位或 4 位，不提前告知）。

② 在传递数字时，传递者不能借用任何物品，不能说话，只能用自己的双手，且手不许被前方队员看到；传递者仅限通过拍、打、敲前方数字接收者的背部（含肩膀）、头部进行信息传递。

③ 游戏开始前每队有 10 分钟的时间准备，传递速度最快，且信息准确的队伍为获胜队。

活动过程：

① 主持人给每组最后一名队员一个数字，下达"开始"命令后，最后一名队员向其前一名队员传递自己所得到的数字；之后依次传递，直至数字传到本组第一名队员并告知主持人后，视为任务完成。

② 每组按照活动规则传递数字，每组监督员对活动过程进行监督。

③ 游戏结束后，主持人请每组的第一名和最后一名队员公布自己所接收到的数字。

思考：

① 你觉得游戏中什么环节最重要？

② 要尽可能快地顺利完成游戏，需要哪些能力？

1. 能力的含义

能力是求职者开启职业大门的钥匙。在职业活动中，职业能力强的人比职业能力弱的人更容易获得成功。

能力是人依靠自我智力、知识、技能等认识世界和改造世界所表现出来的身心能量，是顺利完成某一活动所必需的条件，它直接影响人们的活动效率。

能力总是和人完成一定的活动相联系在一起的。例如，搞外交工作，要具有灵活而敏捷的思维、较好的语言表达、较强的记忆等能力；从事管理工作，要具备一定的组织、交际、宣传、说服等能力。只有在能力上足以胜任工作，才能取得良好的工作绩效，否则工作就不能顺利进行。

大学生职业素养与就业指导

在我们身边，有人担任过班委，在班级中运筹帷幄；有人歌唱得好，在各种场合一展歌喉；有人会主持，在各类活动中大显风采；有人专业技能强，在各项专业技能大赛中屡夺桂冠……

大家都来谈一谈我们各自都具有的能力。

他人评价：我具有_____等方面的能力。

自我评价：我具有_____等方面的能力。

能力由基本能力、专业能力和关键能力构成。

（1）基本能力

基本能力是适应社会生活最基本的基础知识、基本技能、学习能力及科学与人文素养，如语言表达能力、文字表达能力、计算机操作能力、基本的判断和辨别能力等。

（2）专业能力

专业能力主要是从事某一职业的专业能力。例如会计记账、教师讲课、IT工程师编程、医疗专业人员解释心电图等。专业能力最显著的特点是它们需要经过有意识的、专门的学习培训，在通过记忆掌握特殊的词汇、程序和学科的基础上获得。

（3）关键能力

关键能力，又称核心能力，是一种可迁移的、从事任何一种职业都必不可少的关键性能力。我国教育部门在政府的相关文件中十分强调职业核心能力（关键能力）的培养。当代大学生的关键能力包括10个方面：适应能力、交往能力、管理能力、表达能力、动手能力、创新能力、竞争能力、决策能力、沟通能力、合作能力。

2. 能力与职业

能力是个人职业选择和职业成功的基础，当一个人的能力和工作的要求相匹配时，最容易发挥自己的潜能，并且获得一种满足的感觉。相反，当一个人去做自己力所不及的工作时，就会产生焦虑、不安，甚至产生挫败感。而当一个人的能力超出工作要求太多时，又容易感到工作缺乏挑战，比较乏味。因此，在选择职业时，我们同样要寻求个人能力与职业技能要求的适配。我们需要弄清楚能力有哪些分类，从而清楚自己具备什么样的能力，明白职业又有什么样的能力要求。

职业能力是人们从事某种职业的多种能力的综合，可分为一般职业能力和专业能力。

一般职业能力也可称核心职业能力,根据《职业核心能力全国统一测评大纲》,其包括与人交流、与人合作、信息处理、数字应用、解决问题、自我提高、创新、外语应用 8 项核心能力。

专业能力主要是指从事某一职业的专业能力,它与个人所学的专业紧密相关。

在我们的职业生涯中,兴趣决定要做什么,能力决定能做什么和做得怎样。

① 一定的能力是胜任某种职业岗位的必要条件。不同的职业对能力的要求是不同的,医生需要敏锐的观察能力,教师要有较好的语言表达能力和记忆力,而记者在敏锐观察能力之外还需要有良好的分析思考能力。可见,职业与能力之间存在着重要的匹配关系。

② 较强的能力是职业生涯成功的重要条件。能力的高低直接影响着工作的效率,能力低下的人不能及时有效地完成工作任务,可能阻碍职业生涯的成功发展。

③ 职业实践促进能力的发展。能力是在实践的基础上得到发展和提高的,长期从事某一专业劳动,能促使人的能力向高度专业化发展。例如计算机文字录入人员,随着工作的熟练和经验的积累,录入的速度会越来越快,准确性也会越来越高。

实践探索

如何根据你的职业能力选择职业

对于大学生来说,职业能力如何是就业机会多少和有没有发展机遇的关键。许多到职业介绍机构寻求工作的朋友,只注意招聘单位的条件和待遇以及工作的环境和职业声望,没有确定自己能胜任哪些职业,没有去客观全面地分析和评估自己的职业能力,往往不能较快地找到适合自己的职业以至求职受挫。所以我们一定要根据自己的职业能力寻找合适的职业,可根据表 7-5 进行参考比较。

表 7-5　职业能力及适应性职业对应表

职业能力类型	特点	适应性职业类型
操作型职业能力	以操作能力为主 是运用专业知识或经验、掌握特定的技术和工艺并形成相应的职业技能与技巧的能力	打字、驾驶汽车、种植、操作机床、控制仪表
艺术型职业能力	以想象能力为核心 是运用艺术手段再现社会生活和创造某种艺术形象的能力	写作、绘画、演艺、美工

职业能力类型	特点	适应性职业类型
教育型职业能力	运用各种教育手段传授知识与思想或组织受教育者进行知识学习的能力	教育、宣传、思想政治工作
科研型职业能力	以人的创造性思维为核心 是通过实验研究、社会调查和资料检索等手段进行的综合、发明与发现的能力	研究、技术革新、发明、理论
服务型职业能力	以敏锐的社会知觉能力和人际关系协调能力为主 是借助人际交往或直接沟通使顾客获得心理满足的能力	商业、旅游业、服务业
经营或管理型职业能力	以决策能力为核心 是能够广泛获得信息，并以此独立地做出应变、决策或形成谋略的能力	经理、厂长、主任等管理领域及各行各业负责人
社交型职业能力	以人际关系协调能力为核心 能够掌握人际吸引规律，善于周旋、协调且能使对方力合作的能力	联络、洽谈、调解、采购

3. 职业能力探索

能力与技能的测评主要包括智力测评、技能测评、能力倾向测评和学习能力测评四个方面。

（1）智力测评

智力测评的原理是在相同的职业中，智力高的人比智力低的人学得快、做得好，而不同职业对人的智力的要求也不尽相同。在智力测评中，我国主要采用的是由韦克斯勒于 1955 年编制的，在 1981 年和 1997 年经过两次修订的韦氏成人智力测验（WAIS-RC）以及联合型瑞文测验（CRT）。

（2）技能测评

技能测评是对一个人技能技巧的实际水平的测验，不是潜在水平的测验，属于成就测验。测验的方式大多数是作业实例测验，如 SRA 听写技巧测验、DAT 语言使用测验、明尼苏达工程类类推测验、业务打字测验等。例如，汽车修理厂在挑选汽修技工时，所进行的测评就是技能测评。

（3）能力倾向测评

所谓能力倾向是一种潜在的、特殊的能力，它与经过学习训练而获得的才能是有区别的，它本身是一种尚未接受教育训练前就存在的潜能。能力倾向测评可以判断一个人的能力优势与在某一职业成功发展的可能性。此类测验分为普通能力倾向测验和特殊能力倾向测验。

① 普通能力倾向测验

普通能力倾向测验（General Aptitude Test Battery，GATB）最初是美国劳工部从 1934 年开始利用了 10 多年时间研究制定的，适合于许多不同职业群检查各自的不适合者。这套测验在许多国家被广泛使用，备受推崇。后来，日本劳动省将 GATB 进行了日本版的标准化，制定成《一般职业适应性检查》（1969 年修订版）。这套测验主要是实现对许多职业领域所必需的几种能力倾向的测评。它由 15 种测验项目构成，其中 11 种是纸笔测验，其余 4 种是操作测验，这套测验可以测评以下 9 种能力倾向。

G——智能。

V——语言能力。

N——数理能力。

S——空间判断能力。

P——形态知觉能力。

Q——书写知觉能力。

K——动作协调能力。

F——手指灵活性。

M——手腕灵活性。

其中，V、N、Q 能力出色的人，属于认知型；S 和 P 能力出色的人可归入知觉型；K、F、M 突出的人，属于运动技能型。

在现实生活中，许多人可能同时在上述两类能力类型中都相当优秀，或者 9 种能力水平差不多，没有哪一类特别突出。一般能力倾向测试的意义在于帮助你发现什么样的职业领域最能发挥自己的潜能，而不是简单地划定"最适合的职业"。要知道，人的很多能力是可以通过后天培养而积累的。

② 特殊能力倾向测验

这个测验是系列式的，是国外企业常用的职业能力倾向性测验，包括四大类测验。这四类有：机械倾向性测验，主要测量人们对机械原理的理解和判断空间形象的速度、准确性以及眼手协调的运动能力；文书能力测验，专门了解个人打字、速记、处理文书和联系工作能力的测验，适合于文职人员能力测量；心理运动能力测验，主要测量工业中许多工作所需的肌肉协调、手指灵活或眼与手精确协调等技能；视觉测验，运用特殊仪器对视力的多种特征进行测验，以评定其是否符合一定工作的要求。

（4）学习能力测评

学习能力测评是用笔试的方式测评学习能力。学习能力测评中最常用的题型包括必答题、选答题与综合题。例如，升学考试就是一种学习能力的测评，通过考试的人被认为有能力进入更高层次的学习。

实践探索

（四）价值观探索

实践探索

1. 价值观的含义

价值观是一个人对周围的客观事物（包括人、事、物）的意义、重要性的总评价和总看法。一方面表现为价值取向、价值追求，凝结为一定的价值目标；另一方面表现为价值尺度和准则，成为人们判断价值事物有无价值或价值大小的评价标准。

个人的价值观一旦确立，便具有相对稳定性。但就社会和群体而言，由于人员更替和环境的变化，社会或群体的价值观念又是不断变化着的。

简单地说，价值观就是你认为什么是你最重要的，什么是你真正追求的。

经典案例

猕猴觅豆

从前有一只猕猴，拿着一把豆，行走时不小心掉了一颗豆子在地。它便将手中的其他豆子放在地上，回头去找掉落的那一颗。结果，非但没有找到那颗掉落的豆子，回头时那些放在地上的豆子，也都被鸡鸭吃掉了。

猕猴手中那把豆子，就像每个人能拥有的一切，例如健康、金钱、声望、地位、面子、尊严、权力、爱情、学位等。为了一颗豆子（学位、权位、爱情……）而把其他放弃，这样做到底是因小失大、愚昧无知，还是有可取之处？

思考：这个故事带给你什么启发？

有人认为猕猴的做法是愚笨的，也有人认为是值得的。有人为了爱情，牺牲了财富、声望等，但最后还是没有得到爱情，这到底是非常感人的纯情者还是一无是处的愚笨者？其实，值不值得取决于个人持有什么样的价值观。

价值观是一种内心尺度，支配着人的态度、信念和行为，支配着人去了解社会、认识世界，也引导个人去自我了解、自我定向和自我设计等。价值观通过人们的行为取向及其对事物的评价、态度反映出来，是世界观的核心。价值观支配和调节一切社会行为，涉及社会生活的各个领域。

2. 价值观与职业

职业价值观是指人生目标和人生态度在职业选择方面的具体表现，也就是一个人对职业的认识和态度，以及对职业目标的追求和向往。理想、信念、世界观对职业的影响，集中体现在职业价值观上。

俗话说，人各有志。这个"志"表现在职业选择上就是职业价值观，它是一种具有明确目的性、自觉性和坚定性的态度。舒伯认为，职业价值观是个人追求与工作有关的目标，从事满足自己内在需求的活动时所追求的工作特质或属性，它是个体价值观在职业问题上的反映。由于年龄阅历、教育状况、家庭影响、兴趣爱好等方面的不同，人们对各种职业有着不同的主观评价。各种职业在劳动内容、劳动难度、劳动强度、劳动条件、劳动待遇、所有制形式和稳定性等诸多问题上，都存在差别，再加上传统思想观念等的影响，各种职业在人们心目中的声望、地位便有了高低好坏之分。这些评价形成了个人的职业价值观，并影响着个人对就业方向和具体职业岗位的选择。

职业专家通过大量的调查，从人们的理想信念和世界观角度把职业分为九大类，分别是自由型（非工资工作类型）、经济型（经理型）、支配型（独断专行型）、小康型、自我实现型、志愿型、技术型、合作型和享受型（表7-6）。

表7-6 九种职业价值观类型

类型	特点	职业类型
自由型（非工资工作类型）	不受别人指使，凭自己的能力拥有自己的小"城堡"，不愿受人干涉，想充分施展本领	室内装饰专家、图书管理专家、摄影师、音乐教师、作家、演员、记者、诗人、作曲家、编剧、雕刻家、漫画家等
经济型（经理型）	他们断然认为世界上的各种关系都建立在金钱的基础上，包括人与人之间的关系，甚至父母与子女之间的爱也带有金钱的烙印。这种类型的人确信金钱可以买到世界上所有的幸福	各种职业中都有这种类型的人，商人为甚

续表

类型	特点	职业类型
支配型（独断专行型）	相当于组织的"一把手"，飞扬跋扈，无视他人的想法，为所欲为，且视此为无比快乐	进货员、商品批发员、旅馆经理、饭店经理、广告宣传员、调度员、律师、政治家、零售商等
小康型	追求虚荣，优越感也很强，很渴望能有社会地位和名誉，希望常常受到众人尊敬。欲望得不到满足时，由于过于强烈的自我意识，有时反而很自卑	记账员、会计、银行出纳、法庭速记员、成本估算员、税务员、核算员、打字员、办公室职员、统计员、计算机操作员等
自我实现型	不关心平常的幸福，一心一意想发挥个性，追求真理。不考虑收入、地位及他人对自己的看法，尽力挖掘自己的潜力，施展自己的本领，并视此为有意义的生活	气象学者、生物学者、天文学家、药剂师、动物学者、化学家、科学报刊编辑、地质学家、植物学者、物理学者、数学家、实验员、科研人员等
志愿型	富于同情心，把他人的痛苦视为自己的痛苦，不愿意做表面上哗众取宠的事，把默默地帮助不幸的人视为快乐	社会学者、导游、福利机构工作者、咨询人员、社会工作者、社会科学教师、护士等
技术型	性格沉稳，做事组织严密、井井有条，并且对未来充满平常心态	木匠、农民、工程师、飞机机械师、野生动物专家、自动化技师、机械工、电工、火车司机、公共汽车司机、机械制图等
合作型	人际关系较好，认为朋友是最大的财富	公关人员、推销人员、秘书等
享受型	喜欢安逸的生活，不愿从事任何挑战性的工作	无固定职业类型

美国心理学家洛克研究出 13 种价值观偏好，分别是成就感、美感、挑战、健康、收入与财富、独立性、爱及家庭、道德感、欢乐、权力、安全感、自我成长、协助他人。这里，我们将人的职业价值观分为 13 种类型，各类型及其基本含义如表 7-7 所示。

表 7-7　13 种职业价值观类型

类型	基本含义
利他主义	总是为他人着想，把为大众的幸福和利益尽一份力作为自己的追求
审美主义	能不断地追求美的事物，得到美感的享受
智力刺激	不断进行智力开发、动脑思考、学习和探索新事物，解决新问题
成就动机	不断创新、不断取得成就、不断得到领导和同事的赞扬或不断实现自己想要做的事

续表

类型	基本含义
自主独立	能够充分发挥自己的独立性和主动性，按自己的方式、想法去做，不受他人干扰
社会地位	所从事的工作在人们的心目中有较高的社会地位，从而使自己得到他人的重视与尊敬
权力控制	获得对他人或某事的管理权，能指挥和调遣一定范围内的人或事物
经济报酬	获得优厚的报酬，使自己有足够的财力去获得自己想要的东西，使生活过得较为富足
社会交往	能和各种人交往，建立比较广泛的社会联系和关系，甚至能和知名人物结识
安全稳定	希望不管自己能力如何，在工作中要有一个安稳的局面，不会因为奖金、工资变化，工作调动或领导训斥等经常提心吊胆、心烦意乱
轻松舒适	希望将工作作为一种消遣、休息或享受的形式，追求比较舒适、轻松、自由、优越的工作条件和环境
人际关系	希望一起工作的大多数同事和领导人品好，相处在一起能感到愉快、自然
追求新意	希望工作内容经常变换，使工作和生活显得丰富多彩，不会单调枯燥

3. 职业价值观探索

（1）价值问卷

价值问卷是对个人价值观的测量问卷，职业生涯辅导的价值问卷主要用于测量与个体生涯选择有关的价值。对于价值观的测评，国内外一般都采用量表法（测量法），即根据一定的理论编制相应的问卷。国外的量表一般都是基于研究者自己对于职业价值观的定义与结构的理解而编制的，比较著名的有明尼苏达重要性问卷（Minnesota Importance Questionnaire，MIQ）、高登的职业价值观量表（Occupational Values Inventory，OVI）和萨珀的工作价值观量表（Work Values Inventory，WVI）。我国的职业价值观研究起步较晚，早期主要以引进和修订西方成熟量表为主。近10年来，许多研究者也自觉、严谨地编制了一系列具有中国特色的量表，如于海波的师范生职业价值观量表，可惜其不具有通用性，因而没有得到普遍应用。

（2）观察法和面谈法

观察法是通过对个体日常言谈举止、情绪行为进行一段时间的观察，然后从观察者的角度去评价其价值取向。面谈法是对一些大学生进行访谈，询问他们对就业的准备和看法，让他们描述就业前的心理状态，等等。

实践探索

二、职业认知

案例导读

杨文对建筑设计非常感兴趣，她崇拜的偶像也多出自建筑设计界。在高考填报志愿时，她非常坚定地选择了一所建筑设计专业具权威性的知名大学，并成功考取。她为自己能够凭借个人努力一步一步实现愿望而感到满足。

但真正进入学校开始学习专业知识后，杨文产生了一些懊悔情绪。因为她发现，原来她对这个行业不是非常了解。以前她对建筑设计行业存有一些幻想，而进入学校之后，她才慢慢接触到真实的情况。

杨文最不喜欢的两门课就是建筑速写和建筑材料结构学。她发现自己在这些方面毫无禀赋。一想到要画画以及分析建筑材料与结构，她就头疼不已。原本在杨文的眼里，建筑设计师就是通过自己的设计进行创造。她没想到原来要学习这么多东西，而且经常要跟施工单位打交道。她不喜欢自己一个女孩子总是出现在工地。慢慢地，她对建筑设计行业也产生了抵触心理。

在勉强结束学业后，杨文毫不犹豫地选择了报考公务员，她觉得相比建筑设计师，公务员的身份更合她的心意，天天坐在办公室里，有宽敞明亮的空间、大办公桌、舒服的椅子、大屏幕计算机，并且上下班规律。

很多人在高考报考专业时对专业的认知不甚清晰，这可能会使他们在最终选择自己心仪的职业前，绕很大的弯路，耽误人力、物力、财力，最后还有可能因为准备不充分而草率地找一份不适合自己的工作。

这就需要大学生早做准备，并且客观、谨慎地做出选择，认真对自己的职业生涯发展进行规划布局，将人生中的每个阶段串接起来，实现自己的最终理想。

（一）职业与职业资格

职业是指从业人员为了获取主要的生活来源而从事的社会性工作类别，它是由一定人数组成的相对稳定的从事社会活动的工作门类。职业产生于公众对商品和服务的需要，当社会上某种类型的产品或服务达到一定数量时，就可以将这个类型命名为一个新的职业。

职业具备目的性、社会性、稳定性、规范性、群体性的特征。

职业与工作、岗位存在差别。工作是由一系列相似职位所组成的特定的专业领域，例如从事教学工作。岗位与分配给个人的一系列具体任务直接相关，和参与工作的个人相对应，如张强是某学院的学生工作辅导员。职业是指在不同的专业领域中一系列相似的服务，如教师是一种职业。职业的背景是产业与行业。

某一职业对必备知识与技能的基本要求就是职业资格。职业资格包括从业资格与执业资格。从业资格是指从事某一专业（职业）学识、技术和能力的起点标准。执业资格是指政府对某些责任较大，社会通用性强，关系国家、社会公共利益的专业（职业）实行的准入控制。

职业资格是一个人能否胜任某一职业的证明，由人力资源和社会保障部门或其委托的部门颁发。职业资格是对劳动者进入劳动力市场实行的就业准入控制，与工资待遇相对应，和养老保险与医疗保险等相衔接，实施劳动监察、劳动合同签订的有效证件。

大学生有可能涉及以下三大系列的职业资格。

1. 人力资源和社会保障部认定的国家公务员录用考试

公务员指各级国家行政机关除工勤人员以外的工作人员。国家公务员的录用考试采取笔试和面试相结合的方式，主要测试公共基础知识、专业知识水平以及其他适应职位要求的业务素质和工作能力。

2. 人力资源和社会保障部认定的专业技术人员职业资格

在专业技术工作领域实行专业技术人员职业资格证书制度。专业技术人员的从业资格通过学历认定或考试取得。在普遍实施从业资格的基础上，不少职业还开始推行执业资格，如注册会计师、注册建筑师、护工执业资格等。执业资格考试由国家定期举行，采用全国统一考试形式。

3. 人力资源和社会保障部认定的技术工作职业资格

以技能为主的职业资格鉴定，由人力资源和社会保障部门委托职业资格鉴定站（所）组织，是一项基于职业技能水平的考核活动，分为知识要求考试和操作技能考核两部分，采用笔试和现场操作形式。有些涉及人身安全的工作需有关行业主管部门核发"上岗证"，如汽车驾驶员、电工等。

大学生 职业素养与就业指导

拓展阅读

请到下列官方网站查询职业资格证的考试条件、考试时间等相关事宜：
http://www.clesa.org.cn/ 中国终身学习认证网
http://www.cettic.cn/ 中国就业
http://www.osta.org.cn/ 技能人才评价工作网
http://jshrss.jiangsu.gov.cn/cot/col85519/index：html 江苏技能人才评价服务网
http://www.eol.cn/ 中国教育在线

（二）职业与专业

案例导读

专业成就订单

于先生是某外贸公司的总经理，最近和国外大型外贸公司签署总货值15 000美元的生意。总结经验时，于先生有四点和同行共享。

第一，熟知产品，解答详尽

从双方接洽开始，业务人员要熟悉自身产品，了解买家求购意向，尽可能全方位考虑客户咨询的问题，做好充分解答准备。在交易过程中，对客户要耐心细致，留下良好的印象。

第二，相互信任，服务周到

信任是相互的，只有对客户充分信任，才能让客户对我们信任，放心地和我们交易，做生意讲求的就是两个字"诚信"。除此之外，对自己的产品也要有十足的自信，尽一切力量帮客户解决所有问题，让顾客满意是长久合作的基石。

第三，细分市场，提高质量

细分市场区域，让每一类产品都能够满足每个市场的基本功能，便于买家便捷地找到最对口的产品。买家在考虑价格时，更关注产品的质量。有些客户对价格方面不是很敏感，但对产品质量的要求就会很高，所以会选择高质量的产品进行报价，会让客户买得放心。

第四，询盘分类，对"症"下药

在贸易往来中，询盘的回复技巧是一个非常重要的环节。要及时辨析客户需求，能够对不同的询盘进行分类，重要的、有针对性的就要列入重点跟进的目录，必要时通过电话与客户直接交流。只有对症下药，才能达成订单。

思考：

① 阅读案例，请说说于先生生意成功的原因。

② 你认为于先生生意成功与专业有关系吗？请发表见解。

关于专业与职业的关系，主要有两种观点：一种认为专业是职业的起点，即现在学什么专业，将来就可能从事什么职业，甚至将作为终身职业；另一种观点则认为专业只是为将来所从事的职业打下良好的基础，拓展出更广阔的发展空间。

通过近年来对毕业生的跟踪调查分析，可发现专业和从事职业主要有以下五种关系。

1. 专业包容职业

含义：专业包容职业是指在专业领域内发展职业，一生的职业发展基本限制在所在专业领域内。

特点：个人选择的职业与所学的专业高度一致。

建议：将所选专业学精、学专。

2. 以专业为核心

含义：以专业为核心发展职业，是指个体一生的职业发展都以专业为核心，但有较大的扩展空间。

特点：个人选择的职业与所学的专业较为一致，但是职业发展明显超越专业领域。

建议：在学好专业的基础上选修与职业发展一致的课程。

3. 专业与职业部分重合

含义：专业与职业部分重合，是指以专业为基础发展职业，个体一生的职业发展是在专业基础上进行的，并有重点地沿某个方向拓展。

特点：个人选择的职业与所修的专业部分一致，在重点掌握某些专业技能的同时，注重其他专业技能的学习。

建议：学好专业的同时辅修其他喜欢的专业。

4. 专业与职业有关系但不重合

含义：专业与职业有关系但不重合，是指个体一生的职业发展与专业基本无关或在专业边缘发展职业。

特点：一个人选择的职业与所修的专业基本不一致。

建议：保证专业合格的同时辅修其他合适的专业，可做专业调整。

5. 专业与职业分离

含义：专业与职业分离，是指个体一生的职业发展与所学专业完全无关。

特点：一个人选择的职业与所修的专业完全不符合。

建议：尽量调整专业；若不能，则辅修其他专业。

（三）职业定位

王佳的"跳槽"经历

王佳是某重点大学法律专业的学生，聪明伶俐、办事干练。毕业后进入国家律政部门做律师，成了令人羡慕的白领。虽然工资待遇和工作环境都不错，也没什么太多的烦心事，但王佳觉得在这里做事按部就班，工作环境气氛比较沉闷，与自己开朗的性格有些不协调。

在经商朋友的鼓吹下，王佳辞职去了房地产公司。可是没多久，王佳发现营销工作不是自己所擅长的，巨大的工作压力让她发现自己更适宜在机关单位工作。而此时她还发现，其实自己很擅长处理行政机关的人际关系，比如自己外向活泼的性格就特别受原来同事的喜爱。现在真是后悔莫及，进退两难。

职业定位要"准"，定位就是要落在"定"和"准"上，不能泛谈，其中包括行业定位、方向定位、职位定位、薪酬定位等很多项，比如你定位 IT 行业，那么方向是软件还是硬件、是销售还是技术、是基本程序员还是工程师？其中相差很大，各有千秋。

正确处理好理想职业与现实需求，以及个人职业目标与高薪、高福利职业之间的矛盾，以有利于锻炼自己、充分发挥自身的潜能，有利于个人职业发展为宗旨，审慎选择最初的职业。一般而言，最初在成功进行职业生涯规划基础上经过慎重、理智选择的专业，与几年后重新审视、评估的职业目标，其可选择的职业方向应该是基本一致或差距不大的，初涉职场应选择能与自己职业方向一致、有利于实现自己近期或长远职业目标的工作。如果一个人所从事的职业与自己的职业方向不符，那么他的整体工作效率将会大大降低。那种单纯以追求更高的职务和更多的薪水为目的的选择，只能是短期的目标，短期的目标很容易产生短期的行为，最终导致长期的失败。因此，要相信从事自己相对能力最强、兴趣最大同时社会也需要的职业是最能使自己成长、进步的，也是最容易使自己获得成功的。

进行职业定位要从行业范围、就业岗位、就业地点三个角度分别进行职业的定向、定岗、定点。

1. 定向

定向即确定就业的行业范围，通常情况下职业方向由本人所学的专业确定。

但现实的情况是，学非所用、用非所学、专业不对口的情况比比皆是，在这种情况下，我们需要认真考虑，选择适合自己的行业。

2. 定岗

定岗即确定就业的岗位。择业前要对自己的水平、能力、薪资期望、心理承受度等进行全面分析，做出较准确的定位。既不好高骛远也不妄自菲薄，从基层做起，逐步积累经验，循序渐进，对人的一生都会有好处。可以运用"决策平衡单"技术来辅助岗位决策。

3. 定点

定点即确定就业的地域。毕业后发展地点选得准，有助于自己在一个地方、围绕一个职业长期稳定发展，对自己的资历和经验都有益。频繁更换地点，飘忽不定，对职业生涯弊多利少。

三、环境探索

案例导读

小曹来自一个普通的农村家庭，大学毕业后，成绩突出的小曹在一家大型企业找到了令同学们美慕的工作，小曹自己对这份工作也很满意。两年后，小曹对自己的工作早已应对自如，他每天都按部就班地完成上级分给自己的任务，不主动参与分外的事。5年后，小曹坐上了主管的位置。不知不觉到了不惑之年，小曹的职位再也没有得到提升。这时，意料之外的事发生了，小曹所在的企业突然被另一家竞争对手收购，接着就是机构重组。小曹和其他一些老同事被列入了待安置人员的名单中。小曹也考虑过下海或跳槽，但是年龄已大，而且这么多年搁置了对新知识的学习，他最终没有勇气做出这样的决定。

【案例解读】

从个人基础和能力来看，小曹具有良好的条件，但是在毕业以后，他没有为自己的人生目标设计一条可行的路线，而只是被动地按照单位的惯例提职晋升。由于没有注意到宏观经济环境的变化，没有及时地更新知识，没有进行有效的职业生涯规划、管理，当环境条件发生变化后，自己的职业理想就无法实现。

职业环境对于一个人的成长和职业发展有着重要的影响，任何人的职业选择和职业发展都无法摆脱家庭、学校和社会关系环境及当前社会流行的工作价值观、政治经济形势、产业结构变动等客观环境带来的巨大影响。因此，在进行职业生涯规划时要对其做深入的分析和研究，否则仅凭自我兴趣甚至是想当然制订的规划会脱离实际，无法实现。

这里所说的环境是指在时间和空间上，以直接或间接的方式对个体的职业生涯与发展起激励、约束、导向作用的主客观因素和社会发展因素的总和。大学生的职业生涯与发展同样受个体成长环境、社会环境等因素的影响。

（一）成长环境

1. 家庭环境

任何人的成长和发展都无法摆脱家庭环境的影响。大学生在进行职业生涯规划时，必须充分考虑家庭环境的影响，如家庭经济状况、家人期望、家庭文化等。家庭环境不仅会影响到个体的性格，还会影响到其职业目标的确立。因为个人职业发展目标的确立，总是同自身的成长经历和家庭环境相关联。个人在成长过程中，也会根据其成长经历和接受教育的情况，不断修正、调整，并最终确立自己的职业理想和职业规划。对家庭环境的了解和分析主要应包括以下几个方面。

① 家庭经济状况

如果某大学生的家庭经济条件不好，需要他尽快在经济上提供帮助，那么该学生就应该首先解决吃饭问题，找一份比较安稳的工作，踏踏实实地工作，一步一个脚印地积累实现自己理想所需要的资本。如果家庭经济条件允许，则可以挑选适合个人发展的职业，而无须太多顾及经济问题。

② 家人期望

大学生的职业选择常常体现了家人的期望，融合了家长的意志。可以说，父母的意志对子女的职业选择具有重要影响。子女经常被看作父母希望的延伸或者家庭的代表，他们的使命往往是实现父母的理想。所以许多大学生会选择父母正在从事或者希望其从事的职业，尽管这种做法并不可取。美国心理学家 Herbert A. Otto 认为，父母在子女的职业发展过程中处于核心地位，父母通过奖励和惩罚引导孩子的行为，通过教导和说服启发孩子考虑父母期望他们选择的职业，通过树立榜样影响孩子的职业计划。

③ 家庭文化

家庭是社会的细胞，是人们生活的重要场所，家庭文化和生活环境对一个人的职业选择也具有重要影响。"父母是孩子的第一任老师，家庭是孩子的第一所学校。"人的生活习惯、价值观念和行为方式往往从幼年时期就开始受到家庭环境的深刻影响，是长期潜移默化而形成的。所以，家庭不仅会影响到个体对某些职业知识和技能的认识和兴趣，还会从根本上影响个体的职业分析和职业目标、职业选择的方向和种类，决定选择中冒险和保守的程度，对职业岗位的认可态度，以及工作中的种种行为和表现，等等。

一般来说，如果父辈从事的是社会声望较高的职业，子女经常会"子承父业"；如果父辈从事的职业社会声望不是很高，作为子女的大学生可能就会拒绝选择父母所从事的职业。例如，艺术家庭出身的大学生，在与家庭成员的长期接触中很可能继承父母的职业价值观，从而走上与父母相同的职业道路。小布什成为美国总统、居里夫人的女儿获得诺贝尔化学奖、邓亚萍成为乒乓球世界冠军、著名演员陈佩斯和著名相声演员侯耀文的人生发展之路，都是这种影响的具体反映。

2. 学校环境

学校环境是大学生生活和成长的主要环境。所谓学校环境，主要指所在学校的传统、专业特色与学校声誉、校友去向等。

① 学校的传统

任何一个学校都有自己独特的传统，这会对其学生产生潜在的影响。学校的传统和其他因素共同构成学校的校园文化。校园文化是大学生生活和成长的软环境，具有独特的育人功能。大学生要选择适合自己的职业道路，就不能不分析学校的文化。实际上，校园文化对学生的影响，许多时候大学生自己并不了解。

② 专业特色与学校声誉

近些年来，各高校纷纷开设"热门"专业，造成不同高校专业设置趋同，实际上每所大学所开设的专业都会有自己的特色。同样是计算数学专业，如果开设在计算机学院往往会强调其应用性，所设置的课程与计算机专业所学习的课程类似；如果开设在数学学院往往会强调其与数学的关联性，所设置的课程会更多地突出数学特色。所以大学生在进行职业选择时要分析自己的专业特色，以进行准确定位。另外，学校声誉也是不得不考虑的因素。有的大学在某一区域的社会认同度较高，但是在其他区域就较低。例如，山东大学在华东地区具有广泛的社会影响，但是在华南等地区影响力就小得多。正确分析学校的情况有利于大学生顺利实现就业，并在职业发展中赢得先机。

③ 校友去向

校友去向是大学生在进行职业选择和职业规划时必须加以考虑的因素。经验表明，一个学院的毕业生通常会具有相似的毕业去向，校友聚集在某一地区、某一行业甚至某一单位的情况经常发生。究其原因，有以下三点：一，特定的专业适合特定的职业，专业对口是许多职业的选才标准；二，某所学校或某个学院的社会认可度常常有一定的范围，许多单位已经与该学校或该学院形成了良好的合作关系；三，在就业中如果能获取校友的帮助，将有利于大学生顺利就业和适应职场。

（二）社会环境

社会环境是指由国家政策、社会经济发展状况所形成的就业社会氛围，主要由政治环境、经济环境和其他因素三部分组成。

1. 政治环境

政治和经济是相互影响的，政治不仅影响到一国的经济体制，而且影响着企业的组织体制，从而直接影响到个人的职业发展。政治制度和氛围还会潜移默化地影响个人的追求，从而对职业生涯产生影响。分析和了解影响职业的社会环境因素，有助于个人制订正确的职业生涯规划，使个人在变化的社会环境中不断取得职业生涯的新发展。

大学生就业政策是国家为实现一定时期的路线、方针而制定的高层次人力资源配置的行动准则，体现了一定时期社会发展的需要，是大学生就业过程中应遵循的基本规范。我国大学生就业制度经历了一个不断发展和改革的过程，不同历史阶段有着不同的政策内容，政策体现着一定的导向性、调控性和约束性。比如在"统包统配"的就业制度条件下，人才资源配置的方式同其他经济资源配置的方式都是一元化的计划控制。毕业生虽然在国家下达的分配计划内有选择个人志愿的权利，但最终必须服从国家具体制定的调配方案。

当前，在社会主义市场经济条件下，高等教育发展的特点首先表现在毕业生就业这一环节上。现在正在运行的毕业生就业制度是在国家就业方针、政策指导下，毕业生和用人单位双向选择的制度。双向选择是选择与被选择的关系，选择的双方不是谁必须服从谁的关系，而是双方在相互满足对方需要基础上达成的一种契约关系。因此，双向选择体现毕业生就业中更本质的关系。既然是契约关系，就摆脱不了政策的导向、调控和约束。例如用人单位的劳动用工政策、吸引人才政策，发达地区和中心城市的进入控制政策，都将对毕业生择业产生重要的制约作用。除大学生就业政策的直接影响外，劳动人事制度中诸如人才流动、公务员制度以及社会职业结构调整的有关政策等，都会对大学生择业产生直接或间接的影响。

2. 经济环境

实践探索

我向往的城市是：_____

这个城市的文化特点：_____

气候水土：_____

经济状况：_____

交通情况：_____

发展前景：_____

当经济发展非常景气时，百业兴旺，就业渠道、薪资提升和职业发展的机会都会大增，反之就会使人的职业发展受阻。在经济发展水平高的地区，企业相对集中，优秀企业也就比较多，个人职业选择的机会就相应增多，因而有利于个人职业的发展。反之，在经济落后的地区，个人职业选择的机会就比较少，个人职业生涯也会受到限制。

当然，除了一个地区的经济形势外，各地区劳动力市场的供求状况、劳动力价格的市场化程度、人们的收入水平等因素，都对职业的选择及发展产生重要的影响。

3. 其他因素

社会文化环境、社会价值观念和科学技术的发展等也会直接影响个人的职业生涯规划。

① 社会文化环境

社会文化是影响人们行为、欲望的基本因素，主要包括教育水平、教育条件和社会文化设施等。在良好的社会文化环境中，个人能力受到良好的教育和熏陶，从而为职业生涯打下了更好的基础。

② 社会价值观念

一个人生活在社会环境中，必然会受到社会价值观念的影响，大多数人的价值取向在很大程度上都是为社会主体价值取向所左右的。一个人的思想发展、成熟的过程，其实就是认可、接受社会主体价值观念的过程。社会价值观念正是通过影响个人价值观念而影响个人的职业选择。有些职业可能现在还不被人们所接受，但是未来的发展空间却很大，如果你要从事这样的行业，对传统社会价值观要承受一定的压力。

③ 科学技术的发展

科技的发展会带来理论的更新、观念的转变、思维的变革、技能的补充等，而这些都是职业生涯规划中不可或缺的要素。科学技术的发展，有时候直接决定着一个行业的兴衰，认清科技的发展对不同行业可能产生的变化，对职业选择有很大的帮助。

实践探索

制作我的"世界"人生发展版图

你生活在哪里？首先你生活在地球上，其次你生活在中国，处在成长发展中的你在世界舞台上有无限的可能，那么你对这个世界有多少了解呢？仅仅局限于世界地理这门课程吗？

现在，根据你对世界的了解，安排一下不同国家、不同城市在你人生中的位置吧！或许是你父母出生的国家，或许是你曾去过的地方，或许是你莫名喜欢的地方，总之，你要将其安排在自己一生的计划中，至于是旅游还是求学、定居，就要看你个人的需要了。

	去哪个国家或地区	什么时间实现（多大年龄）	我要去做什么	和谁一起去	现在我的准备有多少	现在我还有多少时间	下一步我要怎么办
1							
2							
3							
4							
5							
6							
7							
8							
9							
10							

当你写下这些行程安排时，你是否发现自己的人生成长范围又变大了？你的视野中除了有中国，还可以涵盖整个世界。现在你还不知"天高地厚"吗？不要总跟自己的同学比，目光也要放眼全球，这样你才能以世界的思维和标准来要求自己，让自己能够在日后的人生发展过程中更具有全球竞争力，能够争取更大的发展。

现在，就把你要去的国家和地区连起来吧，这就是你的"世界"人生发展版图，看看你的版图有多大，你的世界有多大。下一步你要做什么呢？相信你已经有了答案！

资料来源：王兴权萃取技术的新浪微博（有修改）

第三节　职业生涯规划设计

案例导读

　　无边无际的太平洋中，一艘航船和一块木板相遇了。"你要去哪里呢，航船大哥？"木板好奇地问着航船。"我打算去墨西哥湾，你呢？""我，我也不知道我要到哪里。"木板答道。"什么？在广阔的太平洋上你还没有方向？"航船有些着急地问。"那又怎么样呢？我现在是做一天和尚撞一天钟，得过且过，更何况我已经从印度洋漂向了太平洋，还不是在走！"木板无所谓地说。"可太平洋是你要去的地方吗？"航船问道。"哦，这你倒是提醒了我，其实我一直想去非洲的好望角。"木板答道。"没有方向的努力，只能是漂泊，永远也到不了自己要去的地方。"说完，航船向着墨西哥湾方向的航线驶去……

　　这个寓言故事告诉我们，相对于一个人有限的生命而言，一个人的职业生涯是无限的，关键是要找准目标，把握方向，做好职业生涯定位，这样才能达到事业成功的彼岸。

一、职业生涯目标确立

（一）职业目标分解

1. 按时间长短不同可以划分为短期目标、中期目标和长期目标

（1）短期目标

通常指时间在1~2年内的目标，它是中期目标和长期目标的具体化，是操作性比较强的行动目标。短期目标可能是自己制订的，也可能是上级领导分配安排的，有较为具体的截止日期。短期目标应该是实现中长期目标的必经之路，是中长期目标的组成部分。

（2）中期目标

一般指3~5年内的目标，它既是制订和实施短期目标的依据，又是长期目标的重要组成部分。中期目标具有指标量化的特点，并有一定的弹性，在整

个目标体系中起着承前启后的作用，也是职业生涯能否有效实施和实现的重点。

（3）长期目标

一般指 5 年以上的目标，通常比较粗略、欠具体，有可能随着各种主客观情况的变化而发生变化，具有战略性、挑战性和动态性等特点（图 7-3）。

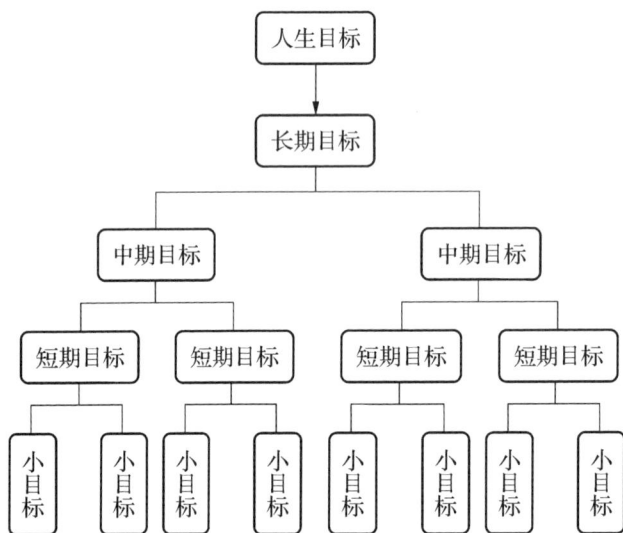

图 7-3 职业目标分解

2. 按目的的性质可以划分为内职业生涯目标和外职业生涯目标

（1）内职业生涯目标

内职业生涯目标指从事一项职业时通过提升自身素质与职业技能而获取的个人综合能力、社会地位、价值观念及荣誉的总和。内职业生涯目标主要靠个体努力争取得来，它不随着外职业生涯的获得而自动具备，也不会由于外职业生涯的失去而自动丧失。内职业生涯目标侧重于个体自身因素，主要包括工作能力目标、心理素质目标、观念目标、内心感受目标等因素，如表 7-8 某记者的内职业生涯目标。

表 7-8 某记者的内职业生涯目标

内 容	示 例
工作能力目标	争取达到可以采访名人的能力
心理素质目标	提高处理突发事件、危机的能力。采访中遇到突发情况的时候能够沉着、理智地应对，尽快找出使损失最小的解决问题的方法

续表

内　容	示　例
观念目标	注重才能的积累远比注重薪水的多少更重要，因为它是每个人最厚重的生存资本
内心感受目标	提高自己对所从事职业的认可度，并在此基础上更努力工作

（2）外职业生涯目标

外职业生涯目标指从事职业活动时的外在因素的组合及其变化过程，是在职业生涯过程中所经历的职业角色（职位）及获取的物质财富的总和。它是依赖于内职业生涯的发展而增长的。外职业生涯目标一般是具体的，主要包括工作职务目标、工作成果目标、经济收入目标、工作环境目标等因素，如表 7 - 9 某职员的外职业生涯目标。

表 7 - 9　某职员的外职业生涯目标

内　容	示　例
工作职务目标	两年内成为公司负责销售的地区经理
工作成果目标	创造 A 类产品年销售 1 000 万元的销售量
经济收入目标	两年内年薪增加到 10 万元
工作环境目标	两年内进入行政办公楼

（二）职业目标组合

职业目标组合是处理不同职业目标之间相互关系的有效措施。职业目标包括内职业目标与外职业目标、短期目标与长期目标。虽然有时它们之间存在排斥性，使我们只能在不同目标中做出选择，但是不同目标之间也具有因果关系与互补性，我们可以积极地进行不同目标的组合，从而达到职业生涯和谐发展。

职业目标组合有三种方法：按时间组合、按功能组合和全方位组合。其中全方位组合已经超出了职业规划的范畴，它涵盖了生涯全部活动。

职业目标的组合，如图 7 - 4 所示。

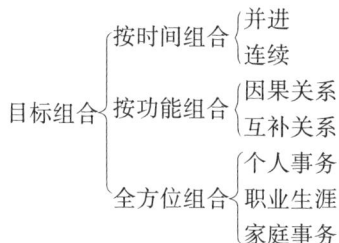

图 7 - 4　职业目标组合

1. 按时间组合

职业目标在时间上的组合可以分为并进和连续两种情况。

（1）并进组合

并进组合是指同时着手实现两个平行职业目标或同时实现与目前内容不相关的职业准备目标。如一个秘书为了今后的发展，在做好本职工作的同时业余学习新闻专业课程。再如，高校的系主任一般同时肩负教学、科研工作，合格的系主任可以同时成为优秀教师。尽管是两种不方向的工作，工作内容和目标以及相应的工作能力要求不同，但可以并行实现，互不矛盾，这就叫作目标的并进组合，它有利于发挥个人更大的潜能。

（2）连续组合

连续组合是指将各个目标按时间先后连接起来，实现一个目标后再实现下一个目标，连续而有序地实现。例如，一个土建工程师计划念完 MBA 后，当三年建筑设计室主任，再去创建自己的建筑装饰公司，各个目标分阶段实现，这种目标组合的方法就是连续组合。

2. 按功能组合

职业目标在功能上的组合可以分为因果关系和互补关系两种情况。

（1）因果关系

通常情况下，内职业发展是外职业发展的前提，内职业发展带动外职业发展。内职业发展主要靠自己探索、努力获得，外职业的发展通常由别人决定，也容易被别人否定。内职业是原因，外职业是结果。如能力目标的实现会促进职务目标的实现，而职务目标的实现又会带来经济收入的提高。要想实现能力目标，则必须更新观念、学习知识、提高素质、不断实践，进而做出成绩。

（2）互补关系

有时不同目标之间存在着互补关系。如一位高校行政管理人员希望成为某一个部门领导的同时还希望得到教育学硕士学位证书，这两个目标存在互补关系。管理工作为研究生学习提供实践经验和体会，而研究生学习又为实际的管理工作提供理论和方法支撑，两者存在互补关系。

3. 全方位组合

全方位组合是指个人、职业和家庭的均衡发展，相互促进。这就要求大学生在建立职业目标时，需要考虑个人事业发展、职业生涯中的各种愿望以及家庭生活，统筹协调，获得全方位的发展。

（三）职业目标设定原则

职业生涯目标设定的原则主要有以下内容。

1. 明确性

明确、具体地表达目标及其行动方案。

2. 可测量性

目标应该是可以衡量的，如数量、质量、时间等。

3. 可实现性

它包含两方面的含义，首先必须是在合理、可控制的范围之内；其次，必须有一定的挑战性，要"经过一定的努力"才可以实现。

4. 相关性

个人的职业发展目标要与企业目标、部门目标乃至社会需求、市场经济发展趋势相联系。

5. 时限性

要在特定的时间内完成。

6. 重点集中性

目标不可定得太多，太多了就意味着没有重点，一般 3～5 条即可。

7. 客观性

有的工作个人可以完全做主，有的则需要考虑环境和组织的限制，要考虑环境现状和组织的制度制约。

8. 重要等级性

个人在目标设定时，要依据重要性的不同把全部的权重分配给不同的关键任务，以及区别不同工作的轻重缓急，同时在评估中也要有不同重要性的体现。

二、职业生涯措施制订

（一）职业生涯措施制订的主要内容

1. 具体计划

职业生涯发展是一步一步走过来的，生涯目标实现是一点一点积累起来的。如果没有具体的行动计划，没有一点一点的积累。生涯之路就无法走通，目标也就不可能实现。所以，需要制订出详细的工作、学习计划，每年学什么，要列出具体的科目；每年干什么，要列出具体项目。只有计划具体，职业生涯目标才有可能实现。

2. 具体措施

制订出具体计划之后，要对每项计划制订出具体实施措施，并且要保证措施切实可行。如果没有具体的措施或者措施不可行，计划就不能实现。如你的第一项计划是读 MBA，具体措施是脱产学习，此时我们就要考虑措施的可行性，占用工作时间学习，所在单位是否同意。如果单位不允许工作时间学习，这项计划就会落空。所以，每项计划都要有具体措施，并且切实可行。

3. 起止时间

对每项计划制订出切实可行的具体措施之后，还要明确每项计划的起止时间，即什么时间开始、什么时间结束，以约束自己按照计划实施，否则我们的计划也会落空。

4. 考核目标

在明确具体计划、具体措施、起止时间后，考核指标也要明确。即在计划执行的每一个阶段，用什么指标来检查或衡量我们的计划是否已经完成。如果没有衡量指标，很容易降低标准、拖延时间，这会影响到我们生涯目标的实现。

（二）职业生涯措施制订的方法

制订职业生涯规划的具体实施计划的要素主要包括时间，地点、参与人、资源、活动过程等，所以我们一般采用"5W1H"的方法，即"Why""Who""When""Where""What"和"How"。

"Why"回答的是方向问题，即目的是什么、朝什么方向或目标努力。

"Who"涉及的是活动者，可以包括自己，也可以包括活动方案所涉及的其他人。

"When"指明时间，可以是某个明确的时刻，也可以是一段时间，如果是一段时间的必须明确其起止日期。

"Where"是地点，一项活动计划可能会发生在多个地点，也会包括很多与场景有关的活动。

"What"讲的是计划的过程步骤，落实到具体的活动中表现为各个活动计划具体环节的流程安排，即先做什么、后做什么。

"How"即如何做，包括采用的工具、手段和相关的活动策略。

（三）制订计划和措施的步骤

制订详细的职业生涯规划实施计划，我们分为三个步骤：一，了解自己在观念、知识、心理素质与能力方面与目标要求的差距；二，根据差距使用教育培训、讨论交流、实践操作等方法加以弥补；三，确定实施步骤和完成时间。

1. 寻找与目标之间的差距

主要寻找以下几个方面的差距：

① 思想观念上的差距；

② 知识上的差距；

③ 心理素质的差距；

④ 能力的差距。

2. 确定采取什么具体措施弥补差距

具体措施即如何去做，包括采取何种工具、运用何种手段、制订和实施什么样的活动策略等。

3. 确定具体的实施步骤和时间

首先要根据职业生涯发展阶段理论，将自己未来的职业生涯划分为不同的阶段。可以根据舒伯的阶段划分，也可以根据其他专家学者的阶段理论进行划分，还可以简单地把自己的生涯阶段划分为长期、中期和短期。只要自己认为合理，而且具有可操作性就可以了。划分好阶段之后，就可以按照阶段制订详细的实施计划了。

职业生涯规划实施计划应从一生的发展写起，在一生总体规划的基础上，再分别定出十年、五年、三年、一年计划，以及一月、一周、一日计划。计划定好后，再从一日、一周、一月计划实行下去，直至实现你的一年目标、三年目标、五年目标，十年目标。

（1）定出未来发展目标。首先要请楚自己一生奋斗的总目标以及分目标，即我想干什么？想成为什么样的人？想做什么事？想取得什么成就？想发挥自己哪一方面的优势与特长？想成为哪一行业或专业的佼佼者？如果把这些问题确定后，人生目标也就确定了。比如，要成为一名大型企业的董事长，这是总目标，分目标可以包括拥有多少资产、企业规模有多大、享有怎样的社会地位、家庭达到什么状况、最后的学历是什么等。

（2）定出 10 年或 20 年的计划。这是一项长期计划，因为对于一个人而言，10 年或 20 年的时间我们足以做出一定的事业，在事业上可以有所成就、有所突破。对于这一计划，可以粗略地制订，即制订出发展目标和重要事件即可。比如，今后 10 年或 20 年，我希望自己成为什么样子？有什么样的事业？要过上什么样的生活？家庭状况如何？健康状况如何？我将获得什么样的社会地位？等等。

（3）定出 5 年计划。定出 5 年计划的目的，是将 10 年大计分阶段实施，并将计划具体化，将目标进一步分解。

（4）定出 3 年计划。俗话说，5 年计划看头 3 年，因此你的 3 年计划要比 5 年计划更具体、更详细，因为 3 年计划是你的行动准则。

（5）定出明年计划。定出明年的计划以及实现计划的步骤、方法与时间表，务必具体、切实可行。如果从现在开始制订目标，则应单独定出今年的计划。

（6）定出下月计划。下月计划应包括下月计划做的工作，应完成工作的任务、质和量方面的要求，财务收支，计划学习的新知识和有关信息，计划结识的新朋友，等等。

（7）定出下周计划。计划的内容与月计划相同。重点在于必须具体、详细、数字化，要切实可行，并且每周末提前计划好下周的计划。

（8）定出明天计划。取最重要的三件至五件事，根据事情的轻重缓急，按先后顺序排好队，按计划去做，可以避免"捡了芝麻，丢了西瓜"。

在以上计划的基础上以三年为单位，提出近期、中期与远期的目标，再在近期的目标中提出今年的目标，将今年的目标分解为每季度目标、每月目标、每周目标、每天目标。这样，每天睡前就可以对照自己的目标进行反省，总结当日成就与失误、经验与教训，修正明天的目标与方法，第二天醒过来后稍加温习就可以投入行动了。

拓展阅读

http://mynews.goodjob.cn/zhiyeguihua/ 应届生资讯网职业规划

课后浏览网站，学习一下成功就业创业的大、中专毕业生，是如何在自己职业生涯规划书中制订措施的？

经典案例

时　　间	阶段目标	阶段目标分解	实施途径
2021—2023 年	模具中级工中专毕业	知识目标：在校学习机械制图、金属工艺及材料热处理、机械制造基础等专业基础课课程，掌握冲压工艺与模具设计、模具制造工艺、数控铣削技术、CAD/CAM 技术等专业技能 能力目标：提高自己的实际操作能力；提升人际沟通能力 学历目标：取得中专毕业证书、铣工中级工资格证书；参加对口升学考试，升入大专	知识学习：认真学习各门课程，不懂就问。参加铣工中级考试，多向专业课教师和学长们请教。积极复习大专对口升学考试的内容。本阶段的学习重点是提高学历层次 能力提高：在车间实际操作时，严格遵守车间规定，认真做工件，勤于向老师和师傅问问题，力求学到更多的知识和技能。参与竞选班级学生干部，学会与老师、同学处理好关系，主动多说话，克服自己不善言谈的缺点

续表

时 间	阶段目标	阶段目标分解	实施途径
2023—2026年	模具中级工大专毕业	知识目标：学习机械制图测绘、机械零件设计、机械专业英语等基础课程；掌握模具现代制造技术、高级数控铣削技术等技能 能力目标：提高实际操作能力，初步培养模具设计能力；提高组织能力 学历目标：取得大专毕业证书和国家中级制图员证书	知识学习：认真学习各科课程，注重学习和阅读多方面的知识，扩大视野。本阶段的学习重点是优化知识结构，把自己培养成一名高素质的大学生 能力提高：通过学校一体化教学，充分利用在学校车间的练习时间，提高自己的技能水平；大专阶段参与学生会干部竞选，争取在组织能力等方面得到更多的锻炼
2026—2029年	模具高级工工厂工作	学历目标：取得铣工高级资格证书和制图员高级资格证书 职务目标：成为一名知识型工人 技能目标：熟练掌握工厂各种生产设备的操作和工作流程；努力实现技能创新，为工厂节约成本、改进技术贡献力量 能力目标：熟练处理本职务工作，工作业绩在同级同事中居于突出地位；学会处理好各种人际关系	知识学习：向工厂有经验的师傅和同事们学习实践技能，同时在工作中大量阅读书籍，不断补充自己的知识储备，不懂的地方向原来的老师和工厂的前辈请教 能力提高：尝试着参加一些技能比赛，通过比赛了解外界同行的技能水平，不断提高自身技能；加入或培养一个工作团队，和同事们处理好关系，发挥团队优势，共同进步，共同提高
2029—2033年	模具技师工厂工作	学历目标：取得本科学历证书 职务职称目标：企业或工厂的高级技术人员，取得技师职称 能力目标：熟悉国内外先进技术，综合国内外先进技术，进行一定的科学探究	知识学习：参加技师考试，将自己工作几年的知识积累和技能积累提高一个层次，参加自学考试或成人考试，提高自己的学历层次，使自己在模具专业的道路上不断前进 能力目标：参加全国技术性比赛，不断了解国内外模具动态，进行科学研究

三、职业生涯调整与评估

职业生涯调整与评估是指在整个职业生涯规划的过程中，对所有环节进行检验，对每个步骤的现实状况与目标之间的差距做出评价，对活动过程进行审视，查看是否有不理想、欠周到的地方或因突发状况打乱原定安排，及时诊断所出现的问题，找出相应对策，对规划进行调适和完善。必要的调整与修正能够使发展目标更有效率地达成。

（一）生涯规划的评估与调整的目的

在职业生涯规划过程中的最后一个步骤是信息反馈。由于现实社会中不确定因素的存在，会使个人与原来制订的职业生涯目标有所偏差，这就要求我们要不断地反省并对规划的目标和行动方案做出调整，从而保证最终实现人生理想。

从这个意义上说，反馈调整就是一个再认识、再发现的过程，它要求我们时时注意内外环境的变化，不断地审视自我，不断地调整自我，不断地修正策略和目标，它可以确保个人生涯规划的有效性。

获得反馈信息后，常常要根据评估的结果进行目标和策略方案的修订。修订的内容包括：职业的重新选择、职业生涯路线的选择、阶段目标的修正、实施措施与行动计划的变更等。在这期间要做到谨慎判断，果断行动。谨慎判断就是无论变化多大，都要在理清来龙去脉后再做判断；果断行动就是要在判断后立即采取行动，重新修订自己的生涯设计，从而保证职业生涯的健康顺利发展，最终实现人生的职业理想。

（二）生涯规划的评估与调整的步骤

1. 对职业生涯规划中可能出现的变化进行预测

比如我们想考研，可能不能如愿以偿地考取研究生，那么我们应该怎么做？我们可以进一步学习国家公务员相关知识，力争考取国家公务员，到政府工作，做一名合格的政府官员；也可以立即着手找工作。在拥有大学期间学习的专业知识和实习中所积工作经验的基础上，寻找一家有良好企业文化、一定发展前景、积极工作氛围的公司，在工作中不断积累工作经验、提升专业技能，并最终实现自己的目标。再如：我们可能不能顺利地签约自己梦寐以求的单位，那么我们就得另辟蹊径，寻找其他单位。根据实际情况认真工作，并结合自己的工作经历与经验，全面提高专业技能，为最终实现职业目标打好基础。

2. 制订职业规划备选方案

制订职业规划备选方案是根据对内外部环境变化以及职业生涯规划方案实施情况的预测，制订出另外的职业生涯发展路线，以应对未来可能出现的各种变化（图7-5）。

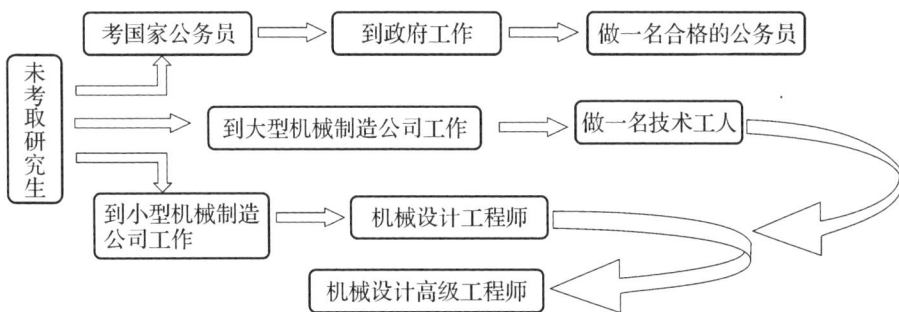

图 7－5　职业规划备选方案

3. 职业规划调整的原则和方法

在对职业规划进行调整时，应遵循三个基本原则。

（1）适用性原则。使职业规划的制订与自己的实际情况、客观环境相符合，增强职业规划的可操作性。

（2）实用性原则。对职业生涯规划进行调整时，要尽可能制订出较为详细的行动方案，使职业生涯规划明确而具体，能够顺利实现。

（3）及时性原则。要根据环境及自身条件的不断变化，及时调整职业规划和实施计划，保证职业生涯规划的时效性。

对职业生涯规划实施的调整可运用滚动计划法进行，即近期的计划制订得较为详细具体，远期的计划制订得较为粗略笼统，随着时间的推移，逐年将职业规划向前滚动推进。首先侧重制订和实施可预见、易掌握的短期计划，当短期计划实现以后，将中期计划调整为短期计划，制订详细具体的行动计划，长期计划转变为中期计划，并相应地制订出长期计划。遵循规划评估的时间及时审视计划的完成情况，查找不足、及时调整，并补充新的能力学习，以修正、优化自己的职业生涯规划方案，最终实现职业目标。

拓展阅读

职业生涯规划书格式

（一）封面

封面简洁大方。封面上应写明作品的名称、时间，个人的关键信息如姓名、所在学院、专业、班级、学号等，也可以在封面上插入图片、警示格言等。

（二）目录

引言

161

 阅读资料

实践探索

活动：我的人生我做主——制订职业生涯规划书

实施目的：了解职业生涯规划书的写作规范和要求，学会撰写职业生涯规划书。

实施步骤：阅读教材"职业生涯规划书"部分的相关内容，撰写个人职业生涯规划书。

学习思考题

1. 简述职业生涯规划的内涵与特点。
2. 职业生涯规划的意义与价值何在？
3. 简述职业生涯规划自我探索包含哪些方面。
4. 简述职业生涯规划的基本要素。
5. 为提高职业生涯规划能力，你准备做哪些方面的努力？

阅读参考书目

1. 张振宇，周妍. 为你铺就成功路——大学生职业生涯规划 [M]. 南京：南京大学出版社，2014.

2. 石洪发. 大学生职业生涯规划 [M]. 北京：北京理工大学出版社，2020.

3. 傅赟. 赢在校园：大学生职业生涯规划实用教程 [M]. 重庆：重庆大学出版社，2018.

4. 程欣，吕久燕. 大学生职业生涯规划与就业创业教育 [M]. 北京：北京邮电大学出版社，2017.

5.《大学生就业与创业指导》编委会. 大学生就业与创业指导 [M]. 北京：首都师范大学出版社，2018.

6. 张晓蕊，马晓娣，岳志春. 大学生职业生涯规划 [M]. 北京：北京理工大学出版社，2019.

第八章

就业概述

作为改善人民生活的基本前提和基本途径，就业不仅仅是一个复杂的社会经济问题，更是一个受政治、经济、文化等多种社会因素影响的复杂系统问题。大学生在就业前须正确认识并分析自己所处的社会背景，树立正确的择业观、就业观，确定合理的择业目标，以有助于成功求职。

第一节　求职早期准备

案例导读

出生"双一流"工作就唾手可得吗？

毕业在即，某"双一流"大学土木工程专业的谢军却显得焦躁无比，他不清楚学习这个专业到社会上可以做什么。

没有实习经历，最多也就在大学里做过几次兼职，谢军自认人际交往、办事能力虽不如身边表现优秀的同学，但还是可以的。可是他时常迷茫，不知道自己的核心竞争力在哪里，不知道本领域里的工作种类有哪些。舍友周大伟安慰："我们学校可是双一流，再怎么不济，找工作还不是十拿九稳的事情，别瞎担心。"这话听起来似乎也在理。就在这迷茫徘徊之间，时机悄然逝去，谢军身边的同学一个个工作都有了着落，而谢军的工作还是定不下来。

分析：从以上案例可以看出，部分大学生对当前的就业形势缺乏全面准确的认识与解读，出现了象牙塔外的"水土不服"。就业是每一位大学生都非常关心的事情，也是必须要主动关心的事情。作为大学毕业生，无论个人目前的生涯规划是直接就业还是继续深造，最终都要进入职场，在职场中实现自我价值。因而，高职院校学生在就业前应首先正确认知当前就业形势。

一、正确认知当前就业形势

（一）大学毕业生人数逐年增加，总体就业率下降

随着高等院校的不断扩招，我国的高等教育由"精英教育"阶段进入到"大众化教育"阶段。大学生就业市场由过去的"卖方市场"转为"买方市场"。近几年，我国大学毕业生人数持续大幅度增加，平均每年增长 50 万人以上。与此相对应的是大学生总体就业率明显下降。从 2007 年起，我国每年都有超过 100 万名大学毕业生未能实现就业，并且待业人数逐年增加，导致大学生就业供需矛盾更加突出。

2020 年我国普通高校毕业生人数达 874 万人，然而这 874 万应届毕业生正遭遇"史上最难毕业季"。从 2013 年开始，由于毕业人数的持续上升，每年的毕业季都会被冠以"史上最难"的称号，然而在新冠肺炎疫情和毕业人数再创历史新高的双重压力下，2020 届毕业生面临着空前的就业压力（图 8-1）。

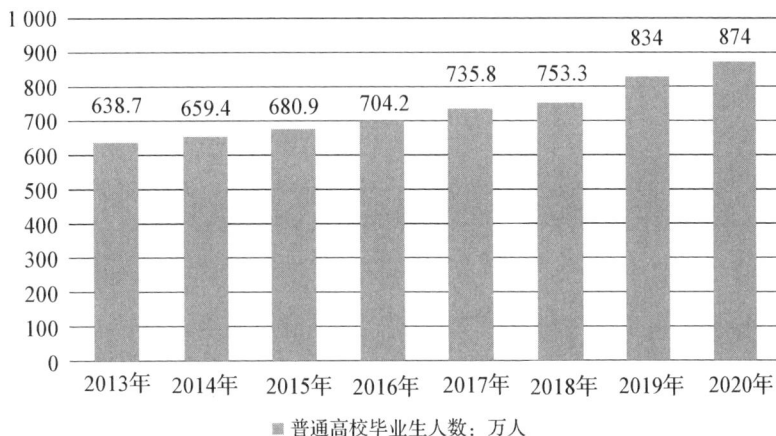

资料来源：国家统计局

图 8-1 2013—2020 年我国普通高校毕业生人数

（二）"心恋北上广"，"二线明星"城市就业亦不易

毕业生对一线城市的"围剿"，被近几年不断升温的二线城市打破，"逃离北上广"正从流行口号变成现实潮流。随着阿里巴巴等企业知名度的不断提升，加上近几年"人才引进"的政策实施，毕业生转而关注如杭州、西安、天津、苏州等"二线明星"城市。从工作城市来看，北上广深等一线城市仍然是毕业生的首选，"新一线"城市对毕业生的吸引力不断增强，本科毕业生选择在"新一线"

城市就业的比例逐年提升，如成都、青岛、杭州、西安、武汉等"新一线"城市逐渐成为毕业生喜欢去工作的城市（图 8-2）。

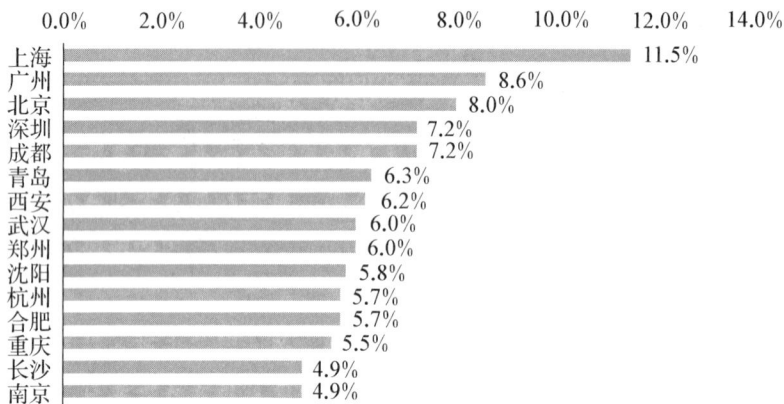

图 8-2　2020 届毕业生首选工作城市

（三）"高富帅"最好，小微和民营企业也不赖

较高的薪资待遇、规范的管理、良好的企业文化，使国企成为大学毕业生的首选单位。据金陵晚报报道，南京的一家排名世界 500 强的国企，其"储备干部"岗位工资也才 2 600 多元，招聘时却有 200 多人投递简历，其中大部分毕业生都是冲着这家公司的名气去的。近年来，我国毕业生薪资持续增长，从行业和薪酬来看，无论是本科还是高职毕业生，计算机类、电子信息类、自动化类等本科专业毕业生薪资较高，2019 届平均月收入分别为 6 858 元、6 145 元、5 899 元；铁道运输类、计算机类、水上运输类等高职专业毕业生薪资较高，2019 届平均月收入分别为 5 109 元、4 883 元、4 763 元。本科毕业生在民营企业就业的比例逐渐提高，2019 年本科毕业生在民营企业就业的比例为 53%，高职毕业生在民营企业就业的比例最高，为 68%（图 8-3）。

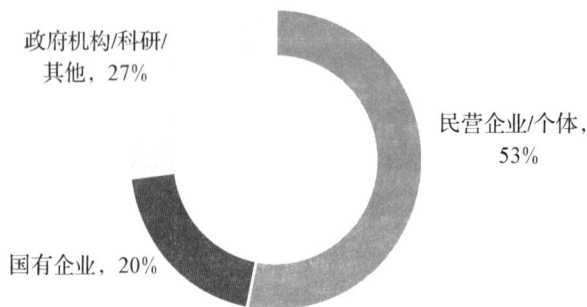

资料来源：公开资料整理

图 8-3　2019 届本科毕业生就业企业分布

（四）朝阳产业竞争力暴涨，传统行业冷落

2020 年 5 月 27 日，国际劳工组织发布报告称：自从新冠肺炎疫情暴发后，全球六分之一年轻人失业，在职的年轻人平均工作时间减少了 23%。疫情造成的经济危机对年轻人影响尤为严重。2020 年，虽然整个招聘市场都不景气，但是从数据来看，IT 行业的需求和期望依旧是很不错的（图 8-4，图 8-5）。

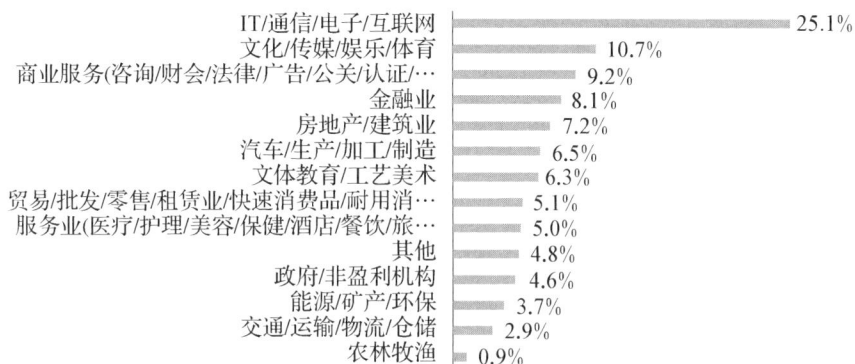

IT/通信/电子/互联网 25.1%
文化/传媒/娱乐/体育 10.7%
商业服务(咨询/财会/法律/广告/公关/认证/… 9.2%
金融业 8.1%
房地产/建筑业 7.2%
汽车/生产/加工/制造 6.5%
文体教育/工艺美术 6.3%
贸易/批发/零售/租赁业/快速消费品/耐用消… 5.1%
服务业(医疗/护理/美容/保健/酒店/餐饮/旅… 5.0%
其他 4.8%
政府/非盈利机构 4.6%
能源/矿产/环保 3.7%
交通/运输/物流/仓储 2.9%
农林牧渔 0.9%

图 8-4　毕业生期望行业分布

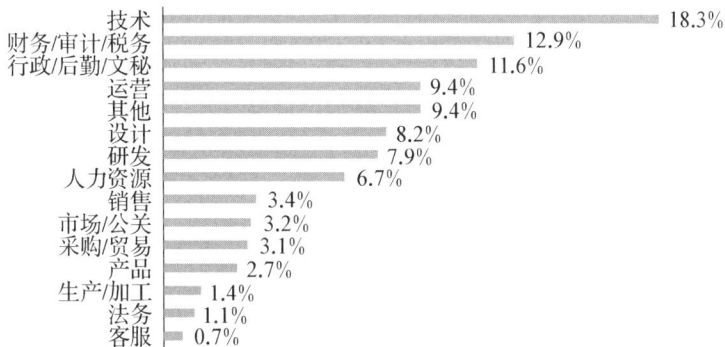

技术 18.3%
财务/审计/税务 12.9%
行政/后勤/文秘 11.6%
运营 9.4%
其他 9.4%
设计 8.2%
研发 7.9%
人力资源 6.7%
销售 3.4%
市场/公关 3.2%
采购/贸易 3.1%
产品 2.7%
生产/加工 1.4%
法务 1.1%
客服 0.7%

图 8-5　毕业生期望岗位分布

从上面的数据可以看出 IT 行业具有强大吸引力，据数据显示，我国计算机类本科毕业生毕业半年后就业率高于全国平均水平，半年后月收入也同样高于全国平均水平。根据智联招聘 2020 年的春季求职报告，IT 行业平均薪资也远高于其他行业（表 8-1）。

表 8-1　2020 年春季招聘平均薪酬排名

排名	行业	竞争指数	招聘平均薪酬
1	房地产/建筑/建材/工程	24.0	9 457
2	计算机软件	19.1	9 649

续表

排名	行业	竞争指数	招聘平均薪酬
3	媒体/出版/影视/文化传播	19.1	8 192
4	IT服务（系统/数据/维护）	18.7	10 061
5	互联网/电子商务	18.1	9 559
6	物业管理/电子商务	17.9	7 212

注：面向不同的人群，所以不同的招聘网站统计的平均薪资会有差异

未来人才应具有这样的特性：互联网思维成为从业人员的基本素质，互联网技术与应用成为从业人员的基本知识与技能。在互联网经济时代，对人才知识技能方面的新需求也体现在四个维度：一，科学的思维能力、思考能力；二，融入互联网基因的综合能力与素质；三，通用技术能力，包括底层技术能力、"互联网＋"行业的通用能力以及应用技术的能力；四，产业融合跨界能力。

麦肯锡全球研究院发布的《中国的数字化转型：互联网对生产力与增长的影响》报告中指出：互联网革命将提升生产率，至2025年将为中国创造4 600万个新就业岗位，并多与大数据、网络营销等高技能相关。而与此同时，将有3 100万个传统就业岗位被淘汰。

（五）大学生就业结构矛盾性突出，能力素质有待提高

就业结构性矛盾指在市场供求总量基本相当的情况下，人力资源供给与岗位需求产生的不匹配。其突出表现是，在一批劳动者难以实现就业的同时，却有一批企业难以招到员工。

根据《2019中国劳动力市场发展报告》的分析，大学生就业结构性矛盾突出，具体表现为文科毕业生就业困难，理工科人才短缺。浙江大学的《2019年毕业生就业质量报告》显示，从来校招聘的3 290家单位所在行业的分布情况来看，制造业，信息传输、软件和信息技术服务业，科学研究和技术服务业3个行业数量最多，占总数的50.46%。

但是，这并不是说文科生在就业上就没有任何优势了，比如理工科学生在应聘公务员或其他公共管理岗位时，笔试、面试表现明显不如文科学生。在毕业生趋之若鹜的国考中，从许多公布的岗位要求来看，不限专业的岗位不多，很多工科专业的学生无

缘报考，而在这方面文科生具有明显优势。同样，理科生需求的旺盛也不一定意味着理科生都可以找到心仪的工作。这里有一个很大的问题就是毕业生的就业期望如何确定，如果不能合理地确定自己的就业期望，不能对自己有一个明确的定位，面对工作和待遇不能理性对待，也是可能错失良机的。

二、树立正确的就业、择业观

走向市场和实现就业是每个大学生的必然选择，而大学阶段是一个人职业生涯的探索期。面对严峻的就业形势，首要的是树立正确的就业、择业观，毕业生应该树立"立大志、善小事、入主流、成事业"的主流就业、择业价值观。

1. 大学生求职应"立大志"

马克思 1875 年在《哥达纲领批判》中提出，在共产主义社会高级阶段，劳动就已经不仅仅是谋生的手段，而且本身已成了人们生活的第一需要了。在当下的社会主义初级阶段，旧式分工仍然存在，劳动者仍然受到生产资料的支配，劳动是为了获得基本的消费资料。所以就业对个人来说就是谋生的手段，个人通过就业获得劳动报酬，通过消费而实现生存。如此看来，解决好就业问题，就解决了与个人相关的许多的生存问题。一个人拥有了一份职业、一份工作，就能参与各种与生活相关的活动，平等地融入社会生活环境。相反，一个人如果长时间不能就业，或者失去工作，往往会使自己不能正常地了解和参与各种社会活动，导致生活状况的边缘化。

就业不只是对个人有如此的影响，实际上就业对社会的基本单位家庭更加重要。职业过程及其结果是一个家庭正常生活甚至是幸福与否的前提，一个家庭中的主要劳动者一旦有人失业甚至多人失业，很有可能使这个家庭失去正常的家庭生活，甚至可能难以为继。同时，家庭主要劳动者不能正常就业还会影响下一代的成长。下一代成长的经济环境完全是由家长的劳动收入决定的，而经济环境决定了下一代成长和受教育的环境。所以，能够正常就业就能保证正常的家庭生活和生命的延续。

一个具有崇高理想的人，总是把服务社会、造福人民作为自己的奋斗目标。正如马克思在《青年在选择职业时的考虑》一文中所讲："如果我们选择了最能为人类福利而劳动的职业，那么，重担就不能把我们压倒，因为这是为大家而献身；那时我们所感到的就不是可怜的、有限的、自私的乐趣，我们的幸福将属于千百万人，我们的事业将默默地、但是永恒发挥作用地存在下去。"作为可爱、可信、可为的"00 后"大学生，应立大志、以家国情怀对接职业理想，用中国梦激扬青春梦。要自觉把个人的理想融入国家和人民的共同理想之中，把报效祖国和实现自身价值结合起来，与时代同步伐，与祖国同命运，与人民同奋斗。

2. 大学生初入职场应"善小事"

一个社会只有实现充分就业，社会成员才能过上安定而正常的生活，衣食无忧，人们才能安居乐业，社会的治安状况才会变好。管仲云："仓廪实而知礼节，衣食足而知荣辱。"相反，如果出现严重的失业问题，必定造成社会中大量家庭的基本经济收入大幅度降低，甚至失去生活的来源，这必然会带来相应的社会问题。

孟子云："富岁，子弟多赖；凶岁，子弟多暴，非天之降才尔殊也，其所以陷溺其心者然也。"意思是说，年成好的时候就是丰年，社会成员多半会做好人、做善人；而年成不好的年份就是荒年，社会成员为了生存就只好去抢，做不好的事情。孟子分析说，这并不是天生会这样的，而是由于客观环境导致的。对于当代社会条件来说，大家都有事可做，能实现充分的就业，有丰厚的报酬可拿，假如经济收入还能稳步提高，社会成员都能过上富裕的生活，都能平等地进行社会交往和沟通，这个社会必然是一团和气、乐观向上，社会也就能健康、安定地向前发展。

对于求职和初入职场的大学生，需破除精英观念，一切从小事做起，而这是迈向成功的第一步。一般说来，一开始用人单位都会把一些琐碎、单调、技术含量低的工作交给大学生，正所谓"天将降大任于斯人也，必先苦其心志，劳其筋骨"，让他得到锻炼。这个阶段缺乏乐趣和挑战性，往往让大学生觉得自身价值无法体现。其实这个时候应该任劳任怨地做好，要相信这只是小小考验，只要表现好，就有机会获得进一步施展才能的机会。大学生要把远大抱负落实到实际行动中，多渠道、多方式着手实现就业，根据职业兴趣、专业特点、实际能力选择职业，从低点出发，从基层开始，从小事做起，既不好高骛远，也不妄自菲薄，一步一步积累和成长，实现自己的职业理想。

3. 大学生职业选择应"入主流"

初次就业往往是一个人成就人生的职业起点。如果某个职业岗位正好就是一个人的从业兴趣所在，是实现理想和抱负的途径，那么他就会在从业过程做到爱岗敬业、尽心尽力、精益求精，充分发挥自己的聪明才智，经过努力最终取得丰硕的成就，为社会、为他人、为国家做出更多的贡献，最终也就成就了自己的伟业。

高校毕业生是国家新增劳动力的重要来源，也是现代化建设的重要力量。近年来，根据国际国内形势的发展变化，我国提出了人才强国战略，制定并实施了加强和改进人才工作的一系列重大方针政策。《中共中央、国务院关于进一步加强人才工作的决定》明确指出："高校毕业生是国家十分宝贵的人才资源，是青年人才的重要来源。各级党委和政府要高度重视，坚持以社会需求为导向，建立和完善高校毕业生就业工作机制，切实使用好这一宝贵资源。"高校毕业生是宝贵的人才资源，原因就在于大学生学业完成后能够通过就业成就伟业，实现理想，落实抱负，完善自身，奉献国家和社会。

《教育部关于做好 2017 届全国普通高等学校毕业生就业创业工作的通知》（教学〔2016〕11 号）从引导和鼓励毕业生到城乡基层就业、鼓励毕业生到中小微企业就业、服务国家发展战略开拓就业岗位、持续做好大学生征兵工作、支持高校毕业生到国际组织实习任职等五个方面，强调了国家对大学生到基层和重点领域就业的进一步引导和鼓励。大学生应当主动顺应时代要求，对接国家发展对于人才的战略需求。凡是国家的重要行业，都应该是毕业生的志向；凡是国家重点发展地区，都应该有毕业生的足迹；凡是国家重要战略的实施，都应该有毕业生的贡献。

4. 大学生职业目标应"成事业"

劳动创造了世界，劳动创造了人类，劳动创造了财富。尊重劳动就是尊重人本身。树立劳动平等、劳动光荣的就业观念，首先要消除劳动有贵有贱的思想观念，形成劳动光荣的社会风气。社会分工和社会化大生产决定了劳动的多样性，社会发展需要各方面的劳动，只要是合法的和为社会增加财富、为自己增加收入的劳动，不管在何种所有制经济中从事劳动，不管在什么岗位上进行劳动，也不管是简单劳动还是复杂劳动、是体力劳动还是脑力劳动、是服务劳动还是生产劳动，都是平等的、光荣的，都对社会做出了贡献。

习近平曾号召高校学生"把视线投向国家发展的航程，把汗水洒在艰苦创业的舞台，到基层去、到西部去、到祖国最需要的地方去，做成一番事业，做好一番事业。"大学生要树立积极参与竞争的意识，强化"爱拼才会赢"的观念，培育雄厚的竞争资本，坚持科学的竞争原则，保持良好的竞争心态，正确面对择业和未来工作中

遇到的挫折和失败，在竞争中努力做出业绩，在竞争中坚持终身学习。今天是高校学生的人生黄金时期，同"两个一百年"奋斗目标的实现完全吻合。大学生应结合自身实际，树立起"立大志、善小事、入主流、成事业"的择业价值观，勇做走在时代前列的奋进者、开拓者，书写无愧于时代的青春之歌和精彩人生。

三、了解市场就业制度

自 1995 年开始，我国实行市场就业制度，市场就业制度的建立和发展保障了人才流动的合理性和秩序性，允许各类人才根据个人的择业愿望，按照市场的规律，从一个单位（地区）调整到另一个单位（地区）任职。当代大学生应主动适应这种以市场为导向的就业形势，熟悉各种就业的市场制度。

（一）国家公务员制度

公务员指各级国家行政机关中除工勤人员以外的工作人员，包括各级政府的组成人员及行政机关中从事党务、社团事务管理等管理工作的专职工作人员。2006 年 1 月实施的《中华人民共和国公务员法》标志着我国公务员管理制度迈入法制化阶段，公务员管理已经逐步走上法制化管理的轨道。考试录用国家公务员按照下列程序进行：一，发布招考公告；二，对报考人员进行资格审查；三，对审查合格者进行公开考试；四，对考试合格的进行政治思想、道德品质、工作能力等方面的考核；五，根据考试、考核结果提出拟录用人员名单，报当地人民政府人事部门审批。录用特殊职位的国家公务员，经国务院人事部门或省级人民政府人事部门批准，可以简化程序或者采取其他测评办法。新录用的国家公务员，试用期为一年，试用合格的正式任职，不合格的取消录用资格。

国家公务员考试包括笔试（公共科目、专业科目）和面试。公共科目笔试一般包括公共基础知识、行政职业能力倾向测验、申论三部分。公共科目笔试结束后，各招考部门在笔试合格人员中按照笔试总成绩从高到低的顺序，按计划录用人数 1：3 比例确定专业科目笔试和面试人选。

三个公共科目笔试内容分别为：一，公共基础知识，包括马克思主义哲学、邓小平理论、法律、行政管理、公文写作与处理等五个方面的内容；二，行政职业能力倾向测验，主要测查应考者从事国家机关工作必须具备的潜能，考试内容包括常识判断、语言表达和理解、数量关系、判断推理和资料分析等五个部分，全部为客观性试题；三，申论，主要通过应考者对给定材料的分析、概括、提炼、加工，测查应考者解决实际问题的能力，以及阅读理解能力、综合分析能力、提出问题能力和文字表达能力。

（二）人才聘用制度

人才聘用制度是关于我国基本单位（国家党政机关、社会团体、企事业单位）人员选拔、任用、聘任、聘用的一系列规章制度的总称，其核心内容是建立以公开、平等竞争、择优为导向的聘用机制，主要有以下两类。

国有企业的人才聘用制度是指用人单位通过契约确定与人员聘用关系的一种任用方式，又称聘用合同制，是相对委任制而言的。一般的做法是由用人单位采取招聘或竞聘的方法，经过资格审查和全面考核后，由用人单位与确定的聘任人选签订聘任合同，明确双方的权利义务关系和受聘人员职责、待遇、聘限等。按合同规定，用人单位有聘用和解聘的权利，个人有应聘和辞聘的权利。

事业单位的人才聘用制度是指事业单位与工作人员通过签订聘用合同，确定双方聘用关系，明确双方责任、权利、义务的一种人事管理制度。通过实行聘用制，转换事业单位的用人机制，实现事业单位人事管理由身份管理向岗位管理的转变，由行政任用关系向平等协商的聘用关系转变。事业单位实行聘用制必须坚持单位自主用人、个人自主择业、政府依法监管，以及公正、平等、竞争、择优的原则。事业单位聘用工作人员必须在确定的编制数额和人员结构比例范围内进行。事业单位实行聘用制，应当根据工作需要，按照科学合理、精干效能的原则，确定专业技术人员、管理人员和工勤人员岗位，按岗聘用，竞争上岗。事业单位受聘人员应当具备以下条件：

① 遵守法律、法规、规章和政策；
② 具有良好的职业道德；
③ 具有聘用岗位要求的文化程度、专业知识及工作能力；
④ 身体健康，能坚持聘用岗位的正常工作；
⑤ 符合聘用岗位职责要求的其他条件。

（三）人事代理制度

人事代理是指由政府人事部门所属的人才服务中心，按照国家有关人事政策法规要求，接受单位或个人委托，在其服务项目范围内为多种所有制经济尤其是非公有制经济单位及各类人才提供人事档案管理、职称评定、社会养老保险金收缴、出国政审等全方位服务，是实现人员使用与人事关系管理分离的一项人事改革新举措。人事代理的方式有委托人事代理，可由单位委托，也可由个人委托；可多项委托，将人事关系、工资关系、人事档案、养老保险社会统筹等委托区人才服务中心管理，也可单项委托，将人事档案委托区人才服务中心管理。从人事代理的对象来看，可分为单位委托代理和个人委托代理。从人事代理的内容和实际操作角度可分为三类：一，以人事档案管理为依托的基础性代理，包括流动人员人事档案管理的服务内容；二，以人才中介为基础的服务代理，主要包括委托招聘、人才推荐、人才派遣、人才测评等；三，以企事业单位为基础的公共人事事务代理或社会化代理，主要包括人才规划、职业设计、人事诊断、人事管理咨询、人才资源开发等。

人事代理的具体内容由代理方和委托方协商确定，代理方可以提供如下服务。

（1）为委托方提供人事政策咨询，并协助委托方研究制定人才发展规划和人事管理方案等。

（2）为委托方管理人事关系、人事档案。办理专业技术人员专业技术职务任职资格的申报工作；办理大中专毕业生见习期满后的转正定级手续，调整档案工资；出具因公或因私出国、自费留学、报考研究生、婚姻登记和独生子女手续等与人事档案有关的证明材料。

（3）为国家承认学历的大中专毕业生提供人事代理服务，从签订人事代理合同之日起按有关规定承认身份、申报职称、计算工龄、确定档案工资、办理流动手续。

（4）为委托方接转党团组织关系，建立流动人员党团组织，开展组织活动。

（5）为委托方代办失业、养老等社会保险业务。

（6）为委托方代办人才招聘业务，提供人才供需信息，推荐所需专业技术人员和管理人员，负责聘用人员合同签证。

（7）根据委托方要求，开展岗位培训并协助委托方制订培训计划。

（8）根据委托方要求，开展人才测评业务。

（9）代理与人事管理相关业务。

人事代理主要有如下程序。

（1）委托方向代理方提出申请，并提供有关材料。

根据各自情况的不同，个人办理委托人事代理须向当地人才流动机构分别提交下列有关证件。

① 应聘到外地工作的，须提交委托人事代理申请、聘用合同复印件、身份证复印件、聘用单位证明信（证明其单位性质、主管部门、业务范围）等。

② 自费出国留学的人员，须提交委托人事代理申请、原单位同意由人才流动机构保存人事关系的函件、出国的有关材料等。

③ 辞职、解聘人员尚未落实单位的，须提交委托人事代理申请及辞职、解聘证明、身份证复印件等证件。

（2）代理方对委托方申报的材料进行审核。

（3）委托方与代理方签订人事代理合同。

（4）代理方向有关方面索取人事档案及行政、工资、组织关系等材料，并办理有关手续。

（5）人事代理当事人的权利和义务，由双方以协议的形式予以明确，共同遵守。

（四）就业准入制度

所谓就业准入是指根据《中华人民共和国劳动法》和《中华人民共和国职业教育法》的有关规定，对从事技术复杂，通用性广，涉及国家财产、人民生命安全和消费者利益的职业（工种）的劳动者，必须经过培训并取得职业资格证书后，方可就业上岗。实行就业准入的职业范围由劳动和社会保障部确定并向社会发布。

依据《中华人民共和国职业分类大典》，国家规定实行就业准入的职业项目共有87个，分别是车工、铣工、磨工、焊工、镗工、管工、铸造工、锻造工、涂装工、砌筑工、钢筋工、架子工、防水工、推销员、调酒师、美容师、美发师、摄影师、装配钳工、工具钳工、机修钳工、维修电工、手工木工、精细木工、混凝土工、冷作钣金工、汽车修理工、装饰装修工、汽车驾驶员、音响调音员、沼气生产工、中药购销员、中式面点师、中式烹调师、西式面点师、西式烹调师、保健按摩师、职业指导员、物业管理员、锅炉操作工、眼镜定配工、眼镜验光员、钟表维修工、鉴定估价师、金属热处理工、摩托车维修工、计算机操作员、办公设备维修工、加工中心操作工、锅炉设备安装工、电气设备安装工、纺织纤维检验工、动物疫病防治员、动物检疫检验员、医药商品购销员、组合机床操作工、电子计算机维修工、土石方机械操作工、起重装卸机械操作工、家用电子产品维修工、家用电器产品维修工、用户通信终端维修员、贵金属首饰手工制作工、贵金属首饰钻石宝玉石检验员等。

四、掌握毕业生就业流程

（一）领取《就业协议书》

《全国普通高等学校毕业生就业协议书》（以下简称《就业协议书》）是指明确毕业生、用人单位、学校三方在毕业生就业工作中的权利和义务，经协商签订的协议。个人签订后盖章，一共三份，学校一份，个人一份，单位一份，是学校统计就业率的根据。

《就业协议书》除具法律效力、统计就业率外还有一个功能，其是教育部门发出《全国普通高等学校本专科毕业生就业报到证》（以下简称《报到证》）的根据。有报到证才能完成档案和户口迁移，另外转正和干部身份也都要有这个（图8-6）。

毕业生领取《就业协议书》、填写《毕业就业推荐表》并撰写自荐材料

毕业生、用人单位通过双向选择达成意向

用人单位、毕业生、学校三方填写《就业协议书》

用人单位报上级主管部门办理接收审批手续

《就业协议书》上交至招生就业处

招生就业处制定全校就业计划并报上级就业主管部门审核

学校依据就业计划到省教育厅办理《报到证》

毕业生领取《报到证》、迁移户口等，办理离校手续

毕业生到用人单位报到、办理落户手续并签订劳动合同

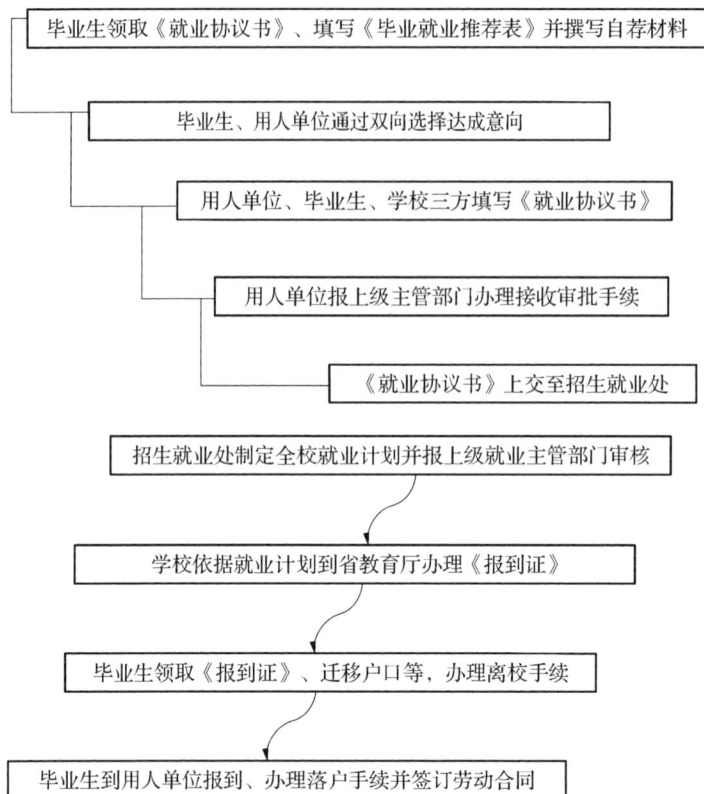

图 8-6　毕业生就业流程图

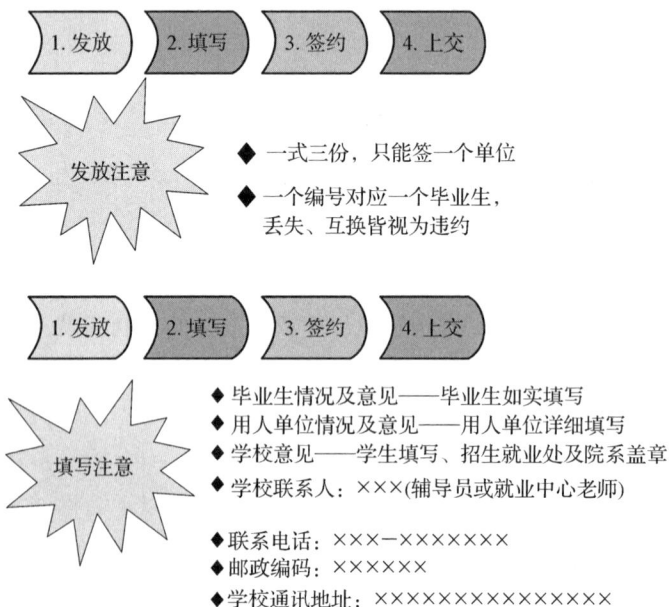

1.发放　2.填写　3.签约　4.上交

发放注意

◆ 一式三份，只能签一个单位

◆ 一个编号对应一个毕业生，丢失、互换皆视为违约

1.发放　2.填写　3.签约　4.上交

填写注意

◆ 毕业生情况及意见——毕业生如实填写
◆ 用人单位情况及意见——用人单位详细填写
◆ 学校意见——学生填写、招生就业处及院系盖章
◆ 学校联系人：×××(辅导员或就业中心老师)

◆联系电话：×××－×××××××
◆邮政编码：××××××
◆学校通讯地址：×××××××××××××××

图 8-7　《就业协议书》填报注意事项

就业协议书

1. 就业协议订立程序

就业协议的订立一般要经过两个程序，即要约和承诺，具体如下。

（1）要约

毕业生持学校统一印制的《毕业就业推荐表》或其复印件参加各地供需洽谈会（人才市场），进行双向选择，或向各用人单位寄发书面材料，应视为要约邀请。用人单位收到毕业生材料并对毕业生进行考察后，表示同意接收并将回执寄到高校毕业生就业工作部门或毕业生本人，应为要约。

（2）承诺

毕业生收到用人单位回执或通过其他方式得到用人单位答复后，从中做出选择并到学校毕业生就业工作部门领取《就业协议书》与用人单位签订协议，即为承诺。

由于毕业生就业工作比较烦琐、具体，有时很难明确分为要约和承诺两个步骤。

2. 毕业生签订协议注意事项

（1）要增强法律意识，对《中华人民共和国劳动法》和相关法规多一些了解，要认识到劳动合同（就业协议）的重要性，知道哪些合同不能签，哪些合同含义不清日后可能引起争议，等等。

（2）要对用人单位的情况多一些了解，如用工制度、养老保险、工资住房、工作条件、服务期等。在签订协议前应多一些了解，做到心中有数，以便签订协议时提出相应的要求。大学生在签订合同时，也可以与劳动、人事等有关部门取得联系，在他们的监督与指导下与用人单位签订合同，以保证合同的公正、合理，减少漏洞。

（3）提高严格履行就业协议的自觉性。从过去的毕业生违约情况看，大多数事例的主要责任方是毕业生。由于同学签约违约的随意性，给学校的名誉带来损失，给今后毕业生就业工作带来巨大的困难。为此，毕业生要提高严格履行就业协议的自觉性，签订就业协议要慎重。

（二）领取《报到证》

《报到证》是指毕业生转移人事档案关系和户口关系的凭证。

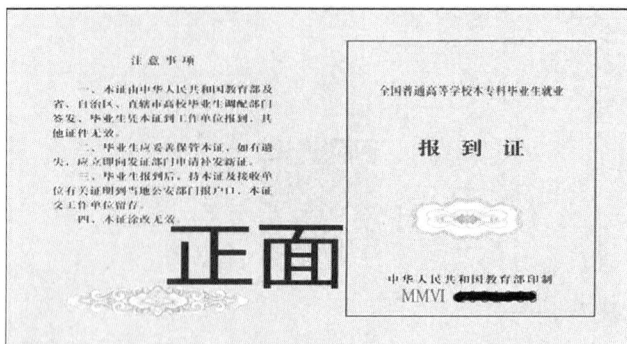

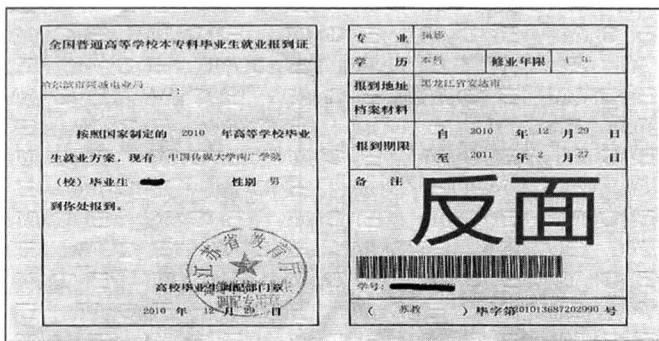

1.《报到证》的作用

（1）《报到证》是毕业生到单位报到的证明。毕业生到工作单位就业时，须持《报到证》，用人单位凭《报到证》为毕业生办理手续。

（2）当地公安部门凭《报到证》为毕业生办理落户手续。

（3）学校相关部门依据《报到证》为毕业生办理档案投递、组织关系转移和户籍迁移等手续。

（4）《报到证》正页由毕业生到用人单位报到时交给用人单位，是毕业生参加工作时间的初始记载和凭证，上面的日期是工龄的开始年限，与退休年龄和养老保险交纳年数都有关。

（5）《报到证》是毕业生报考公务员必备资料。

（6）《报到证》是毕业生就业的证明，其中的姓名须与毕业生身份证中的姓名一致，单位的名称也必须准确。"就业报到证"的有效期一般为毕业后两年时间内（即 2008 年毕业生有效期至 2010 年 6 月 30 号，2009 年毕业生有效期至 2011 年 6 月 30 号，以此后推）。

（7）"就业报到证"可以改派，改派手续为：

① 用人单位在《毕业生改派表》或《就业协议书》上盖章；

② 用人单位上级主管部门在《就业协议书》上盖章；

③ 学生处审核后，报省教育厅审批。

（8）非全日制在籍学生如社会人士参加自考或成教没有《报到证》；《报到证》是中国特色产物，只有中国统招高校才有。

（9）留学归国学生归国后可咨询户籍所在地省、自治区、直辖市高校毕业生调配部门签发机关（如北京市教委、天津市教委、河北省人社厅等）办理相应学历的报到证。

2.《报到证》的有效期

（1）《报到证》报到有效期时间一般是两年，即从毕业开始两年内有效，超过两年视为自动放弃并作废，但是个别地方三年也可以报到，具体按照当地政策来定。

（2）《报到证》改派有效期时间一般是从毕业开始算起，一年内可以改派，当然一些地方两年内也可以改派，具体依照当地政策来定。

（3）《报到证》上所标注报到时间为一个月或更短时间，原因是为了督促学生尽快办理，但是个别城市是严格按照报到证时间来报到的，所以切莫耽误时间。

（三）迁移档案

档案是指以文字资料的形式记录了高考成绩、在校学习成绩、家庭状况、在校期间表现和奖惩情况等的材料。

毕业生的人事档案由学籍档案转换而来，毕业生毕业后将其学籍档案放入该毕业生就业单位的人事部门或委托的人才交流机构。签了就业协议书之后，学校根据协议书转移；如需暂缓，档案会留在学校两年；考研的毕业生档案继续往所考学校转。如果以上都不是，则会被返还生源地。

（四）迁移户口

户口是指居民出生及居住的地方，证明个人的出生地。

1. 户口转移

如果户口迁到学校，毕业时可以把户口迁到单位所在地，或者迁回生源地，

或者迁到人才中心入集体户，拿到《报到证》回生源地或者单位报到就可以完成迁户口手续。如果户口没有迁到学校，可以拿《报到证》回生源地迁户口到单位所在地，或者迁到人才中心入集体户，或者不迁。

2. 暂缓就业

毕业生由于某种原因暂不考虑办理派遣手续时，可以由个人向学校提出暂缓就业申请，经学校同意并报毕业生就业指导中心批准后签订《暂缓就业协议书》。经批准，毕业生的户口暂留学校，档案由各省高校毕业生就业指导中心集中保管，暂缓期为两年。暂缓就业期间，如能落实就业单位者，可按照有关就业程序办理就业报到手续，逾期未落实就业单位者，其户口和档案转回生源地自谋职业。

办理了暂缓就业的毕业生，应该尽快落实就业单位，取消暂缓就业，或者选择人才市场的人事代理。

拓展阅读

（五）签订劳动合同

劳动合同指劳动者与用人单位确立劳动关系、明确双方权利和义务的协议，是劳动者与用人单位依据《中华人民共和国劳动合同法》建立劳动关系的书面法律凭证。

劳动合同是上岗毕业生从事何种岗位、享受何种待遇等权利和义务的依据，其内容涉及劳动报酬、劳动保护、工作内容、劳动纪律等方方面面，且更为具体，劳动权利义务更为明确。毕业生毕业后去单位报到时一定要及时和用人单位签订劳动合同，并落实就业协议书中的相关内容。

1. 劳动合同的内容

按照有效期限的不同，劳动合同分为固定期限、无固定期限和以完成一定的工作为期限的劳动合同。有固定期限的劳动合同有明确的终止日期。以完成一定工作为期限的劳动合同，是以一项工作任务的完成时间为合同期限，也是有固定期限的一种特殊形式。无固定期限的劳动合同没有明确的终止时间，但必须在劳动合同中规定终止或者变更合同的条件。

根据《中华人民共和国劳动合同法》的规定，劳动合同的内容可以分为必备条款和普通条款两个部分。必备条款也称法定条款，是在劳动合同中必须具备的内容，不可缺少；法定条款又分为一般法定条款和特殊法定条款。

（1）一般法定条款

一般法定条款包含七个方面的内容：劳动合同的期限，劳动合同开始的时间和结束的时间；工作内容，规定就业者在该单位做什么工作；劳动保护和劳动条件；劳动报酬；劳动纪律；劳动合同终止的条件；违反劳动合同的责任。

（2）特殊法定条款

由于某些劳动合同的特殊性，法律要求某一种或某几种劳动合同必须具备特殊法定条款。例如，中外合资经营企业和私营企业的劳动合同中应该包括工时和休假的条款。如果因为用人单位的原因签订了不完整的劳动合同，之后对就业者的权益造成了侵害，用人单位应当承担法律责任。

（3）补充条款

补充条款也称为商定条款，可有可无，是双方当事人在签订合同时互相商量定下的条款。补充条款是法律赋予双方当事人的自由权利，但是补充条款的约定不能与国家的法律法规相抵触，更不能危害国家、其他组织和个人的合法权益。

2. 劳动合同的签订

根据《中华人民共和国劳动法》的规定，签订劳动合同应注意以下几方面。

（1）签订劳动合同要遵循平等自愿、协商一致的原则，不得违反法律、行政法规的规定。平等自愿是指劳动合同双方地位平等，应以平等身份签订劳动合同。自愿是指签订劳动合同完全是出于本人的意愿，不得采取强加于人和欺诈、威胁等手段签订劳动合同。协商一致是指劳动合同的条款必须由双方协商达成一致意见后才能签订劳动合同。

（2）签订劳动合同要符合法律、行政法规的规定。在执行劳动合同制度过程中有些合同规定女职工不得结婚、生育子女；因工负伤协议"工伤自理"，甚至签订了生死合同等显失公平的内容，违反了国家有关法律、行政法规的规定，使这类合同自签订之日起就成为无效或部分无效合同。因此，在签订合同前，双方一定要认真审视每一项条款，就权利、义务及有关内容达成一致，并且严格按照法律、法规的规定，签订有效合法的劳动合同。

（3）劳动合同应当以书面形式签订，同时要注意劳动合同的内容，这是履行劳动合同和劳动争议处理的重要依据。由于《中华人民共和国劳动法》规定了劳动者不能胜任工作且经过培训或者调整工作岗位仍不能胜任工作的，用人单位可以解除劳动合同，在签订劳动合同时，对"工作内容"的规定要与同岗、同工种的职工完成的任务相同。

（4）既要依据法律、行政法规，又要结合实际。签订劳动合同偏离法律、行政法规，可能会产生无效合同，但又不能千篇一律地照抄法律、行政法规，应结合实际情况。特别要注意法律、行政法规的规定留有余地的地方，因为这些地方就是照顾适用者的特殊情况。如对于《中华人民共和国劳动法》规定的每日工作时间不超过 8 小时，平均每周工作时间不超过 40 小时的工作制度，只要每天工作不超过 8 小时，工作时间究竟定为几小时，双方当事人都可以协商。这就是正确运用法律、行政法规留有余地的一种情况。

（5）合同内容可简可繁。劳动合同签订时要因人、因地、因事而异。简，容易记忆，便于签订，商量余地大；但条款过于简单、原则，容易产生认识和理解上的分歧和矛盾，从而带来不利影响。繁，在执行时容易掌握，可以减少分歧和争议的发生，但在签订时比较麻烦，而且再详细的劳动合同也不可能面面俱到。因此，要简、繁相结合，如对于法律、行政法规已有规定的一些没有变通余地的内容，可以只写明按照某项规定执行即可，这就做到了简；对于法律、行政法规没有具体规定或者允许当事人变通的内容，特别是容易产生争议的地方，就应当规定得详细一些。

（6）合同的语言表达要明确、易懂。依法签订的劳动合同是受法律保护的，它涉及当事人的权利、责任和义务，能够产生一定的法律后果。因此，签订劳动合同时，在语言表达和用词上必须通俗易懂，尽量写明确，以免发生争议。

3. 劳动合同的解除

（1）劳动合同的合意解除。

经劳动合同当事人协商一致，劳动合同可以解除。

（2）劳动者提前通知解除。

劳动者解除劳动合同，应当以书面形式提前 30 日通知用人单位。

（3）劳动者随时通知解除。

有下列情形之一的，劳动者可以随时通知用人单位解除劳动合同：一，在试用期内；二，用人单位以暴力、威胁或者非法限制人身自由的手段强迫劳动的；三，用人单位未按照劳动合同约定支付劳动报酬或者提供劳动条件的。

（4）用人单位"无过失性解除"。

有下列情形之一的，用人单位可以解除劳动合同，但是应当以书面形式提前 30 日通知劳动者本人：一，劳动者患病或者非因工负伤，医疗期满后，不能从事原工作也不能从事由用人单位另行安排的工作的；二，劳动者不能胜任工作，经过培训或者调整工作岗位仍不能胜任工作的；三，劳动合同订立时所依据的客观情况发生重大变化，致使原劳动合同无法履行，经当事人协商不能就变更劳动合同达成协议的。用人单位解除合同未按规定提前三十日通知劳动者的，自通知之日起三十日内，用人单位应当对劳动者承担劳动合同约定的义务。

（5）用人单位过失性解除。

劳动者有下列情形之一的，用人单位可以随时解除劳动合同：一，在试用期间被证明不符合录用条件的；二，严重违反劳动纪律或者用人单位规章制度的；三，严重失职，营私舞弊，对用人单位利益造成重大损害的；四，被依法追究刑事责任的；五，法律、法规规定的其他情形。

（6）用人单位不得解除情形。

劳动者有下列情形之一的，用人单位不得解除劳动合同：一，患职业病或者因工负伤并被确认丧失或者部分丧失劳动能力的；二，患病或者负伤，在规定的医疗期内的；三，女职工在孕期、产期、哺乳期内的；四，法律、法规规定的其他情形。

（7）经济性裁员。

《中华人民共和国劳动法》第 27 条规定，"用人单位濒临破产进行法定整顿期间或者生产经营状况发生严重困难，确需裁减人员的，应当提前 30 日向工会或者全体职工说明情况，听取工会或者职工的意见，经向劳动行政部门报告后，可以裁减人员"。这一条是我国劳动法的新规定，也称经济裁员。由于经济裁员必然要影响职工生活，增加社会失业率，因此劳动行政部门要积极监督检查裁员是否符合本法规定允许裁员的范围，以及是否遵守裁员的法定程序等。

（8）工会对劳动合同解除的监督。

用人单位单方面解除职工劳动合同时，应当事先将理由通知工会，工会认为用人单位违反法律、法规和有关合同，要求重新研究处理时，用人单位应当研究工会的意见，并将处理结果书面通知工会。

（9）解除劳动合同的举证责任。

因用人单位做出的开除、除名、辞退、解除劳动合同等决定而发生的劳动争议，用人单位负举证责任，举证不能或不充分的，人民法院或劳动争议仲裁机构可以撤销用人单位的决定，用人单位应赔偿劳动者损失。

4. 劳动合同的终止

（1）劳动合同终止的情形。

《中华人民共和国劳动合同法》第 44 条规定，有下列情形之一的，劳动合同终止：一，劳动合同期满的；二，劳动者开始依法享受基本养老保险待遇的；三，劳动者达到法定退休年龄；四，劳动者死亡，或者被人民法院宣告死亡或者宣告失踪的；五，用人单位被依法宣告破产的；六，用人单位被吊销营业执照、责令关闭、撤销或者用人单位决定提前解散的；七，法律、行政法规规定的其他情形。《中华人民共和国劳动合同法实施条例》第 21 条补充规定：劳动者达到法定退休年龄的，劳动合同终止。

（2）劳动合同不得终止的情形。

一，从事接触职业病危害作业的劳动者未进行离岗前职业健康检查，或者疑似职业病病人在诊断或者医学观察期间的；二，患病或者非因工负伤，在规定的医疗期内的；三，女职工在孕期、产期、哺乳期的；四，在本单位连续工作满15年，且距法定退休年龄不足5年的；五，法律、行政法规规定的其他情形。另外，在本单位患职业病或者因工负伤并被确认丧失或者部分丧失劳动能力的劳动者的劳动合同的终止，应按照国家有关工伤保险的规定执行。

第二节　求职材料准备

案例导读

一、求职信

案例导读

现实求职中，诸多高职毕业生都是按照上述规范的格式和内容来撰写自己的求职信，千篇一律，形成了求职信"八股文"的现象。对于这样的"八股文"，有经验的 HR 往往看一眼就知道其大致内容，而且这些内容在个人简历中皆有列出，它并不能增加求职成功的概率，反而会招致反感。

求职信实际上就是要回答好三个问题：一，为什么申请这份工作；二，为什么说你自己适合这个工作；三，未来你怎样为公司做贡献。求职信的格式和一般信件的格式并无两样，包括称呼、正文、祝词、署名、日期等。那么，一封好的求职信应该如何撰写呢？毕业生可以从以下几个方面入手。

（一）求职信的重点内容

1. 突出职业认知

职业认知是指求职者对所应聘职业，职位，岗位的性质、特点、工作内容、工作要求、工作环境等的认识程度。

据调查，目前职场上越来越看重应聘者的职业认知和职业规划，而前者正是后者的重要前提。长期以来，大学生在求职时往往更重视、更熟悉的是自我认知与自我呈现，求职材料中都是对自己优势和特点的介绍，忽略了职业认知的重要性。这也体现在许多毕业生求职时都是一份求职材料打天下，对于不同的职业和岗位没有制作专门的有针对性的求职材料。

因而，求职信可以开门见山地提出自己对所求职业和岗位的认识和体会，最好是言之有物，并有自己独到的见解和感悟。

2. 强调胜任能力

胜任能力是指能体现圆满完成工作所需要具备的知识、技能、态度和个人特质等并可用行为方式描述出来的能力。

职业胜任能力是用人单位是否录用人才的决定性因素。HR 当然不会只凭求职者的主观描述确定其胜任能力，更多的是通过个人简历中的客观证据来综合考量。求职信提供了一次将你的胜任能力高度浓缩呈现的机会，也就是将自己与所求职位高度相关的能力、素质、特长、经历集中起来，以自信、肯定的语气呈现出来，给人以深刻的印象。语言一定要精炼，避免与简历重复太多。

（二）求职信的撰写注意事项

1. 篇幅适中，语句通顺

一封求职信的篇幅最好不要超过一页，也不应少于半页。在版式和字体让人阅读起来毫无困难的前提下，尽量简洁明了。

2. 避免错别字和错误标点符号

许多大学生使用拼音输入法撰写求职信时，往往容易出现错别字。如果没有仔细检查，一个错别字也许就会使你的努力付之东流。同样，标点符号的正确使用也能体现一个人的文字功底和对细节的要求。

3. 格式正确，手写签名

求职信应该包括称呼、正文、结尾、落款等部分，要符合信函的通行格式要求。尤其是当大多数求职者使用的都是打印的求职信，在落款部分求职人员的签名一定要手写，以示尊重和表示本人所为。

4. 突出重点，条理清晰

有的求职信就像记流水账，想到哪里就写到哪里，既没有逻辑性，抓不住要领，也没有针对性，条理不清。这不仅说明这个人文字功底差，而且也破坏了求职信的功效。

5. 做到适度推销，不可浮夸

在求职信中应尽量避免使用"一定""最好""肯定""第一""绝对""完全可以"等词语，以及类似"有很强的组织能力""有很强的活动能力"之类的话语。这种做法是错误的，而且会得不偿失。

（三）求职信的撰写要点

1. 自我介绍

（1）说明自己的情况。应届毕业大学生要说明所在学校和所学专业，例如"我是××职业技术学院××专业应届毕业生"。

（2）介绍信息来源。

（3）阐明拟应聘职位。

2. 能力说明

（1）综合介绍自身能力。

（2）强调自己能为公司做出哪些贡献。

3. 传递有效信息

（1）请求答复。信的结尾应再次强调自己对该职位的强烈兴趣以及希望进一步接洽的愿望。

（2）再次详细告知自己的联系方式。

例如：手机××××××××××

　　　　QQ××××××××

　　　　电子邮箱×××××××@qq.com

 拓展阅读

课堂实训

制作一份属于自己的求职信

求职信不是 cover letter，而是自我表白，归根结底是为了突出求职者对某一企业及某一职位的极大热忱。写作求职信时，有以下几点要注意。

1. 不宜太长。哈佛人力资源研究所在 1992 年就有一份经典的测试报告，即一封求职信如果内容超过 400 个单词，则其效度只有 25％，即阅读者只会对 1/4 的内容留下印象，因此写得简洁是十分重要的一个标准。

2. 不宜有文字上的错讹。切忌有错字、别字、病句及文理欠通顺的现象发生，写完之后要通读几遍，精雕细琢，否则就可能使求职信"黯然无光"。

3. 不宜"翻版"履历。许多求职者写出来的求职信简直就是把履历用另外一种形式表述，使人阅毕也不得要领。

求职信正确的写法应在首段指出信息来源，即从何处得悉招聘信息；第二段是对本人申请职位的描述和界定；第三段是对个人符合某一职位的条件的高度概括式陈述；最后一段则是表示对阅读者的感谢。

二、简历

简历是大学生求职的重要工具，一份好的简历，能创造面试的机会，增加被录用的概率。简历的优劣直接影响到大学毕业生的求职与择业能否成功，因此求职者在简历中要对每一项内容进行评估，评估的标准就是看该项内容是否有助于自己获得面试的机会。如果某项内容会影响招聘单位对自己的判断，那就删除这项内容。如果自己确实觉得要说明某些情况，可在面试中说明。

（一）简历撰写的基本内容

一份完备的个人简历一般包括以下五个方面的基本内容。

1. 身份详情

包括姓名、性别、年龄、籍贯、民族、政治面貌、健康状况、联系地址、邮编、电话、社交账号、电子邮箱等。

2. 学习经历

就读学校、专业名称、主要课程及学习成绩（应结合所获得证书或职业培训的资料等）。

3. 相关经历

实习、打工、从事的社会工作、参加社会活动的内容，经历一定要与求职应聘岗位密切相关。

4. 兴趣、特长、兼职

重点是与求职相关的内容，包括专业技术特长、一般性特长（如外语、计算机、普通话、写作）、兼职情况及其他特殊成绩。

5. 获奖情况

"三好"学生、优秀学生干部、优秀党团员、奖学金等。

（二）简历撰写的基本原则

1. 简洁性原则

简历不应太长，简历越长，被认真阅读的可能性越小。所以通常简历的长度为一张 A4 纸，只有某些高级专门人才在特殊情况下，可以准备两页以上的简历，即使如此，也需在简历的开头部分做简洁清楚的资历概述，以方便招聘者在较短时间内了解基本情况。资历概述可以在简历页面上端写一段总结性语言，陈述你在事业上最大的优势，然后在工作介绍中再将这些优势以工作经历和业绩的形式加以叙述。

研究表明，一般人每次集中注意力的时间不超过 15 分钟，而招聘者认真阅读一份文面不错、没有明显错误的简历，平均时间也仅为两分钟，超过这个时间，他就不耐烦了。通常情况下，人事主管不会去逐一仔细阅读求职者的简历，而是用一种"扫描"的方式浏览，所以简历的编写要简洁清晰、便于阅读，同时要"突出个性、与众不同"，以避免在"扫描"时不能吸引眼球而被淘汰。有些人将简历的这一特点概括为"十秒钟原则"。

2. 针对性原则

简历应该具有明确的针对性。一份简历要围绕一个求职目标，如果你有多个目标，最好写上多份不同的简历，在每一份上突出重点。换句话说，求职于不同的行业、不同的公司和不同的职位，提交的简历应该是不同的，这将使你的简历更有机会脱颖而出。

简历的内容要针对用人单位和职位的需求，展示自己的长处和优势。很多求职者对投简历的对象缺乏必要的认识和了解，根本不知道对方到底需要什么样的人，所以也就不能有针对性地分析自己的长处，简历投递也只能是乱投一气了。所以，对招聘单位的基本情况和招聘要求一定要清楚，要根据不同职位的要求在简历中突出自己与之相应的能力与经历。比如，一个公司需要求职者具备良好的英语口语能力，简历中应突出描述自己做过业余涉外翻译的经历；反之，一个公司需要求职者具备良好的销售业绩，简历中再大肆描述自己做过业余涉外翻译的经历则是不明智的。

简历忌含糊、笼统和没有重点。我们千万不要忘记，雇主在寻找的是适合某一特定职位的人，这个人将是数百名应聘者中最合适的一个。雇主们都想明确地知道，你可以为他们做些什么。含糊、笼统并毫无针对性的简历会使你失去很多机会。同样，如果简历的陈述没有职位和工作重点，或是把你描写成一个适合于所有职位的求职者，比如说"我干什么都行"，你很可能将无法在任何求职竞争中胜出。所以，你要为你的简历定位，围绕一个求职目标来写。

3. 客观性原则

简历主要叙述求职者的客观情况，尽量避免主观性评价，以采用客观性描述为宜。比如"我工作严谨且认真负责，在过去的工作中我有着出色的表现"，这样的说法是苍白无力的，难以令招聘者信服。不如直接提供客观的可以证明或者佐证求职者资历、能力的事实和数据，比如"2004年在总公司中销售业绩排名第一"。为了客观，简历中要力求避免使用"我如何如何"的语句。

（三）简历撰写的主要格式

按外表形式来分，简历的格式可分为表格式和半文章式两类。

1. 表格式

表格式简历就是用表格的形式列出自己的基本情况和学习、工作的经历等。这种简历完全是以表格的形式出现，综述许多种资料，层次分明，使人一目了然，易于阅读。这一格式通常适用于年轻的大学生、缺乏工作经历但具有各种诸如所学课程、课外活动、业余爱好和临时工作等的求职应征者。主要内容包括姓名，地址，联系方式，主要技能、成就、经验、经历，受教育程度，个人资料，兴趣、爱好、特长，日期等栏目。

2. 半文章式简历

半文章式简历指的是综合使用表格和文章的一种格式。这种格式使用较少的资料表格设计，使用几项长资料的记载，一般适用于资历丰富的求职者。

半文章式的简历一般是按照年月顺序，根据需要有选择地列出自己的学习、工作经历，做到条理清楚，充分表现自己的技能、品德。

（四）简历撰写的内容技巧

1. 有选择性地提供基本信息

无论什么简历都要包含基本信息，如姓名、年龄、联系方式、联系地址、毕业院校，视情况而定是否包含的有性别、籍贯、健康、婚姻、政治面貌。

2. 要包含求职意向

这一点是大多数人忽视的，简历中包含职业意向会显示你的专注与目标，会给 HR 留下可靠、目标清晰的印象。具体做法可以在名字后面直接用同等字体标明。

3. 经历描述一定要具体

经历描述不要把自己做过的事写成岗位职责，要说明自己做了什么。一定要区分出岗位职责和自己经历的区别，少用"负责""相关工作"等词语，要使用一些更加专业、更加明确的词语。

① 多用名词和动词，少单纯地用形容词；

② 避免人称代词你、我、他；

③ 句式多用动词＋名词＋修饰词。

例如：

岗位职责——负责与注册客户的沟通与协调；负责制作文档、文字的处理、编写；对客户进行维护，定期跟踪回访；定期处理各种报表。

经历描述——每天都会做大量与注册客户沟通和协调的工作，帮助客户更好地利用平台的核心功能；高效保质地制作课程文档；每周都会对客户进行针对使用效果的回访；及时处理公司的各方面的数据报表和财务报表。

4. 自我评价要具体（根据自己情况要不要自我评价）

到底要不要自我评价存在争议，如果要有的话，同经历描述一样要尽量具体。不仅要用具体的词句描述自己，最好要有个比较特殊的角度。

例如：

空泛的自我评价——自学能力强，善于思考，吃苦耐劳，有良好的沟通能力，善于与他人相处，富有团队合作精神，热爱运动。有较强的组织协调能力、活动策划能力和公关能力；具有良好的团队精神，善于与人沟通和协作；社会实践能力强，对新事物接受速度快。

具体的自我评价——课程之外自学了多种关于互联网的知识，可以根据问题提出自己的分析框架，带领的团队相处融洽、协作高效；每天坚持运动；在多次活动策划中锻炼了策划能力和协调能力；能够很快地了解新事物并应用到实际。

5. 用数据说话

在简历中的描述性语言插入数据是一件非常有技巧的事，数据让简历更加可信、更加具体，有效地避免了空洞，并起到量化自己成果的作用。

实例（1）：

2014 年共发表论文 4 篇，其中普刊 3 篇，核心期刊 1 篇；在新浪门户、搜狐门户等 4 家媒体共发表 5 篇评论。

实例（2）：

实习期间运营公司的微信公众号，粉丝数量从 561 人增长到了 1 382 人，平均阅读量提升了 150％，并打破以往文章的阅读量记录（2 000＋）。

6. 精炼语言

一般情况下简历都是一页 A4 纸，简历上的内容都是高度浓缩的。精练的语言可以让简历包含更多的信息，这就要求我们尽量不要使用长句，因为一是长句太占空间，二是 HR 不会细读长句。另外尽量不要使用修辞手法，用最直白的小学生就可以读懂的文字制作简历，切记把简历写成小说、抒情散文、诗歌。

7. 详略得当（先做加法，再做减法）

互联网从业人员或者对互联网产品比较了解的人，肯定知道互联网就是先做加法再做减法。其实做简历也是样，先把能加入的东西全部加入，这时候你的简历可能有四五页，然后你可以分别根据应聘的职位做减法，留下适合特定职位的内容，组成一页纸的简历。另外，一定要突出与应聘职位要求高度相关的内容，把那些内容放在最显眼的地方。

（五）简历撰写的风格要求

1. 根据职位性质确定风格

除非美术、设计、创意等性质的工作岗位，其他的岗位一般不建议使用风格过于独特的简历，但是可以根据自己的简历内容发挥做一些与众不同的设计。艺术字、颜色等效果最好不要出现在简历中，这样会降低简历的专业性。

如果没有什么好的创意，又怕弄巧成拙，不妨采用比较保险的简历格式。

求职简历

姓名	＊＊＊	性别	女	民 族	汉族	
出生年月	1987－6－4	籍贯	＊＊	政治面貌	团员	
学历	大专	学制	四年制	户籍所在地	广东广州	
毕业学校	广东培正学院			专业	应用英语（翻译）	
联系地址	＊＊＊＊＊＊＊路周门南 18 号 804				邮编	＊＊＊＊＊＊
家庭电话	020—81＊＊＊245	手机	159＊＊＊＊6085	QQ	37＊＊＊9620	
E-mail	＊＊＊＊＊＊@163.com					
英语水平	全国大学英语四、六级，能熟练地进行对话，语音清晰					
计算机水平	能熟练操作 Windows 系统以及其他相关软件					
熟悉的软件	PowerPoint，Excel，Word，Access					
担任职位	宣传委员，考勤员					
爱好特长	上网，听英文歌，排球					
证书	"第五届广州壳牌美景行动"方案设计活动三等奖					
	中华人民共和国运动员技术等级证书二级资格证					
实践经历	统一大型活动饮品促销员					

2. 简历撰写的注意要点

寸土必争。缩小行距，甚至缩小部分字体；缩小上、下、左、右页边距；充分利用每一行。

不用艺术效果。艺术效果不仅会降低专业性，甚至会影响信息传播，比如下画线有可能会使邮箱等发生视觉错误。

条理清楚。合理分级，使用简洁明快的标号或项目符号，善于使用粗体进行强调，严格对齐，前后同类内容同格式同位置。

大标题为姓名。简历上面的大标题使用自己的姓名，而非"个人简历"。

突出重点。合理排序，善于利用粗体强调，用词恰当。

3. 其他补充注意事项

（1）邮箱投递简历应注意问题

邮件标题要讲究，应包含自己重要信息如学校、姓名、应聘岗位等，例如"应聘产品经理—武汉大学—李某某—136……"应注意附件名称。附件是要下载下来看的，所以要让 HR 在下载文件夹里轻松找到你的附件，可以参考邮件标题的格式。正文部分可以加上称谓"某某经理""某某领导"等；应简略说明基本情况。另外有一些小技巧，如附件文件名可以使用数字或者字母，这样可以使你的附件在文件夹中排在前面；文件名中包含收件人，可以更容易地让 HR 看到。

（2）简历文件格式

关于简历文件格式，最好转化成 PDF 格式，因为 Word 有不同版本，要避免不兼容的版本打开文件有问题。

拓展阅读

三、其他求职材料

在求职材料中，除了毕业证书、学位证书、身份证以外，还包括以下四个方面。

1. 通用型证书，如计算机等级证书、英语等级证书等。

2. 职业资格证书，如教师资格证书、商务策划资格证书、物流师资格证书等。

3. 获奖证书，如"三好"学生、优秀学生干部、优秀团员、奖学金以及参加各级各样竞赛所获得的证书等。

4. 其他证书及材料，社会工作需要的驾驶证及在校期间所发表的各种各样作品的原件或复印件，参与或主持过的大型活动影像材料。

课堂实训

制作一份属于自己的简历

活动目的：

1. 丰富大学生活，指导学生做好职业规划，帮助学生提高职业素质和求职能力，普及简历书写基本理念，提高就业竞争力。

2. 致力于加强关于设计与排版等相关知识的学习，引导大学生的创新思维，展示同学们对软件的掌握能力、想象能力、创新能力及人文素质。

3. 给即将毕业的学生一份参考，使其求职路更加畅通。

简历制作要求：

1. 尺寸规格：A4 纸，封面和排版格式不限。

2. 参赛作品的内容可根据自己的兴趣自由创作，但必须主题明确，构思新颖，主体以介绍自己为主的简历作品，简历要求突出自己的个性，简洁、实用。

3. 设计软件：Photoshop、CorelDRAW、illustrator、Microsoft Word 等。

第三节　毕业生求职方法

案例导读

一、转换社会角色

从大学毕业生到职业人，完成转换的时间虽然时间不长，但是角色性质的变化非常大，甚至可以说是个人职业生涯的重要转折点。

（一）学生角色与职业人角色的区别

1. 社会责任不同

学生角色的社会责任主要是学好科学文化知识，掌握为人民服务的本领，使自己德智体全面发展，即以学习、探索为主要任务。职业人角色的社会责任是以特定的身份履行自己的职责，依靠自己的本领或技能去为社会和他人服务，完成具体的某项社会工作，即职业人必须适应社会、具备风险责任意识并承担相应社会责任。

2. 社会规范不同

学生角色的社会规范主要参照国家指定的《高等学校学生行为准则》和各校制定的《大学生行为手册》，一旦出现违反角色规范，主要以教育帮助为主。职业人角色的社会规范主要参照国家制定各项法律法规，一旦违反职业人角色规范，必定严格惩罚。

3. 社会权利不同

学生的主要活动是学习，因而学生角色强调的是对知识的接纳，对知识的输出和运用强调较少。职业人角色需要依法行使职权，开展工作，运用自己的知识和才能，向外界提供专业服务。

4. 面对环境不同

学生角色是"寝室—教室—图书馆—食堂"四点一线的简单而安静的生活方式，学习时间可弹性安排，有较长的节假日休息，教学大纲提供清晰的学习目标和任务，学术上多鼓励师生讨论甚至争论。职业人角色面临的是复杂多变的社会环境，快节奏的工作方式和单位里须严格执行的考勤制度，工作任务必须要规定时间内有效完成，一切以经济利益为导向。

5. 对独立性与自我管理的要求不同

学生一旦违反校规校纪要受到惩罚，因此许多学生对学校管理形成了依赖心理。单位只在工作时间对员工提出要求，其他时间由员工自主安排，因而职业人经济独立，相比较学生独立性更强，自我管理能力更强。

6. 人际关系不同

学生角色的人际关系较为简单，主要还是师生关系，而职业人角色面临的人际关系相对更为复杂，因为处于职场中竞争是不可避免的。

（二）角色转换的两个阶段

大学毕业生从学生角色到职业角色的转换过程大致可分为毕业前夕和试用期两个阶段，每个阶段有不同的要求和任务，伴随着不同的角色冲突，但可以通过角色协调使角色冲突尽可能降至最低限度。

1. 毕业前夕的角色转换

大学生从年前11月份左右找工作直至第二年6月份毕业离校，这一阶段的时间跨度很大。可以说，这一时期是毕业生转换角色的重要阶段，学生与用人单位签约的同时，就预示着开始迈开由学生角色向职业角色的第一步。一般来说，这个时候学生大部分的课程已经学完，学校的教学计划主要是毕业生的实习实践和毕业论文，学生自主支配的时间相对较多。许多毕业生难免出现这样的心态：签就业协议的那一瞬间就不用担心任何事情，不用上班，不用上课，人生突然失去了目标，感觉很空虚。一些人难免把这段时间当成"最后的疯狂"，完全放松，甚至放纵。其实，在校学习期间的学习环境、学习条件以及学习技能的训练都是最为理想的，毕业生应该在就业协议签订到毕业离校这段时间，针对性地学习知识、培养能力，提前奠定良好的心理基础和知识技能基础。

（1）重视毕业实习和毕业设计学习以及与未来工作岗位有密切联系的专业知识和专业技能

大学的课程设置总体上偏重于基础知识的学习和基本技能的培养，不一定涉及特定岗位上所需要的专业知识和技能。毕业实习和毕业设计是毕业生步入职场的一个必要的过渡阶段。对即将毕业的学生来说，通过毕业实习和毕业设计可以将所掌握的理论知识运用于实际，这不仅有利于加深对书本知识的理解和巩固，还能够发现不足，对自己的知识结构进行必要的补充和调整，提高观察、分析和解决问题的实际工作能力。

（2）进行非智力因素技能的训练，提升多方面的能力

大学毕业生智力上的差距并不太大，而非智力方面的技能却是影响毕业生择业、就业和创业的重要因素。毕业生要敢于表现自己，充满自信，在公众面前不缩头缩脑，这样往往会给人留下良好印象；加强书面表达能力和口头表达能力的培养，善于表现自己，往往会使毕业生在工作中脱颖而出；在与人交往的过程中诚恳而不谦卑，自尊而不倨傲，在与他人的竞争中争而不伤团结，赛而不失风格，获胜不忘形，失败不失态，往往更能赢得单位和同事的信任和赞誉。

2. 试用期内的角色转换

毕业生参加工作后需要经过一段时间的试用期，考核合格之后才能转为正式人员。在校园期间，大学生学习和生活条件比较优越，空闲时间和自由支配时间比较多，节奏也比较缓和，压力较小；而参加工作后，特别是在试用期内，毕业生往往被安排到条件艰苦的基层去锻炼，工作繁忙，经常需要加班加点，属于自己的时间越来越少。在这种情况下，往往会加剧角色冲突，为此大学毕业生应该加强试用期内的学习和认识，使角色转换顺利实现。

（1）重视岗前培训

岗前培训对于刚刚走上工作岗位的大学生的角色转换是非常重要和必要的，它不仅仅让新员工了解单位的基本情况、熟悉规章制度和工作程序，更重要的是通过岗前培训来树立集体主义观念，培养人际协调能力和奉献精神。从某种意义上讲，岗前培训可以直接反映出新员工的素质高低，因此各单位都非常重视，并依此择优分配岗位。毕业生一定要以认真的态度把握好这样一次充实自己、表现自己和提升自己的良机。事实证明，很多毕业生就是因为在岗前培训期间显露才华、表现出色而被委以重任的。

（2）要善于展现自己的知识

大学毕业生因为具有新知识而受到同事的青睐和尊敬，但为此也使一些人与同事之间容易产生一定的距离。因此，大学生在同事面前一定要表现得谦虚、随和，在尊重同事丰富经验的同时，适时、适度地展现自己的知识。例如，可以利

用工作机会，特别是当同事在工作中遇到麻烦时，以谦虚诚恳的态度从理论上提出自己的见解，共同商讨、解决问题。也可以利用业余娱乐机会，发挥自己的知识优势。在交流中让同事了解你的为人和性格，表明自己的世界观、人生观和价值观，缩短与同事间的距离，成为大家的朋友。要切忌以文凭自居自傲，那样只能使得同事对你产生反感，使得自己越来越脱离群众，变得孤立无助。

（3）要树立工作的责任意识

大学生对未来都有美好的期望，都想在事业上大干一场，建功立业。但是多数人在走上工作岗位之初，一般不会被委以重任，而是先从最简单的辅助性工作做起，这也符合人才成长的基本规律。但是，有不少人凭着对工作的新鲜感和学识上的优越感，认为自己被大材小用了，对一些工作不愿意干，甚至开始闹情绪。其实，这是缺乏责任意识的表现，干任何一项工作，都要有足够的热情，更要有丰富的经验和随机应变的能力。这种经验和能力的获得并非一朝一夕之功，它需要在平时的工作中积累和训练。不管工作的大小、分工的高低，大学生都要以满腔的热情、高度的事业心和责任感认真对待，圆满完成。

（4）要培养实事求是的工作作风

大学毕业生具有较强的自尊心和自立意识，在工作上总想独当一面，取得成就。尽管很多人对待工作的态度是认真谨慎的，但在很多时候，工作中还是难免出现失误。工作失误并不可怕，可怕的是不能正确地认识失误，不能实事求是地去承认失误。工作中一旦出现了失误，就要认真地分析原因，总结经验教训，找准失误点；同时要敢于向领导和同事承认，并勇于承担责任，以获得领导和同事的理解；另外，要虚心学习、请教，总结经验教训，避免类似失误再次发生。

（三）如何实现角色转换

1. 强化职业角色意识，培养职业兴趣

职业兴趣是兴趣在职业方面的表现，是指人们对某种职业活动具有的比较稳定而持久的心理倾向，使人对某种职业给予优先注意并向往之。

对于刚刚走上工作岗位的毕业生来说，强化角色意识，充分认识角色职责、任务与工作要求，及时、准确地进入职业角色，是一项最基本的要求。职业角色的主要任务是以特定的身份去履行自己的职责，运用自己所掌握的知识、本领、技能去为社会服务，完成某项工作。社会赋予职业角色的规范、提供的行为模式，因职业的不同而不同，从业者除了应遵守一般社会规范之外，还必须遵守角色职业道德规范。社会赋予职业角色的权利是依法行使职权、积极工作，并在履行义务的同时取得相应的报酬。

2. 提高社会责任意识，强化职业素质

职业角色规范是社会赋予职业角色的行为模式，也是社会评价职业角色的尺度和标准。大学毕业生走上工作岗位以后，必须时刻意识到自己所从事的工作与社会发展的关系，明确自己对社会所承担的责任，按照职业角色规范的要求，不断提高自身的职业素质，加强自身的职业道德建设，努力履行自己应尽的社会义务。

3. 增强独立自主意识，勤于思考和研究

增强自主意识，提高自理能力、独立工作能力和创业能力，是大学毕业生实现角色转换的客观要求和重要条件。只有勤于观察思考，善于发现问题，才能有效完成职业角色转换。大学毕业生进入职业角色要积极运用自身掌握的知识去努力解决问题，掌握大量的第一手资料，有效分析职业对象内部规律，培养自己的独立见解，增强自己独立开展工作的能力，以更好地承担角色责任。

4. 提高心理调适能力，化解负面情绪

现代社会，职场竞争无处不在；居住都市，生活压力不断加码；人到中年，上有老下有小，各种压力不断叠加，我们无法每时每刻保持愉悦的心情，或多或少会产生负面情绪，这对工作和生活带来不良影响。所以，我们必须及时做好心理调节，化解负面情绪，以良好的精神状态投入工作，享受生活。当你意识到自己心里浮躁，周身不自在时，不要轻易下重大决定或会见重要客户。记住：人在情绪不稳的情况下，往往会做出错误的选择，有时让人后悔莫及。我们要学会定期"清空"自己的情绪，可以找一个地方一个人静一静，或者做一件自己想做却一直没有做成的事。我们要尽量避免将工作的负面情绪带回家，或将家里的负面情绪带到公司，那样对工作和家庭是两败两输，只会将事情变得更加糟糕。

拓展阅读

二、调适就业心理

就业遇到困难时，要学会调节自己的心态，使自己能从容、冷静地面对就业这一人生的重大课题，并做出正确、理智的选择。

（一）毕业生就业心理问题

1. 自我认知失调

（1）自负心理

有部分毕业生自认为很有才华，各方面条件都不错，应该有个好的归宿，因而傲气十足。一旦产生自负心理，很容易脱离实际，以幻想代替现实，使自己择业目标和现实产生很大反差，如果未能如愿，他们的情绪就会一落千丈，从而产生孤独、失落、烦躁、抑郁的心理。

（2）自卑心理

某些毕业生因自己不是名牌学校毕业、专业不热门、长相平常、没有权势关系可利用、没有金钱支持等，认为别人具有的先天优势自己都没有，自卑感油然而生。在择业中，他们往往缺乏自信和勇气，看不到自己的优势，不敢竞争。过度自卑使这些毕业生产生精神不振以及沮丧、失望、孤寂等心理。

（3）攀比心理

有这种心理的毕业生在求职活动中往往显得缺乏主见，极易受别人干扰。他们把注意力过多地集中到别人的就业取向中，即使有的单位非常适合自身发展，但因为某个方面比不上同学选择的就业单位就放弃了。通常这种心理往往会延续到就业后，带着失败者的心态进入社会。

2. 情绪困扰

（1）焦虑心理

由于种种原因，有相当一部分毕业生临近毕业还没有落实就业单位，心理普遍有焦虑感。特别是一些基础学科专业、学习成绩不佳、学历层次不高的大学生，表现得更为焦虑。他们往往会心神不宁、意志消沉、萎靡不振，严重影响正常的学习和生活，影响顺利就业。

（2）急躁心理

毕业生择业中常常出现忧心忡忡、烦躁不安、心理紧张、无所适从等现象。有的恨时间过得太慢，有的怨用人单位选人条件太苛刻。一旦发现职业选择未能如愿，又后悔莫及。

（3）挫折心理

在就业问题上毕业生受到挫折，很多是因为他们的就业去向和抱负不能为社会和亲友所理解和接受，从而产生了怀才不遇的感觉，感到苦闷、失望、无奈和悲观。如果在挫折中不认真反思，失去理智，盲目地一意孤行，就有可能形成人格障碍。

3. 人际交往障碍

（1）依赖心理

有的毕业生不能自主地选择就业单位，总想依赖社会关系，依赖学校和老师，甚至依赖父母和亲属为自己找工作，或当要做出选择时自己又不能决断，把希望寄托在别人身上，从而失去了职业选择的机会。

（2）羞怯心理

羞怯是指有的毕业生在求职面试中常常出现面红耳赤、张口结舌、语无伦次，把面试前辛辛苦苦准备的"台词"、腹稿忘得一干二净。有的毕业生谨小慎微，生怕一句话说错、一个问题回答不好影响自己的形象。

（3）问题行为

问题行为，即违背社会规范的不良行为，常见的有损坏东西，报复、迁怒于人，拒绝交往或过度消费、酗酒等。

（二）毕业生就业心理问题形成原因

造成毕业生就业心理障碍的原因是多方面的，既有客观原因，也有主观原因。

1. 客观因素

社会价值导向对毕业生择业观的影响。市场经济的等价交换和竞争，在唤起人们的热情和积极性的同时，也促使人们最大限度地追求个人的物质利益，实现人生价值，如获得高薪、提高职业待遇等，这使毕业生在择业过程中出现了个人主义和功利主义的倾向。

家庭因素，如父母的价值观、家庭经济情况等的影响。有的毕业生来自偏僻落后的农村，希望自己能够去一个远远高于自己生长环境的地方生活发展。有的下岗职工希望子女大学毕业后能到层次较高的单位，不希望子女碌碌无为、平平庸庸。这些毕业生在择业时必然要考虑物质利益，相对会更重视社会地位和生活环境。

西方资本主义价值观和我国残留的封建主义糟粕也影响着大学毕业生的择业观。在大学生中存在着拜金主义、实用主义、享乐主义等错误价值观。

另外，就目前我国高校教育体制而言，还不能完全实现大学生从学校到社会的顺利过渡，无法让他们在心理能力上完全适应社会的要求。这也是造成大学生择业心态不正常的原因之一。

2. 主观因素

毕业生是社会的一个特殊群体，他们主体意识较强，在探寻人生价值过程中崇尚"自我"，主张"自我选择""自我成才""自我发展"，突出强调个人价值，追求人格独立。在贡献和索取之间，在义与利的价值选择上，大学生功利色彩日益浓厚、追求"务实"。表现在择业上便形成了追求个人价值实现、才能的发挥和较高的物质待遇，寻找良好的工作环境。他们把过去那种"到基层去，到边疆去，到祖国最需要的地方去"的"老三到"变为"到外资企业去，到国外去，到挣钱最多的地方去"的"新三到"。"新三到"实现不了，心理失衡、心理障碍的发生就在所难免了。

（三）毕业生就业心理问题调适方法

1. 树立正确的择业观念

肯定基层就业，避免"理想主义"，不要认为基层岗位在偏一些、小一点的地方就是埋没人才，没有发展机会。实际上大学毕业生更需要的是真正地扎根下去，了解社会，增加体验，为自己未来的发展和成功奠定扎实的基础。同时，毕业生要拓宽眼界，善于思考，寻找发展机遇。例如，目前国家大力发展低碳经济，全球均在重视环保产业；又如我们国家目前老龄化速度加快，未来养老产业发展将会相当迅速。这些都是具有一定创新性和很大发展潜力的，可以给毕业生提供就业和创业的广泛空间。

2. 客观公正地评价自己

对自己的性格、兴趣、能力及所处环境等择业要考虑的因素进行客观评价，明确自己今后的职业发展方向，分析自己的优势和劣势，分析自己适合做什么工作，可以听取他人意见，辅助自己进行判断。

3. 掌握就业心理调适方法

毕业生要控制自己的心境，自觉地调整内在的不平衡心理，增强心理素质，保持乐观向上的情绪，这就需要不断地对自己进行心理调适。下面介绍几种常用的心理调适方法，供大学毕业生在择业过程中根据自己的实际情况有选择地加以使用。

（1）自我激励法

自我激励法主要指用生活中的哲理、榜样的事迹或明智的思想观念来激励自己同各种不良情绪进行斗争，坚信未来是美好的。大学生在择业过程中，要相信自己的实力，通过自我激励增强自信心、消除自卑感，保持良好的情绪和心态。

（2）注意转移法

注意转移法即把注意力从消极情绪转移到积极情绪上。当不良情绪出现时，可以采取转移注意力的方法寻找一个新颖的刺激，激活新的兴奋点以抵消或冲淡原来的，使不良情绪逐渐消失。

（3）适度宣泄法

当遇到各种矛盾冲突、引起不良情绪时，应尽早进行调整或适度宣泄，使压抑的心境得到缓解和改善。较好的宣泄方法是向你的挚友、师长倾诉你的忧愁、苦闷，使不良情绪得到疏导，也可通过打球、爬山等运动量较大的活动，消除压抑心理，恢复心理平衡，但应注意场合、身份、气氛，注意适度，宣泄应是无破坏性的。

（4）自我安慰法

自我安慰法又称自我慰藉法，关键是自我忍耐。在择业中大学生常常会遇到挫折，当经过主观努力仍无法改变时，可适当地进行自我安慰，以缓解矛盾冲突，解除焦虑、抑郁、烦恼和失望情绪，这样有助于保持心理稳定。在因受挫折而情绪困扰时，可用"亡羊补牢，犹未为晚"和"塞翁失马，焉知非福"等话语来自我安慰，解脱烦恼。

（5）合理情绪疗法

合理情绪疗法认为，人们的情绪困扰是由于不正确的认知即非理性信念所造成的。因此，通过认知纠正，以合理的思维方式代替不合理的思维方式，就可以最大程度地减少不合理的信念给人们的情绪带来的不良影响。例如，有的大学生择业不顺利怨天尤人，认为"人才市场提供的岗位太少""用人单位要求太高"，其原因就在于他只从客观上找原因，认为"大学生择业应当是顺利的"，认为"社会应该为大学生提供充足的岗位"，等等。正是由于这些不正确的认知观念，造成了他的不良情绪，而这种不良情绪恰恰来自他自己。所以，如果能改变这些不合理的观念，调整认知结构，不良情绪就能得到舒缓。

拓展阅读

三、了解就业途径

在求职竞争中，途径选择也是求职成功的重要因素，正确的途径选择可以减少求职的时间成本，提高沟通的效率，增加求职的成功率。大学生要确定自己的职业层次。职业层次是指在同一种职业或职业类型内部由工作内容及对人员要求的不同而造成的区别。大学生要根据自己的爱好和特长、专业特点等实际特点，确定要选择单位的性质、规模、地域等，这样就可以有选择性地参加人才市场招聘。

1. 网络招聘

网络招聘是伴随网络日益普及的趋势所产生的一种新的媒体招聘形式，招聘信息可以定时、定向投放，发布后也可以修改，其费用相对比较低廉，理论上可以覆盖到全球。通过在知名的人才网上发布招聘信息，可以快捷、海量地接收到求职者的信息，而且各网站提供的格式简历和格式邮件可以降低简历筛选的难度，加快处理简历的速度。这种形式对于白领阶层尤其实用，基本上是"找工作，一键搞定"。

这种渠道不能控制应聘者的质量和数量，海量的信息，包括各种垃圾邮件、病毒邮件等会加大招聘工作的压力。

网络招聘的形式可以在常年招聘计划较多的单位采纳。另外，随着各大人才网站简历库的丰富完善，HR 们可以利用网站提供的"网才"服务在简历库中搜寻我们要找的人。这种方式有些类似于猎头的工作模式。

2. 校园定向招聘

校园招聘能够极大地提高公司在高校圈的知名度，为公司储备人才提供人才库，为建立良好的校企合作关系奠定基础。同时，校园招聘的费用低廉，对知名企业而言有时甚至可以"免费入场"。

校园招聘虽然能够吸引众多的潜在人才，但是这类人员的职业化水平（态度、职业技能、行为习惯等）不高，流失率较高，需要企业投入较多的精力进行系统完整的培训。

3. 现场招聘会

现场招聘会是传统的人才招聘方式，费用适中。HR 们不仅可以和求职者直接面对面交流（相当于初试），而且可以直观展示企业的实力和风采。这种方式总体上效率比较高，可以快速淘汰不合格的人员，控制应聘者的数量和质量。

现场招聘会的局限性在于往往受到展会主办方宣传推广力度的影响，求职者的数量和质量难以得到有效保证。这种方式通常用于招聘一般型人才。

4. 企业内部招聘

企业内部招聘在具有规模的企业比较常见，这种方式的特点是费用极少，能极大提高员工士气。申请者对公司相当了解，适应公司的文化和管理，能较快进入工作状态。可以在内部培养出"一人多能"的复合型人才。

企业内部招聘的局限性也比较明显，人员供给的数量有限，易"近亲繁殖"，形成派系，组织决策时缺乏差异化的建议，不利于管理创新和变革。

5. 猎头公司招聘

猎头是一种高效的招聘渠道，利用其储备人才库、关系网络，定向猎挖，在短期内快速、定向寻找企业所需要的人才的招聘方式。

正规的猎头公司收费相较于其他常规渠道更高，通常为被"猎"成功人员年薪的 20%～35%。

6. 媒体广告招聘

由于报纸仍然是普通大众包括求职者在内了解信息的重要平台，所以这种形式的广告在本地的覆盖面比较广，目标受众接受的概率比较高，还可以提升企业在当地的知名度，有效宣传公司的业务，有一举多得之功效。

媒体广告招聘渠道会吸引到很多不合格的应聘者，增加了人力资源部门筛选简历的工作量和难度，延长招聘的周期。另外，该渠道的费用比较高，特别是选择"抢眼"版位和版式的费用会更高。

7. 招聘告示

招聘告示是招聘媒体形成以前被广泛采用的招聘方式，目前在中小企业、服务行业、劳动力招聘时还比较常见。这种方式的特点是简单易行，满足文化层次不高、经济条件不好的人员求职。

招聘告示的缺点一是影响公司形象，二是有违"禁止胡乱张贴广告、告示"的规定。

8. 员工推荐

员工推荐的招聘成本小，应聘人员和现有员工之间存在一定的关联、相似性，基本素质较为可靠，可以快速找到和现有人员素质技能相近的员工。

员工推荐的选择面比较窄，往往难以招到能力出众、特别优异的人才。

9. 广播招聘、电视招聘

广播、电视招聘如中央台举办的《绝对挑战》知名企业招聘栏目，是企业人才营销的重要方式，同时企业也得到了很好的宣传。

广播、电视招聘的缺点主要是成本高、适用范围小。

10. 行业、专业网站及论坛

这类渠道有些类似人才网站招聘，快速简捷，其更胜一筹的是可以通过网络和对方及时、深入地互相沟通。因此，我们很可能在这里挖掘到梦寐以求的"千里马"。

这类渠道的缺点主要是寻找成本很高，人才可选择范围比较狭窄，很多时候似乎在碰运气。

课堂实训

通过各类就业途径搜集自己应聘岗位信息

（一）活动目的

理解并掌握大学毕业生各类就业途径。

（二）活动形式

1. 按照学号 5 人为一组，确定应聘岗位。

2. 通过各类就业途径搜集自己应聘岗位的信息。

3. 制作成相应 PPT 并进行课堂展示。

第四节　毕业生求职技巧

案例导读

在当今时代，信息的重要性不言而喻。谁能以最快捷的方式占有最广泛、最准确、最有效的信息，谁就能得到更多的成功机会。高职毕业生的求职择业也是如此，谁能积极主动、广辟途径地收集信息，认真细致、去伪存真地分析处理信息，谁就能有更多的回旋余地，把握选择的主动权，抓住就业机会。就业竞争在一定程度上就是拥有信息量的竞争。

一、有效获取就业信息

就业信息指择业者未知的、经过加工处理后对择业者具有一定价值的就业资料和情报。

高职毕业生就业的成功与否，不仅取决于个人的学业成绩、能力水平及社会对人才的需求等因素，而且也与毕业生能否及时有效地获取就业信息密切相关。

（一）就业信息的收集原则

1. 真实性原则

随着网上求职的流行，一些以营利为目的的中介机构利用网络的局限性，发布一些虚假或过时的用人信息以吸引、欺骗毕业生，毕业生为此东奔西走，徒劳往返，既浪费金钱，又耗费时间。对此，学校和毕业生都应提高警惕，只有真实准确的信息才有生命力。

2. 适用性原则

毕业生首先要对自身有充分的认识，然后根据自己的专业、特长、能力、性格、气质等方面的特点筛选与自己有关的信息，避免收集范围过大。

3. 系统连贯性原则

毕业生平时需将各种零碎的相关信息积累起来，然后加工、筛选，形成一个能客观、系统地反映当前就业市场、就业政策、就业动向的就业信息链，为自己的信息分析和抉择提供可靠的依据。

4. 计划性原则

毕业生收集信息前必须要制订相应的计划，明确收集信息的目的。有了明确的目的，收集信息才有方向，明确自己所需就业信息的范围，做到有的放矢。

（二）就业信息的种类与内容

就业信息分宏观、微观两类。其中，宏观信息包括毕业生就业的总体形势、社会对人才的需求趋势、就业政策、就业活动等；微观信息即哪些单位需要什么样的毕业生，如需求单位的性质，企业文化，专业要求，行业现状及发展前景，岗位描述，计算机、外语水平，生源地、性别要求，单位提供的用人条件，工作性质，晋升机会，工资福利待遇，空缺岗位，等等。

就业信息的来源有各级政府、社会就业机构、学校的毕业生就业工作部门、目标企业、校企合作单位、大众传播媒介、网络媒体、人才市场、校园宣讲会、毕业生供需见面会以及人脉关系等。

课堂实训

1. 你要求职本校学生工作岗位。
2. 请列出你要了解的信息具体内容。
3. 搜集就业信息，并列表写下来。

就业信息列表

岗位		学历要求	
信息来源		生源要求	
单位名称		性别要求	
性质		外语水平要求	
地点		计算机能力要求	
环境		专业知识要求	
企业文化		专业技能要求	
发展前景		待遇	
用人制度		应聘流程	
工作职责		应聘联络方式	
专业要求		备注	

（三）就业信息的搜索方法

1. 全方位搜集法

把与专业有关联的就业信息统统收集起来，优势是信息广泛，选择余地大；劣势是较浪费时间和精力。

2. 定方向搜集法

根据你选定的职业方向和求职的行业范围来搜集相关的信息，优势是便于找到更适合自己的；劣势是可能选择少，竞争激烈。

3. 定区域搜集法

根据个人对某个或某几个地区的偏好来搜集信息，优势是重地区、轻专业；

劣势是可能竞争大，择业困难。

（四）就业信息的收集途径

搜集就业信息，关键要掌握并且畅通信息渠道。当前，搜集就业信息的途径很多，比较常用的途径主要有以下几种。

1. 学校毕业生就业工作部门

学校毕业生就业工作部门是学校专门负责毕业生就业工作的常设机构，包括学校毕业生就业指导中心和各院系学生工作办公室，他们与负责毕业生就业的各级主管部门和用人单位有着密切的联系，拥有大量的就业信息，而且所掌握的就业信息在准确度、权威性上都具有明显的优势。目前，毕业生就业工作部门转变观念，以就业为导向，以服务为宗旨，在公布信息，提供咨询、就业指导以及为用人单位举办各种就业招聘活动方面，做了大量卓有成效的工作。所以，学校毕业生就业工作部门是毕业生获取就业信息的主渠道。

2. 各级政府教育主管部门和就业工作机构

毕业生就业工作是教育部主抓的一项重要工作，县级以上的教育和人事部门都成立了毕业生就业的管理机构或指导机构。这些部门制定辖区内的毕业生就业政策，定期收集所在地用人单位的需求信息，经过整理后通过多种渠道发布出去，为毕业生就业提供各种咨询与服务。这些信息几乎涵盖了当地各行业的需求信息，因此地域性较强。对于有明确的就业地点要求的毕业生来说，这种渠道的就业信息尤为重要。

3. 学校老师和校友

在学校工作、任教的教师，尤其专业老师，比一般人更了解本专业毕业生适合就业的方向和范围，他们与一些专业对口的单位关系密切。通过他们了解就业信息或者通过他们推荐到就业单位，对毕业生成功就业是很有帮助的。校友大都在专业对口的单位工作，他们对所在部门和单位的情况比较熟悉，有的对本单位引进毕业生还有一定的影响力，他们提供的就业信息更准确，可信度更强，成功率更高。

4. 家长、亲朋好友

利用家长及各种亲朋好友关系获得就业信息是一个非常有效的渠道，每个人都可以通过自己的家庭成员和亲友等社会关系，建立一个广泛的就业信息关系网络。家长或亲友社会阅历比较丰富，社会交往广泛，拥有较多的社会资源，获取信息的渠道也很多，容易提供适合毕业生要求的信息，并且在帮助了解就业信息或推荐就业时积极主动、不遗余力。所以，这也是毕业生获取就业信息的一个重要渠道。

5. 各种就业招聘会及人才市场

学校单独或联合举办的毕业生供需见面会、各地市举办的主要面向本地区用人单位和毕业生的人才市场招聘会，能在较短的时间内汇集众多用人单位和大量的需求信息，对于毕业生来说是了解信息、成功择业的大好机会。特别是学校举办的"毕业生双选会"，专业更对口，针对性更强，毕业生一定不要错过机会。

6. 社会实践和毕业实习

大学生到用人单位参加社会实践和实习活动，不仅有利于开阔视野，而且有利于了解单位的企业文化、工作情况和工作要求，更重要的是还可以获取单位的用人需求信息。毕业生应充分利用社会实践、顶岗实习的机会到各单位去锻炼，体现出自身的才华、能力、忠诚度与敬业精神。如果各方面表现非常突出，社会实践或者顶岗实习很可能为日后的择业竞争奠定良好的基础。

7. 各种新闻媒体

报纸、广播、电视、杂志等新闻媒体是搜集就业信息的传统渠道，它们一般都会定期或不定期地发布招聘信息。一些用人单位的简介、需求信息、招聘启事等都会在当地主要媒体登出。一些专门针对毕业生就业的期刊也汇集了就业政策、就业指导和就业需求信息，这些信息的特点是便捷、范围广、速度快、信息量大、可信度强、选择机会多等。毕业生可以通过这些媒体，很容易地搜集到大量就业信息。

8. 网络

随着互联网的普及，网上求职已成为毕业生求职的一种时尚，越来越多的用人单位在互联网上发布用人信息。毕业生可以从专业的求职网站上查找信息，也可以从各大搜索引擎上查找就业信息。另外，各类求职"QQ群"或者论坛也是毕业生可以关注的网络资源，这些一般都是求职者群体建立起来的，其目的在于信息资源共享。通过它不仅可以获得大量就业信息，也可以获得成功就业人士传授的就业经验等。

9. 电话、信件或拜访

毕业生可以通过电话咨询、信函询问、登门拜访等方式，对相关单位的人才需求情况进行了解，也可以获得所需要的就业信息，而且这样获得的信息更真实、可靠。

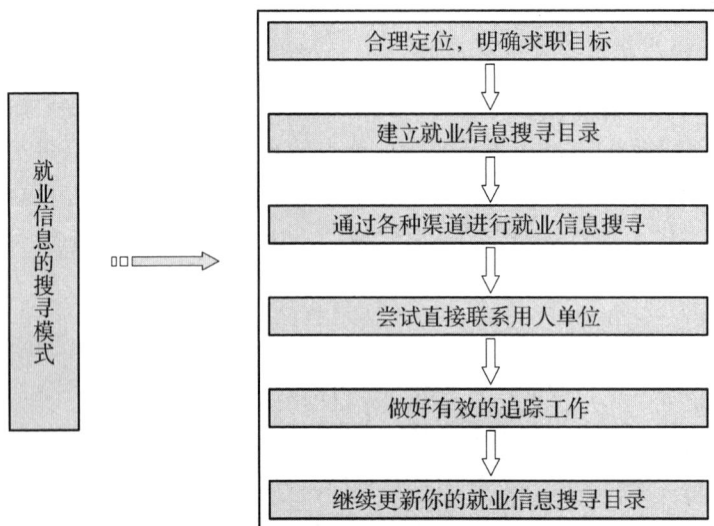

图 8-8　就业信息搜寻模式

"大型"校园招聘会的类型

◆　学校举办

◆　行业协会主办

◆　政府公共服务机构主办

◆　人才中介组织主办

◆　企业集团组织主办

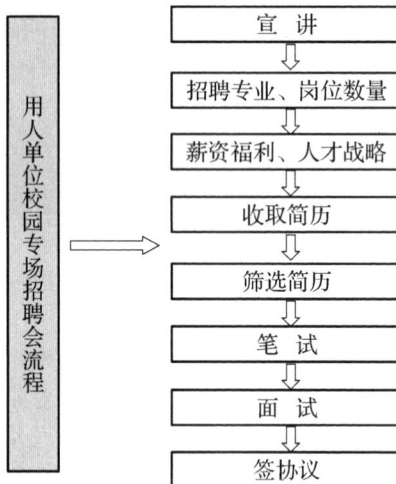

图 8-9　校园招聘会流程

网站推介

（五）搜集整理职业信息

在时间上要注意动态性，以掌握用人单位发展过程中的变化和趋势；在空间上要讲求全面性，以了解各地区、各部门、各行业人才需求状态；在内容上要注意广泛性，认真分析影响求职择业的各种影响因素；在处理上要注意去伪存真、去粗取精，使信息具有准确性、有效性、时效性和实用性。

课堂实训

练习：记录一条完整的招聘信息

图 8-10 一条完整的招聘信息

包括：日期（企业的招聘有效日期和个人的记录时间）；**渠道**（哪里看到的）；**公司**（公司全称与公司简介）；**岗位**（职位描述与任职资格）；**联系方式**（电话、E-mail、公司网站）；**联系人**（注意所在部门和性别）。

实践作业

1. 结合你的职业定位，搜索相关就业信息。

2. 整理并使用你的就业信息，尝试直接联系或通过各种关系寻找到用人单位实地参观考察的机会，验证信息的准确性，判断自己的求职成功率。

3. 建立你的职业信息库。

二、防范求职"陷阱"

（一）求职"陷阱"的一般类型

高薪承诺：含糊的月薪数字、有附加条件的高薪，高薪承诺多为口头协议。

福利承诺：一些单位口头上给求职者提供的福利承诺格外让人眼红，而实际上要兑现这些福利又有许多苛刻的限定。

职位陷阱：用一些头衔、位置吸引毕业生，等到了单位，才发现实际从事的工作与所谓的"职位"相差甚远。

1. "高薪"及其他承诺"陷阱"

一些别有用心的"用人单位"往往会利用大学毕业生求职心切的心理和缺乏社会经验、单纯、易轻信别人的特点，在"双向选择"过程中或在招聘广告中介绍本单位情况时夸大其词、避重就轻，或者使用一些笼统、含糊不清的词句，或者做一些让人心动的"承诺"，以迷惑并吸引毕业生前来应聘。

2. 合同"陷阱"

聘用合同是企业和求职者建立劳动关系、维护各自权利的依据。在签订聘用合同时，劳资双方的地位是平等的。但是，由于毕业生刚刚走向社会，对一些基本的法律法规知之甚少，因此在与用人单位签订合同时，有时落入用人单位设置的合同"陷阱"之中。

合同"陷阱"的主要形式主要有以下几种。

① 口头合同——用人单位与毕业生只是在口头上约定相互间的责、权、利。

② 霸王合同——片面地从企业一边的利益出发，制订"一边倒合同"。

③ 生死合同——合同中有关病、伤、残、死亡的保险条款不符合相关法律规定。

④ 保证合同——企业把一些不合理的要求写入保证书并附在劳动合同上。

⑤ 双面合同——与毕业生签订真假两份合同，假合同应付检查，真合同实际使用。

3. 试用"陷阱"

"试用"本来无可厚非，但近年来不少毕业生遭遇这样的陷阱：一些单位（甚至还有一部分是知名企业）与很多毕业生签约，但在试用期即将结束时以各种理由辞退了绝大多数毕业生，更有甚者，还要求求职者交纳一定数额的培训费。理由很简单，这些别有用心的企业就是想用"无报酬"或"极低报酬"使用大学毕业生这个"廉价劳动力"。

4. 中介"陷阱"

奉劝毕业生不要到无营业执照和职业许可证的职介所去，一般应到大型劳务市场、人才市场求职，这样合法利益才能够有保障。

5. 传销"陷阱"

非法传销活动，诱骗毕业生到企业面试或实习。

6. 抵押"陷阱"

一些企业收取求职者押金，或者以身份证、毕业证等抵押作为应聘的条件。

7. 网络"陷阱"

网络求职信息不可轻信，要注意自我隐私保护。

（二）求职"陷阱"的一般特征

1. 提供岗位的单位不是经过工商部门注册的正规公司。
2. 提供的职位不具备资格、条件或条件过于宽松。
3. 职位名称好听，但不符合实际功能。
4. 承诺的薪酬、福利等不符合市场行情。

（三）求职"陷阱"的自我防范

1. 防范意识的培养。加强相关法律法规的学习，树立正确的择业观，保持良好的择业心态。
2. 自我防范对策。对就业信息的防范，应仔细辨别，学会去伪存真；对中介机构的防范，应弄清中介机构及其操作是否合法；对面试的防范，应注意面试的地点、收费等情况；对签约的防范，应严肃对待就业协议书，慎重签约；发觉被骗，及时报案。

知识链接

课堂实训

1. 针对你感兴趣的一个企业（单位）或目标就业的企业（单位），尽可能地收集它们的企业概况、企业文化、用人标准等方面的信息内容。

2. 在求职、收集信息、面试、签约等求职的四个重要阶段，仔细分析每个阶段的各个环节，制订一份自己的"防骗宝典"。

三、掌握笔试技巧

（一）常见的笔试内容

1. 专业知识测试

这种考试主要是检验应聘者担任某一职务时是否能达到所要求的专业知识水平和相关实际能力。

2. 智商与心理测试

智商测试对毕业生所学专业一般没有特殊要求，但对毕业生的素质要求较高。智商测试题主要测试毕业生对数字的敏感程度以及基本的计算能力。心理测试是要求被试者完成事先编制好的标准化量表或问卷，根据完成的数量和质量来判定其心理水平或个性差异的方法。

3. 综合能力测试

这种测试包括专业能力测试、智商测试和心理测试，还涉及对学生自身素质的考核，如道德、价值观、社会知识等。有的考题是对学生阅读理解，发现、分析和解决问题的能力及知识面等素质的全方位检测。

（二）常见的笔试要求

常见的笔试要求可以分为以下几种。

1. 诚信守时

诚信从守时开始，守时显然是一个优秀人才必备的素质。参加笔试的学生一定要提前到达笔试现场，在考试过程中严格遵守考试纪律，杜绝作弊等不良习气，给用人单位留下一个好印象。

2. 树立信心

笔试怯场，大多是缺乏信心所致。要客观冷静地对自己进行正确评估，克服自卑心理，增强信心。

3. 临场准备

提前熟悉考场环境，仔细查看考场注意事项，提前做好准备。除携带必备的证件外，考试必备的文具（钢笔、橡皮等）要准备齐全。

4. 复习知识

对专业知识进行复习。一般来说笔试都有大体的范围，可围绕这个范围翻阅有关图书资料，复习巩固所学过的课程内容，做到心中有底。

（三）笔试的答题技巧

笔试的答题技巧包括以下五点内容。

1. 通览全卷

刚拿到试卷，一般心情比较紧张，建议拿到卷子以后整体看一下，看看考卷一共几页，有多少道题，了解试卷结构。通览全卷是克服"前面难题做不出，后面易题没时间做"的有效措施，也可以防止"漏做题"。答题顺序从卷首依次开始，先易后难，最后攻坚。当然也并非一定得如此，一份试卷虽然大致是先易后难，但试卷前部特别是中间出现难题也是常见的，绕过难题，先做好有保证的题，才能尽量多得分。

2. 字迹清晰

涂改方式要讲究：一，要划掉重新写，忌原地用涂黑的方式改，这会使阅卷老师看不清。二，如果对现有题解不满意想重新写，要先写出正确的，再划去错误的。有的同学先把原来写的题解涂抹了，写新题解的时间又不够，本来可能得的分被涂掉了。三，新的答案写出后，不要忘记把原来的答案划去，如果出现对的和错的两个答案并存的情况，按规矩是不能给分的。

3. 读懂题意

明确哪些是题面给出的已知和没有给出的已知，也要明确题意所要求解答的问题，再根据自己掌握的知识整理出解答习题的解题思路，或者根据要求解答的问题步步逆推需要的条件，直至推导的所有条件在题意中为已知。

4. 自我暗示

自我暗示又称自我肯定，是一种使我们正在想象的事物坚定和持久的表达方式。进行肯定的练习能让我们开始用一些更积极的思想和概念来替代过去陈旧的、否定性的思维模式，这是一种强有力的技巧，一种能在短时间内改变对生活的态度和期望的技巧。

成功心理、积极心态的核心就是自信主动意识，或者称作积极的自我意识，而自信意识的来源和成果就是经常在心理上进行积极的自我暗示。反之也一样，消极心态、自卑意识，就是经常在心理上进行消极的自我暗示。不同的意识与心态会有不同的心理暗示，而心理暗示的不同也是形成不同的意识与心态的根源。所以说，心态决定命运，正是心理暗示决定行为。

5. 认真检查

答完试卷后，要进行一次全面检查，特别注意不要漏题、跑题，要纠正错别字、语法不通、词不达意等错误。对于心理和智力测试的题目，在检查中如发现不妥，又难以确定对错，最好的方法是保留原有答案。

四、掌握面试技巧

案例导读

面试是用人单位通过与求职者面对面的交流来考察求职者的一种方式。相较于笔试，面试具有更大的灵活性和综合性，现已成为用人单位筛选人才的一种普遍方法。要使自己在众多求职者中脱颖而出，就必须要了解面试的基本内容，做好面试前的准备，注重面试的礼仪，掌握面试的技巧。同时，还要做好面试后的追踪补救工作。只有这样，才能使自己在面试中突出重围，得到用人单位的认可。

（一）面试的种类

1. 根据面试实施的规范化程度，可以将面试分为结构化面试、半结构化面试和非结构化面试

结构化面试，也称标准化面试，是指对面试的内容、形式、程序、评分标准及结果的合成与分析等构成要素，按统一制定的标准和要求进行的面试。半结构化面试是指对面试的部分要素有统一要求的面试，如规定有统一的程序和评分标准，但面试题目可以根据面试对象而随意变化。非结构化面试则是对与面试有关的要素不做任何限定，也就是没有任何规范的随意性面试。

2. 根据面试对象的多少，可以将面试分为单独面试和集体面试

所谓单独面试，指主考官与应试者单独面谈。这是最普遍、最基本的一种面试方式。单独面试的优点是能提供一个面对面的机会，让面试双方较深入地交流。单独面试又有两种类型：一，只有一个主考官负责整个面试过程，这种面试大多在较小规模的单位，录用较低职位人员时采用；二，由多位考官参加整个面

试过程，但每次均只与一位应试者交谈，公务员面试大多属于这种形式。

集体面试又叫小组面试，指多位应试者同时面对面试考官的情况。在集体面试中，通常要求应试者做小组讨论，相互协作解决某一问题；或者让应试者轮流担任领导主持会议、发表演说等。这种面试方法主要用于考察应试者的人际沟通能力、洞察与把握环境的能力、领导能力等。

无领导小组讨论是最常见的一种集体面试法。在不指定召集人、主考官也不直接参与的情况下，应试者自由讨论主考官给定的讨论题目，这一题目一般取自于拟任工作岗位的专业需要或是现实生活中的热点问题，具有很强的岗位特殊性、情景逼真性和典型性。在讨论中，众考官坐于离应试者一定距离的地方，不参加提问或讨论，通过观察、倾听为应试者进行评分。

3. 根据面试气氛与情景不同，可以将面试分为压力性面试和非压力性面试

压力性面试是将应考者置于一种人为的紧张气氛中，让应考者接受诸如挑衅性、非议性、刁难性的刺激，以考察其应变能力、压力承受能力、情绪稳定性等。典型的压力式面试是以考官穷究不舍的方式，连续就某事向应考者发问，且问题刁钻棘手，甚至逼得应考者穷于应付。考官以此种"压力发问"方式逼迫应考者充分表现出对待难题的机智灵活性、应变能力、思考判断能力、气质性格和修养等方面的素质。

非压力性面试是在没有压力的情景下考察应考者有关方面的素质，面试官力图创造一种宽松亲切的氛围，使应聘者能够在最小压力下回答问题，以获得录用所需的信息。

4. 根据面试进程不同，可以将面试分为一次性面试和分阶段面试

所谓一次性面试，是指用人单位对应试者的面试集中于一次进行。在一次性面试中，面试考官的阵容一般都比较"强大"，通常由用人单位人事部门负责人、业务部门负责人及人事测评专家组成。在一次性面试情况下，应试者是否能面试过关，是否被最终录用，就取决于这一次面试表现。面对这类面试，应试者必须集中所长，认真准备，全力以赴。

分阶段面试又可分为两种类型，一种叫"依序面试"，一种叫"逐步面试"。

依序面试一般分为初试、复试与综合评定三步。初试的目的在于从众多应试者中筛选出较好的人选。初试一般由用人单位的人事部门主持，主要考察应试者的仪表风度、工作态度、上进心、进取精神等，此步会将明显不合格者予以淘汰。初试合格者进入复试，复试一般由用人部门主管主持，以考察应试者的专业知识和业务技能为主，衡量应试者对拟任工作岗位是否合适。复试结束后再由人事部门会同用人部门综合评定每位应试者的成绩，确定最终合格人选。

逐步面试一般是由用人单位的主管领导、处（科）长以及一般工作人员组成面试小组，按照小组成员的层次，由低到高的顺序，依次对应试者进行面试。面试的内容依层次各有侧重，低层一般以考察专业及业务知识为主，中层以考察能力为主，高层则实施全面考察和进行最终把关，实行逐层淘汰筛选，越来越严。应试者要对各层面试的要求做到心中有数，力争在每个层次均留下好印象。在低层次面试时，不可轻视大意，不可骄傲马虎，在面对高层次面试时，也不必胆怯拘谨。

5. 根据面试设计内容的重点不同，可以将面试分为常规面试、情景面试和综合性面试

所谓常规面试就是我们日常见到的、主考官和应试者面对面以问答形式为主的面试。在这种面试条件下，主考官处于积极主动的位置，应试者一般是被动应答的姿态。主考官提出问题，应试者根据主考官的提问做出回答，展示自己的知识、能力和经验。主考官根据应试者对问题的回答以及应试者的仪表仪态、身体语言、在面试过程中的情绪反应等，对应试者的综合素质状况做出评价。

在情景面试中，突破了常规面试考官和应试者那种一问一答的模式，引入了无领导小组讨论、公文处理、角色扮演、演讲、答辩、案例分析等人员甄选中的情景模拟方法。情景面试是面试形式发展的新趋势，在这种面试形式下面试的具体方法灵活多样，面试的模拟性、逼真性强，应试者的才华能得到更充分、更全面的展现，主考官对应试者的素质也能做出更全面、更深入、更准确的评价。

综合性面试兼有前两种面试的特点，同时是结构化的，内容主要集中在与工作职位相关的知识技能和其他素质上。

在实际面试过程中，为了能够更准确地选择适合单位发展需要的优秀人才，用人单位可能会采用一种或几种面试方法，也可能就某一问题对求职者展开更为深入和细致的考察。

（二）面试的主要内容

1. 仪表风度

仪表风度是指应试者的体型、外貌、气色、衣着举止、精神状态等。像国家公务员、教师、公关人员、企业经理人员等职位，对仪表风度的要求较高。研究表明，仪表端正、衣着整洁、举止文明的人，一般做事有规律，注意自我约束，责任心强。

2. 专业知识

了解应试者掌握专业知识的深度和广度，其专业知识是否符合所要录用职位

的要求，以作为对专业知识笔试考察的补充。面试对专业知识的考察更具灵活性和深度，所提问题也更接近拟任岗位对专业知识的需求。

3. 工作实践经验

一般根据查阅应试者的个人简历、求职信或履历表的结果，进行一些相关的提问，查询应试者有关背景及过去工作的情况，以补充、证实其所具有的实践经验。通过工作经历与实践经验的了解，还可以考察应试者的责任感、主动性、思维能力、口头表达能力及遇事的理智状况等。

4. 口头表达能力

面试中应试者是否能够将自己的思想、观点、意见或建议顺畅地用语言表达出来。考察的具体内容包括表达的逻辑性、准确性、感染力、音质、音色、音量、音调等。

5. 综合分析能力

面试中，应试者是否能对主考官提出的问题通过分析抓住本质，并且说理透彻、分析全面、条理清晰。

6. 情景面试技巧、反应能力与应变能力

主要看应试者对主考官所提的问题理解是否准确贴切以及回答的迅速性、准确性等，对于突发问题的反应是否机智敏捷、回答恰当，对于意外事情的处理是否得当等。

7. 人际交往能力

在面试中，通过询问了解应试者经常参与哪些社团活动，喜欢同哪种类型的人打交道，有哪种社交倾向和与人相处的技巧。

8. 自我控制能力与情绪稳定性

自我控制能力对于国家公务员及许多其他类型的工作人员（如企业的管理人员）显得尤为重要。一方面，在遇到上级批评指责、工作有压力或个人利益受到冲击时，能够克制、容忍、理智地对待，不致因情绪波动而影响工作；另一方面，工作要有耐心和韧劲。

9. 工作态度

一是了解应试者对过去学习、工作的态度；二是了解其对现报考职位的态度。在过去学习或工作中态度不认真，做什么、做好做坏都无所谓的人，在新的工作岗位也很难勤勤恳恳、认真负责。

10. 上进心、进取心

上进心、进取心强烈的人，一般都确立有事业上的奋斗目标，并为之积极努力，表现在努力把现有的工作做好、不安于现状、工作中常有创新。上进心不强的人，一般都是安于现状、无所事事，不求有功，但求能敷衍了事，对什么事都不热心。

11. 求职动机

了解应试者为何希望来本单位工作、对哪类工作最感兴趣、在工作中追求什么，判断本单位所能提供的职位或工作条件等能否满足其工作要求和期望。

12. 业余兴趣与爱好

了解应试者休闲时间爱从事哪些运动、喜欢阅读哪些书籍、喜欢什么样的电视节目、有什么样的嗜好等。了解一个人的兴趣与爱好，对录用后的工作安排常有好处。

此外，面试时主考官还会向应试者介绍本单位及拟聘职位的情况与要求，讨论有关薪酬、福利等应试者关心的问题，以及回答应试者可能要问到的其他一些问题等。

（三）面试前的准备

面试前的准备包括以下五点内容。

1. 了解用人单位的情况

求职者要主动了解面试单位的大致发展情况，达到知己知彼。可以向学校辅导员或父母、朋友、亲戚咨询，也可以利用网络等媒介查询。面试一般都是求职者与用人单位的第一次直接接触和了解，因此面试前一定要知道应聘单位的性质、主要职能、人员结构、规模和效益，用人单位对应聘者的专业、能力、个性等的要求，以及所应征的职位的工作要求和内容。如果应聘者能比较详细地回答出公司的历史、现状、企业文化等方面的问题，面试官一定会感到意外和高兴，因为每一个面试官都会在乎对方是否是一个把自己置身于公司利益之中的人。

2. 专业技能测试准备

如果谋求的工作需要某种特殊的知识或技能，在面试时求职者极可能会被问到某一方面的问题，需要当场做检测，以衡量求职者的知识和能力水平。遇到这种情况，求职者最好事先温习这方面的知识、练习有关的技能。

3. 个人资料准备

个人资料是毕业生在面试时展示自我的重要依据和凭证，要通过具体的材料向用人单位展示自己在校学习阶段的基本情况，因此自荐材料的准备非常重要。自荐材料一般包括简历、成绩材料、荣誉材料、成果证明材料、具备某方面能力的其他证明材料等。

4. 提前到达

对所要面试的场所和时间一定要了然于胸，并在约定时间 5～10 分钟前达到，切记不可迟到。

5. 了解主考官

如果可能的话，尽可能地了解主考官或面试官的姓名，以便面试时能正确说出他们的姓氏。

（四）面试中的技巧

1. 面试举止礼仪

首先，要自信优雅地敲门、进门和关门。尽管入场在考官眼中只有一瞬间，但敲门的轻重缓急、进门姿态的做作与否、关门的自然顺手，举手投足都体现了一个人的日常素养、平日气质和进入高压考场紧张感的高低。所以，2～3 次频率均匀、力度适中地敲门，面带笑容地开门，轻身自然地进门，回头自行关门的小动作，都可以让自己的姿态展现得更加优雅，更容易引得考官赞赏和信任。

其次，要保持稳重的走姿、站姿和坐姿。在考场当中，走路时左右晃动、同手同脚，会让人感觉很傲慢和过于洒脱；站立时驼背、腿脚分得太开，会让人感觉平日没有良好的自制力；坐下时转笔、抖腿、面无表情，会给面试官急躁、焦躁的感觉。为了防止这种问题，我们在平日里就应练习走姿，自然甩臂，步伐大小适当；练习站姿时抬头挺胸，双手双脚自然；练习坐姿时身子前倾，胳膊自然搭在桌面上。当然，全程不能忘的就是要时刻微笑，展现充沛的精神面貌，切忌机器人式的刻意动作。

再次，做到礼貌地问好和从容地传达思想。站定问好，是我们第一次和考官交流，但切忌过于刻意、死板、"不得不"的问好，声音过大过小、缺乏眼神交流、鞠躬过深过浅，都会增加考官的不适感，让人感受不到考生的真诚。答题过程中，语调过高过低、"趾高气扬的自信"和"卑微到桌面的眼神"更是会让考官觉得你不够谦虚和自信。所以，不只是声音大小和鞠躬幅度要适宜，也要有和善的眼神交流和适当的点头示意。"请""您""谢谢""不好意思"等话术礼仪都是增添分数的制胜法宝。

最后，善始善终，关注退场细节。考生在退场时想尽快逃离评分现场导致过于匆忙、动静过大的情形，会让考官觉得考生不够成熟，认为考生在担任公务职责时容易出现毛手毛脚的问题。所以，"完美谢幕"才会给整场面试表现画上圆满句号。具体可以做的是起身站立更稳重些，快速整理一下桌面，致谢考官的辛苦付出之后再退场，这样会显得我们更加贴近沉稳的个性，抓住最后提升面试礼仪分数的机会。

2. 面试语言礼仪

（1）良好的语言习惯

不仅是不犯语法错误、表达流利、用词得当、言之有物，同样重要的还有说话方式，例如发音清晰、语调得体、声音自然、音量适中等。说话时俚语不断，口头禅满篇，如病句、破句一样，都是语言修养不高的表现。

（2）发音清晰

发音清晰，咬字准确，对一般人来说不是十分困难。有些人由于发音器官的缺陷，个别发音不准，如果严重影响人们理解或影响讲话整体质量的，应少用或不用含有这个发音的字或词。当然，如果有办法矫正的应该努力矫正，不要消极地应对。

（3）语调得体

无论是哪一种语言对各种句式都有语调规范。有些同样的句子，用不同的语调处理可表达不同的感情，收到不同的效果。若有人说："我刚丢了一份工作。"使用反问句作答："是吗?"可以表达吃惊、烦恼、怀疑、嘲讽等各种意思。

有研究说，使用上扬语调易对听者造成悬念，可以提高听者的兴趣，但若持续时间过长则会引起听者的疲劳。而降调会表现说话人果敢决断，有时会显示他的主观武断。

得体的语调应该是起伏而不夸张，自然而不做作，但富于感情变化的抑扬顿挫总比生冷平板的语调感人。

（3）声音自然

用真嗓门说话，音调不高不低、不失自我，不仅听起来真切自然，而且有利于缓解紧张情绪。

（4）音量适中

音量以保持听者能听清为宜，适当放低声音总比大嗓门顺耳有礼。喃喃低语是没有自信的表现，而嗓门大亮，既骚扰环境，又有咄咄逼人之势。

（5）语速适宜

适宜的语速并不是从头到尾一成不变的速度和节奏。要根据内容的重要性、难易度以及对方注意力情况调节语速和节奏。说话节奏适宜地减缓比急迫的机关枪式的节奏更容易使人接受。

除了上述五点，还要警惕一个很容易破坏语言意境的现象——过分使用语气词、口头语。例如，老是用"那么""就是说""嗯"等引起下文，或者在英语的表达中使用太多的"well""and""you know""OK"及故作姿态的"yeah"等，不仅有碍于人们的连贯理解，还容易引人生厌。

最后很值得一提的是掌握母语，也就是说中国话的能力问题。许多人在学习外语时很舍得花功夫模仿所谓标准语音，却忽视了本国语的重要性，不会说像样的普通话，或者在中文的表达中夹进一串英语单词，还意识不到这是一种语言的缺陷。

3. 面试仪表礼仪

（1）仪容整洁

仪容整洁，首先是要保持面部的清洁，尤其是要注意局部卫生，如眼角、耳后、脖子等易被人们忽略的地方。其次，作为女学生，最好化一些淡妆，将面部稍做修饰，做到清新、淡雅，色彩和线条运用都要"宁淡勿浓"、恰到好处，使人显得精神、干练即可，一定不能过浓或过于夸张，免得给人留下过分招摇和落俗的印象；男生则需要修面，不可胡子拉碴，这样会显得无精打采、邋里邋遢。另外，还要注意身体异味的问题，勤洗澡、不抽烟，面试前不吃大蒜等有强烈异味的东西，以免口气熏人。

（2）发型适宜

发型既要与个人的特点相符，也要与服饰相配。但在面试时，许多学生很注意着装，却忽略了发型的设计，认为头发只要干净就好。其实，发型在整个仪表美中，占有很重要的位置。所以，除了发型要适合个人的脸型、个性特点和当时的着装以外，还要注意面试的特殊要求。面试时，对发型总的要求是端庄、文雅、自然，避免太前卫、太另类的发型，同时还应与所要申请的职位要求相宜，比如，秘书要端庄、文雅，营销人员要干练，与机器打交道则要求要短发或盘发。一些长发披肩的女生要注意，在面试时，头发切忌遮住脸庞，除非是为了掩饰某种生理缺陷，否则会让主考官对你印象模糊。男生的发型以短发为主，应做到前不覆额、侧不遮耳、后不及领。

（3）着装得体

一位人力资源部经理曾说过："你不可能仅仅因为打了一根领带而获取某个职位，但你可能会因戴错了领带而失去一个职位。"由此可见，得体的衣着对求职的顺利进行有着不容忽视的作用。那么，大学生求职时的着装应注意些什么呢？保留学生装清新自然的风格。很多同学误以为求职时的服装要高档、华丽、时髦，其实学生装纯真自然的本色才是它最大的魅力，年轻人蓬勃的朝气、清新脱俗的风格，都可以从中显露出来，进而赢得主考官的青睐。但这并非就是说面试时就可以穿成平时的样子，在服饰色彩的搭配、细节等方面还是要做精心的准备。

首先，服装要整洁。整洁意味着你重视这份工作，重视这个单位。整洁也不要求过分的花费，洗得干净、熨烫平整即可。其次，要简洁大方。尽可能抛弃各种装饰，如繁杂的花边、色彩鲜艳的刺绣、叮当乱响的配饰等，同时还要切忌那些过短、过紧、过透和过露的衣服。女生一般以样式简洁的套装、套裙、连衣裙等为主，男生则是清爽的衬衣、平整的夹克或西服。再次，颜色的选择要适宜。过于鲜艳夺目或跳跃度过大的颜色都不宜穿，这会让主考官很不舒服。一般柔和的颜色具有亲和力，而深色则显得比较庄重，你可根据所求职位的不同，选择不同的色系。最后，还要注意与服饰搭配的其他饰物，尽量不要戴太贵重的和一走动就发出响声的饰物，配饰一定要与服装统一。穿裙子时，一定不要光着腿，宜穿肉色长筒丝袜；鞋子不能穿类似拖鞋的后敞口鞋，皮鞋要擦拭干净，不能带灰带泥。

总之，出门前对着镜子再好好审视一下自己的仪容仪表，务求做到整洁、大方、端庄、得体。

4. 面试答问技巧

（1）把握重点，简洁、有条理作答

求职者在回答问题时应遵循"结论在先、论证在后"的原则，先将自己的中心思想表达清晰，再做叙述和论证。

（2）讲清原委，避免抽象

面试官提问的目的是想了解求职者的一些基本情况，切不可简单仅以"是"或"否"作答。求职者应针对面试官所提问题的不同做细节回答，有的需要解释原因，有的需要说明程度。

（3）明确提问内容，切忌答非所问

如果求职者对面试官所提的问题不知从何答起或者不明白面试官所提问题的含义，可将问题复述一遍，先谈谈自己对这一问题的理解，再请教对方以确认内容。对不太明确的问题，一定要搞清楚，对自己不知、不懂、不会的问题，应诚恳坦率承认自己的不足，这样反而会赢得面试官的好感。

（4）有个人见解、个人独特思考

只有具有独到见解和个人特点的答案，才会引起面试官的兴趣和注意。

（五）面试后的跟进

面试后的跟进工作是求职过程中一个重要而又常被忽视的环节。在跟进的过程中，你可以对面试官表示感谢，同时再次表达对所求职位的兴趣，并重申未来将为单位贡献自己的力量。但同时，面试后的跟进又是一个需要掌握技巧的工作——如果你采取了错误的方式，那么结果可能会适得其反。

1. 主动询问面试结果

（1）面试即将结束时，你最好询问录用决定公布的时间。如果你的面试官没有告诉你他们的录用决定将在什么时候做出，那么你应该主动前去询问。询问时要了解到以下信息：他们什么时候会让面试者获知面试结果、谁来通知面试者这一结果（是面试官本人还是人力资源经理）以及通过什么方式通知这一结果（是通过电子邮件、电话还是信件）。

这一步非常重要。在获取这些信息之后，你会了解到等待面试结果所需的时间，了解到应该在什么时间与哪位负责人联系。

（2）向面试官索要名片。面试官的名片会让你获取其准确的联系信息，如姓名、职位、通信地址以及电子邮件地址，这些信息会在你给面试官发感谢信的时候发挥作用。

① 面试刚一结束，你应该发一封邮件表示感谢。这件事做得越早越好——你可以在刚刚结束面试走出大楼的时候就用手机发过去，也可以回到家再写，但一定不要拖到第二天。当天就发邮件表示感谢，会让面试官看到你是一个富有热忱、办事有条理的人，也会让他们更好地记住你而不是面试一结束就把你给忘了。

在邮件里写明你的姓名、电话、通信地址和邮箱地址。另外，使用"姓名＋面试"的标题，以免你的邮件被对方的邮箱归类到垃圾邮件里。

如果你把这件事拖得太久，就会给人一种你并不怎么在乎这份工作的印象。这样此消彼长，你的竞争对手就有了机会。

如果你的面试是别人帮你安排的，记得也要对他们表示感谢。

有人会建议你手写这封感谢信。的确，有些面试官会乐于收到这样的信，但是这样的做法也会显得有些过时——一些面试官可能会认为这样的做法过于传统，还是写邮件更为保险。

② 趁对面试的记忆还没有淡忘，赶快对这次面试进行一下总结：和面试官谈了些什么？对于这个职位，面试官看重求职者的哪些条件和个人特点？这些内容，对你接下来的面试会很有帮助。如果你进入了第二轮面试，那么对第一轮面试的总结会帮助你更有针对性地准备面试官提出的问题；如果你没有进入第二轮面试，总结后你也会明白，你在第一轮面试中哪里做得不好。

对面试的总结会帮助你更有针对性地撰写感谢信，面试官能够感觉到，他对你说的话，你并没有"左耳朵进，右耳朵出"。

③ 请面试官在微信或 QQ 上加你。只要你提出请求的方法合适，那么这样的请求是完全合理的。你如果不想让自己看起来既狂妄自大又急功近利，那么在发出请求前先给面试官发一条简短的留言，说明一下你是谁以及在面试中你们谈论了哪些内容会是一个很好的选择。

举例来说，如果你申请的是一份时装方面的工作，而在面试中面试官和你谈到了巴黎时装周的问题，此时不妨在留言中说说你在网上找到的这方面的文章（比如，一篇写某位设计师的文章或者写最近的时装潮流的文章），问问你能否分享给他。或者，如果在面试前后你和面试官进行过私下的交谈，你们谈起过某家餐馆或者即将到来的音乐节，问问他能不能在网上分享个链接给你。

无论如何，你的最低目标是让面试官觉得在微信或 QQ 上加你，既有意思也有意义，而不能让他觉得你只是来混个脸熟以最终获得职位。

（3）面试结束几天之后，你应该做以下几件事情。

① 寄一封更正式的感谢信，这封感谢信可以是电子邮件或者纸质信件，其形式取决于你所申请公司的类型。传媒公司和科技公司倾向于接收电子邮件，因为其简洁高效，而较为传统的公司则更喜欢纸质信件。不论通过什么样的形式，这封感谢信的目的都是要告诉面试官，你是一个出色的申请人，非常适合这份工作。如果面试时不只有一位面试官，那么你应该给每一位面试官分别寄一封感谢信。在感谢信中要使用正式的称谓称呼面试官，除非你在面试中被允许直接称呼面试官的名字，否则不要这样做。为得到面试机会而对面试官再次表示感谢之后，重申你对于该职位感兴趣并能够为该公司做出贡献。可以在感谢信中加上一些面试官可能感兴趣的信息，或者是与该公司利益相关的信息。这一点能够帮助你在竞争中脱颖而出（大部分应聘者在感谢信中只会提到自己）。在感谢信的结尾加上"此致敬礼"或"顺颂商祺"等敬语，仔细检查，确保没有语法、拼写或者标点错误，漏洞百出的感谢信会让面试官认为你不够格。

② 如果面试官没有在说好的时间告诉你申请结果，用电子邮件或者电话进行后续询问。面试官一般会指明他们需要一段时间（无论是两天还是半个月）来做决定，而如果在这段时间过去之后你还没有收到回复，不妨通过电子邮件或者电话来询问他们的决定。询问的时候语言要简洁轻松，如："我希望招聘过程一切顺利。记得您曾经提到公司会在周一宣布面试结果，不知道您是否了解有关我的申请结果的任何消息？如果您需要我提供更多的个人信息以便做出决定，请随时通知我。"

如果你决定通过电话的方式进行询问，等面试结束后过几天，找一个安静的地方和一个合适的时间拨打，注意不要选择公司刚刚上班、即将下班或者午休的时间，合适的时间和通话地点会让你有更大的可能与面试官通上话。通话时应该尽可能做到有礼貌和语言简洁。要记住，你可能是在与一个非常繁忙的招聘经理通话，他可能要"日理万机"，而并不只关注你一个人的工作申请。另外，除非对方通知你再次来电，否则不要这样做。

③ 如果你得到了这份工作或者第二轮面试的机会，迅速回复。让公司等待你的回复会显得很不专业，并且会让他们觉得你对这份工作没有足够的热情。不要担心你会在他们眼里显得过分激动——他们巴不得招到这样为得到公司的工作机会而手舞足蹈的应聘者呢！

用公司通知你的方式进行回复。如果公司是通过电话告诉你结果的，那么尽快打个电话回去；如果是通过电子邮件，那么迅速回复邮件即可。

④ 即便没有得到工作，你也应该对面试官表示感谢。不要生气或者过分失望，毕竟你的竞争对手可能也很优秀。接受现实，然后把这次面试当成一次珍贵

的学习机会。不论是通过电话还是邮件得到通知，你都应该进行回复，感谢面试官给你面试的机会和为你付出的时间。

如果你胆子够大，你也可以询问面试官是否愿意告诉你，你在面试中哪些方面表现得不好，以及是否可以给你提供一些改善建议。多数情况下他们会拒绝，但是如果他们同意了，那么你就会知道这家公司看重什么而你又缺少什么。不要因为这些批评而灰心丧气，把它们当成建设性的建议。这一步应该采用邮件或者信件的方式，不要通过电话，打电话询问面试官会让他们感到不舒服，其结果就是你未来可能与这个公司的其他职位也无缘了。

2. 主动避免以下行为

（1）不要"骚扰"你应聘的公司

表现得过于积极并不是好主意，比如接二连三地给你应聘的公司发邮件或打电话。积极过头会降低你得到这份工作的可能性，你只需要采用我们刚才提到的三个方法：几句感谢的话，一封较长的感谢信，以及通过邮件或者电话对申请结果进行后续询问。如果你尝试了以上三种方式依然没有得到任何回复，你最好放弃这家公司，然后寻找其他的工作。切忌每天都给面试官发邮件或者在他的语音信箱中留言，这不会给你带来任何好处。

（2）除非得到了公司的邀请，否则不要亲自去你应聘的公司拜访

绝对不要不请自来，你的到来有可能会让应聘经理或面试官不得不见你，即便他们认为现在与你谈话并不合适。如果你没有得到这个职位，那么你的到来会让他们处于一个很尴尬的位置，他们必须要面对面地告诉你这个消息。以上这些，是你无论如何都需要避免的情况。在感谢信的问题上，道理也是相同的，绝对不要亲自将感谢信送到公司。

（3）不要只是安静地等待

一些人认为他们应该静静地等待申请结果，而不是去打扰面试官，这种想法也是错误的。很多公司故意在面试结束之后先不进行录取，而是看看哪些应聘者能以专业的方式进行面试的跟进、哪些应聘者是真心想要得到这份工作。只要你依照以上正确的方法来做，面试跟进作为一个积极而关键的步骤会有助你得到这份工作。

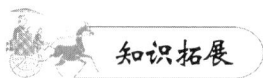 知识拓展

课堂实训

大学生就业模拟面试

活动主题：挑战职场未来　放飞就业梦想

活动时间：×月××日模拟面试

活动地点：教×××

活动细则及评比规则：

1. 对活动参与者

A. 班级至少有2/3同学参加模拟面试；

B. 活动中，参与者应听从现场人员安排，遵守活动纪律；

C. 参与者都应积极准备，充分认识到本次活动的重要性，认真对待本次模拟面试。

2. 对活动组织者

A. 认真做好每一个环节的工作，以达到最好的效果；

B. 本班班委会要积极配合，共同完成任务，使活动圆满成功；

C. 活动过程中，任课教师全程监督本次活动；

D. 本次活动，组织者要做到公平、公正、公开。

3. 模拟面试对参赛者的基本要求

衣着仪容端庄大方、精神面貌良好；普通话标准、吐字清晰；自我介绍详略得当、主题鲜明。

模拟面试环节分为两个小环节，第一小环节为自我推荐演讲，参赛者结合自身专业特点及选择的求职意向，采用演讲方式向用人单位做模拟自我推荐，时间为2～3分钟；第二小环节为面试提问，面试考官根据参赛者的演讲内容和面试中的常见问题进行提问，参赛者现场回答。面试考官和评委根据面试情况进行评分。

4. 模拟面试评分标准

评分项目	比例
语言方面	10％
仪表方面	10％
诚信方面	10％
情绪方面	10％
专业知识水平	15％
相关知识水平	15％
综合素质方面	30％

学习思考题

1. 如何正确认知当前就业形势？
2. 如何树立正确的择业观？
3. 大学生毕业程序有哪些？
4. 如何制作一份优秀的简历？
5. 求职信应重点突出什么内容？
6. 如何获取有效就业信息？
7. 笔试有哪些注意事项？
8. 面试有哪些技巧？

阅读参考书目

1. 韩红梅. 大学生就业与创业指导 [M]. 北京：高等教育出版社，2015.

2. 范何明，杨丽敏. 大学生就业与创业指导（第二版）[M]. 北京：高等教育出版社，2017.

3. 田蜜，陈肖霖. 大学生就业指导理论与实务 [M]. 北京：高等教育出版社，2017.

4. 赵蕾，徐爱玲. 大学生就业指导 [M]. 南京：南京大学出版社，2018.

5. 田中良. 职业生涯规划与就业创业指导 [M]. 上海：上海交通大学出版社，2019.

6. 许春蕾. 大学生就业指导 [M]. 北京：高等教育出版社，2018.

7. 林刚，陈克勤，孙鹏程，等. 高校毕业生就业指导服务标准化管理 [M]. 南京：南京大学出版社，2019.

8. 王丽萍. 大学生职业规划与就业创业指导 [M]. 上海：上海交通大学出版社，2019.

9. 孙国锋. 大学生职业生涯规划与就业指导 [M]. 南京：南京大学出版社，2019.

10. 苏文平. 大学生职业生涯规划与就业创业指导 [M]. 北京：中国人民大学出版社，2018.

11. 秦福德，王卫民，刘敏. 模拟职场规划未来：大学生职业生涯规划与就业指导 [M]. 上海：上海交通大学出版社，2020.

12. 安仲森，宋宁军. 求职攻略：大学生就业指导 [M]. 上海：上海交通大学出版社，2020.

13. 贵州省教育厅. 大学生职业生涯规划与就业创业指导读本（第三版）[M]. 北京：高等教育出版社，2020.

14. 庞杰. 大学生就业指导 [M]. 南京：南京大学出版社，2021.

15. 胡恩立. 大学生就业指导 [M]. 北京：高等教育出版社，2021.

16. 张继玉. 大学生就业指导学程 [M]. 南京：南京大学出版社，2021.

17. 刘怡，姚云斌. 大学生就业指导新编教程 [M]. 北京：高等教育出版社，2021.

18. 曹敏. 大学生职业发展与就业指导 [M]. 北京：高等教育出版社，2021.

第九章

创业概述

第一节　创业准备

一、创业素质

实践探索

选取五位创业者，可以是你身边的创业成功者，也可以是著名企业家，分析他们的经历或事迹，找出你认为对创业成功最为重要的素质和能力并将关键词写在下面的表格里。

创业者具备的素质与能力

序号	创业者姓名	创业者具备的素质与能力
1		
2		
3		
4		
5		

思考和讨论： 你认为大学生应如何提升创业素质及能力？

创业素质是指在人的心理素质和社会文化素质基础上，在环境和教育影响下形成和发展起来的，在社会实践活动中较全面、稳定地表现出来并发生作用的身心组织要素结构及其技术水平。它是知识经济社会人才素质的重要内容，是制约创业实践活动最终达到创业目标的不可或缺的主体因素。

（一）创业意识

案例导读

不同的观念，不同的结果——穷爸爸与富爸爸语录

穷爸爸建议为企业而工作，富爸爸建议拥有自己的企业。

穷爸爸鼓励成为聪明人，富爸爸鼓励雇用聪明人。

穷爸爸爱说："我可付不起。"富爸爸会说："我怎样才能付得起？"

穷爸爸说："努力学习能去好公司工作。"

富爸爸则会说："努力学习能发现并将有能力收购好公司。"

穷爸爸会说："我不富有的原因是我有孩子。"

富爸爸却会说："我必须富有的原因是我有孩子。"

穷爸爸爱说："挣钱的时候要小心，别去冒险。"

富爸爸则说："要学会管理风险。"

穷爸爸相信："我们家的房子是我们最大的投资和资产。"

富爸爸则相信："我们家的房子是负债，如果你的房子是你最大的投资，你就有麻烦了。"

两个人都会准时付账，但不同的是穷爸爸在期初支付，富爸爸则在期末支付。穷爸爸努力存钱，富爸爸则在不断地投资。

穷爸爸教我怎样去写一份出色的简历以便找到一份好工作。

富爸爸则教我写下雄心勃勃的事业规划和财务计划，进而创造创业的机会。

思考：穷爸爸与富爸爸观念的主要差别在哪里？穷爸爸与富爸爸的不同观念对我们有哪些启迪？

创业意识是指人们从事创业活动的强大内驱动力，是创业活动中起动力作用的个性因素，是创业者素质系统中的第一个子系统，即驱动系统。

要想取得创业的成功，创业者必须具备自我实现、追求成功的强烈创业意识，强烈的创业意识能帮助创业者克服创业道路上的各种艰难险阻，将创业目标作为自己的人生奋斗目标。创业的成功是思想上长期准备的结果，事业的成功总是属于有思想准备的人，也属于有创业意识的人。

1. 创业意识的要素

创业意识是创业的先导，由创业需要、创业动机、创业兴趣、创业理想等要

素组成，是个体进行创业活动的动力源泉（表9-1）。

表9-1 创业意识要素

创业意识要素	内 涵
创业需要	创业者对现有条件的不满足，并由此产生的最新的要求、愿望和意识，是创业实践活动赖以展开的最初诱因和最初动力
创业动机	推动创业者从事创业实践活动的内部动因，是一种成就动机，是竭力追求获得最佳效果和优异成绩的动因
创业兴趣	创业者对从事创业实践活动的情绪和态度的认识指向性，它能激活创业者的深厚情感和坚强意志，使创业意识得到进一步的升华
创业理想	创业理想属于人生理想的一部分，主要是一种职业和事业理想，是创业者对从事创业实践活动的未来奋斗目标较为稳定、持续的向往和追求

2. 创业意识的内容

创业意识的内容包括商机、转化、战略、风险和勤奋等方面（表9-2）。

表9-2 创业意识内容

创业意识的内容	内 涵
商机意识	足够的市场敏锐度，宏观地审视经济环境，洞察市场形势的走向
转化意识	把商机、才能、知识转化为智力资本、人际关系资本和营销资本
战略意识	在创业的不同时期制定不同的创业策略，及时转换创业战略
风险意识	认真分析创业过程中可能会遇到的风险，懂得应该如何应对和化解
勤奋意识	职业院校学生创业要务实、勤奋，切记不能停留在理论研究上

（二）创业品质

1. 独立行动

创业既为社会积累物质财富和精神财富，又是在谋生和立业。创业者首先要走出依附于他人的生活圈子，走上独立的生活道路。因此，独立性是创业者最基本的个性品质，这种品质主要体现在：一，自主抉择，即在选择人生道路、选择创业目标时，有自己的见解和主张；二，自主行为，即在行动上很少受他人影响和支配，能按自己的主张将决策贯彻到底；三，行为独创，即能够开拓创新，不因循守旧、步人后尘。

2. 善于合作

在创业的道路上，必须摒弃"同行是冤家"的狭隘观念，学会合作与交往。在创业过程中，需要与客户和顾客打交道、与公众媒体打交道、与外界销售商打交道、与企业内部员工打交道，这些交往、沟通可以排除障碍、化解矛盾、降低工作难度、增加信任度，有助于创业的发展。

3. 敢冒风险

在市场经济大潮中，机会与风险共存。立志创业，必须敢闯敢干、有胆有识，这样才能变理想为现实。要瞄准目标，判断有据，方法得当，敢于实践，敢冒风险。敢冒风险是建立在对主客观条件科学分析的基础上的。成功的创业者总是事先对成功的可能性和失败的风险性进行分析比较，选择那些成功的可能性大而失败的可能性小的目标。创业者还要具备评估风险程度的能力，具有驾驭风险的有效方法和策略。

4. 诚信克制

在创业过程中，创业者要善于克制，防止冲动。克制是一种积极有益的心理品质，它可使人积极有效地控制和调节自己的情绪，使自己的活动始终在正确的轨道上进行，不会因一时的冲动而引起缺乏理智的行为。创业者在创业过程中要自觉接受法律的约束，合法创业、合法经营、依法行事；自觉接受社会公德和职业道德的约束，文明经商、诚实经营、互助互利。当个人利益与法律和社会公德相冲突时，要能克制个人欲望，约束自己的行为。

5. 不屈不挠

创业者必须有一颗持之以恒的进取心。创业者的恒心、毅力和坚韧不拔的意志是十分可贵的个性品质，遇事沉着冷静、思虑周全，一旦做出行动决定便咬住目标，坚持不懈。创业过程是一个长期坚持努力奋斗的过程，立竿见影、迅速见效的事是极少的。在方向确定后，创业者就要朝着既定的目标一步步走下去，不轻易改变初衷、半途而废。

6. 灵活应变

面对市场的变化多端与激烈竞争，创业者能否因客观变化而"动"，灵活地适应变化，成为创业成功的关键所在。因而，创业者必须以极强的信息意识和对市场走向的敏锐洞察力，瞅准行情，抓住机遇，不失时机地灵活进行调整，在外部环境和创业条件变化时，能以变应变。善于进行自我调节，能处理各种压力，能够保持良好的心理，勇敢地面对压力，力争将不利变有利，将被动变主动，将压力变动力。

（三）创业能力

创业能力是一种具有较高综合性的能力，影响着创业活动的效率，决定着创业的成败。创业者必须具备并不断提高创业能力，这样才能在创业中取得成功。

创业能力一般包括领导决策能力、经营管理能力、专业技术能力、沟通协调能力、抵御风险能力以及创新创造能力等。

1. 领导决策能力

领导决策能力是创业者根据主观和客观条件确定创业的发展方向、目标、战略以及具体选择实施方案的能力。创业者既是领导者也是决策者，创业者的领导决策能力在创业实践中发挥着重要的作用。

2. 经营管理能力

经营管理能力是指对人员、资金以及企业内部运营的管理能力，它涉及人员的选择、使用、组合和优化，也涉及资金的聚集、核算、分配、使用和流动。经营管理能力是一种较高层次的综合能力，是运筹性能力，包括团队组建与管理能力、市场定位与开拓能力、企业文化设计与培育能力、应付突发事件能力等。

经典案例

糖炒栗子的"饥饿策略"

有家小小的干果店在当地极负盛名，每次最少排半小时的队才能买上炒货，它打破了"小店只能用来养家糊口"的固有观念，不到 40 平方米的店面，过节时一天能卖出 2 000 多斤糖炒栗子。栗子、瓜子等一些干果一年就能卖出五六百万元，小店经营的秘诀在哪里？

秘诀一：好味道源于精挑细选。店里的栗子全部是正宗的原产地油栗。收购栗子时得在原产地精挑细选（即要满足约 80 颗栗子重 500 克的出口国际的标准）。糖炒栗子和别家还有一个不同之处，其糖稀和沙子都是独家专用的。

秘诀二：利用市场的"饥饿策略"。一锅炒栗子大概 20 来斤，不是大规模生产保证供应，典型的市场"饥饿策略"。供应不够，需求旺盛，就得排队，越排队越觉得值。

思考：干果店营销方法的实质是什么？

3. 专业技术能力

专业技术能力是创业者掌握和运用专业知识、组织产品生产或提供服务的能力。专业技术能力的形成具有很强的实践性，许多专业知识和专业技能需要在实践中摸索、提高并逐步发展和完善。

4. 沟通协调能力

沟通协调能力是妥善处理内外各种关系的能力，包括与外部之间的关系以及协调内部各成员之间关系的能力。创业者要搞好内外团结，处理好人际关系，才能建立一个有利于自己创业的和谐环境，为成功创业打好基础。

5. 抵御风险能力

创业意味着风险，是对创业者心理素质的全面考验。在创业中，需要创业者有充分的心理准备来面对创业风险、抵御创业风险。创业者要确保企业或组织的运营机制、管理模式、制度文化等基本要素与发展目标保持一致，并且能够与时俱进。要紧贴政策导向，在合情、合理、合法的范围内让企业或组织在健康的社会环境中得到良性运转。

6. 创新创造能力

创新是知识经济的主旋律，是创业者化解外界风险和获取竞争优势的有效途径。创新创造能力包括两方面的含义，一是创造性思维的能力，二是创新实践的能力。

（四）创业素质提升途径

1. 未雨绸缪，做好创业思想准备

凡事预则立，不预则废。大学生创业必须牢固树立投身创业的理想和志向，未雨绸缪，认真做好创业的各项准备。有创业志向的大学生在校期间就应树立创业的志向，有意识地培养创业的意志品质。

大学生要将创业理想与实际学习目标有机结合，不怕困难和挫折，严于律己，顺利完成学业；积极参加各种社会实践活动，锤炼意志品质；加强意志的自我锻炼，注意培养提高自我认识、自我监督、自我评价、自我鼓励的能力；积极参加体育活动，在锻炼身体的过程中磨炼自身坚强的意志品质。

2. 寓学于行，提高创业素质水平

大学生要想取得创业成功，不光要做好思想准备，还要自觉培养商业意识，潜心钻研相关商业知识。特别是要在创业实践中敏锐观察、科学分析，探求事物发展规律，去伪存真，把握事物本质；要自觉培养自身的信息处理能力，善于收集和利用信息，摸清市场运行的基本规律，积极主动寻找和创造商业机会；纵深挖掘智慧潜能，激发创业活力，自觉形成立足现在、着眼未来的战略理念。因此，大学生创业者在锻炼和培养自己的创业才能时，绝不能仅仅从使自己成才的方面去寻求提高的途径，而必须在多方面打好扎实的基础，以求得到创业才能的综合性提高，努力做到寓学于行、知行合一。

3. 坚持不懈，科学调整创业心态

创业之路充满荆棘，成功和失败并存，大学生创业者要有面临创业顺境时的忧患意识，更要有面临创业逆境时的抗压能力。伴随着创业的发展历程，大学生创业者的心态也将发生变化，起初是个人的兴趣、特长和爱好—目标和热情—团队工作的乐趣—梦想和理想化的前景激励，然后是挫折、怀疑和信心的反复摧残和重建，最后是重新评估和对目标、自身的再认识—责任—新的乐趣和兴奋点。为此，大学生创业者要相信"天生我材必有用"，增强创业自信心；在创业实践中科学调整心态，增强面对创业逆境时的思维反应能力和抗挫抗压能力。正所谓"长风破浪会有时，直挂云帆济沧海"。

二、创业政策与环境

为支持大学生创业，国家各级政府出台了很多优惠政策，涉及融资、开业、税收、创业培训、创业指导等诸多方面。对打算创业的大学生来说，了解这些政策才能走好创业的第一步。

（一）放宽市场准入条件

1. 程序更简化

凡高校毕业生申请从事个体经营或申办私营企业的，可通过各级工商部门注册大厅"绿色通道"优先登记注册。其经营范围除国家明令禁止的行业和商品外，一律放开核准经营。对限制性、专项性经营项目，允许其边申请边补办专项审批手续。对在科技园区、高新技术园区、经济技术开发区等经济特区申请设立私人企业的，特事特办，除了涉及必须前置审批的项目外，试行"承诺登记制"。申请人提交登记申请书、验资报告等主要登记材料，可先予颁发营业执照，让其在 3 个月内按规定补齐相关材料。凡申请设立有限责任公司，以高校毕业生的人力资本、智力成果、工业产权、非专利技术等无形资产作为投资的，允许抵充40％的注册资本。

2. 减免各类费用

除国家限制的行业外，工商部门自批准其经营之日起 1 年内免收其个体工商户登记费、个体工商户管理费和各种证书费。对参加个私协会的，免收其 1 年会员费。对高校毕业生申办高新技术企业的，其注册资本最低限额为 10 万元，如资金确有困难，允许其分期到位；申请的名称可以"高新技术""新技术""高科技"作为行业予以核准。高校毕业生从事社区服务等活动的，经居委会报所在地工商行政管理机关备案后，1 年内免予办理工商注册登记，免收各项工商管理费用。

（二）享受资金扶持政策

1. 优先贷款支持，适当发放信用贷款

加大高校毕业生自主创业贷款的支持力度，对于能提供有效资产抵押或优质客户担保的，金融机构优先给予信贷支持。对高校毕业生创业贷款，可由高校毕业生为借款主体，担保方可由其家庭或直系亲属家庭成员的稳定收入或有效资产提供相应的联合担保。对于资信良好、还款有保障的，在风险可控的基础上适当发放信用贷款。

2. 简化贷款手续

通过简化贷款手续，合理确定授信贷款额度，一定期限内周转使用。

3. 利率优惠

对创业贷款给予一定的优惠利率扶持，视贷款风险度不同，在法定贷款利率基础上可适当下浮或少上浮。

（三）实行税费减免优惠

凡高校毕业生从事个体经营，自工商部门批准其经营之日起1年内免交税务登记证工本费。新办的城镇劳动就业服务企业，当年安置待业人员超过企业从业人员总数60%的，经主管税务机关批准，可免纳所得税3年。劳动就业服务企业免税期满后，当年新安置待业人员占企业原从业人员总数30%以上的，经主管税务机关批准，可减半缴纳所得税2年。

（四）提供培训指导服务

1. 对高校毕业生在整个毕业学年内参加创业培训的，根据其获得创业培训合格证书或就业、创业情况，按规定给予培训补贴。

2. 进入"高校学生科技创业实习基地"创办企业，可享受减免12个月的房租、专业技术服务与咨询、相应的公共设施以及公共信息平台服务等。

3. 在办理自主创业行政审批事项时，可以通过"绿色通道"享受联合审批、一站式服务、限时办结和承诺服务等。

4. 各城市应取消高校毕业生落户限制，允许包括专科生在内的高校毕业生在创业地办理落户手续。

5. 自主创业申报灵活就业的高校毕业生，各级公共就业和人才服务机构按规定提供人事、劳动保障代理服务，做好社会保险关系接续工作。

即使国家提供了这么多的优惠政策给我们，但是创业仍然不是一件容易的事情，需要敏锐的目光、一定的资金保障和相应的创业知识与经验等。

三、树立正确的创业观

1. 创业是实现人生价值的重要途径

人生价值包括自我价值和社会价值两个方面。创造一个有价值的人生的评判标准主要就是要看一个人的人生目标的确定是否符合社会发展规律，是否与时代的主流价值导向一致。一个人实现人生价值的途径有许多条，创业是其重要途径之一。从二十世纪末开始，我国就鼓励自主创业，创业在当今中国是符合就业的社会发展要求的。

创业的价值还表现在创业的不易和困难。创业越是艰难，其内含的人生价值就越大，因为人生价值的大小并不只是用创造的经济效益的量来衡量的。世界上许多成功人士的创业都不是一帆风顺的，他们经历了千辛万苦，遭遇过许多困难和挫折，但是他们坚持越是艰险越要往前走，终于赢得了最后的胜利。这种过程让人感动，虽然其中所创造的经济价值不一定很多，但是其中所包含的精神却让人敬佩。

2. 创业是国家发展、社会进步的推动力量

国家、社会的每一点发展和前进都是党和人民奋斗的结果。改革开放 40 年以来，当代中国处在创业的伟大变革时代，这种变革无论是就其广度还是深度而言，在新中国历史上都是前所未有的。它不仅意味着实现工业、农业、国防、科技等方面的社会主义现代化，而且意味着社会要实现经济、政治、文化、军事、科技、交通、教育、体育、卫生等方面体制的根本变革。它既是人们的生产方式、生活方式、行为方式、交往方式、思维方式和价值观念巨大变革过程，同时又是民族的发展程度、国家的富强程度、社会的文明程度和人民的生活水平逐步提高的过程。这是一个变革的时代，但是这更是一个重要的创造的时代。创业活动既富裕了自己的生活，又壮大了我们的国家，繁荣了我们的社会。

3. 创业是民族振兴的基础

一个国家要兴旺发达，一个民族要自立自强，一个地区要持续发展，无不需要有一种艰苦创业的精神作支撑。中华民族曾经在世界上处于领先地位长达几千年，历史上出现过以"文景之治""贞观之治""康乾盛世"为标志的繁荣时期，我们有"四大发明"、有健全的文明礼仪的历史记载……我们是强大的东方国家，中华民族的生活方式、思维方式以及文化传统，深深影响着周边及远方的民族。但近代以来，我们出现了因无视世界发展潮流而被边缘化的教训，封建王朝夜郎自大、愚昧腐败、不思进取，导致社会停滞、国力衰竭，中华民族因为落后而被

列强欺侮。新中国成立以后，特别是改革开放以来，我们找到了一条发展自己的正确道路，靠着艰苦创业取得了举世瞩目的成就，中华民族的崛起成为当代世界最伟大的事件。这一切，都是建立在创造性的建设之上的。

4. 创业是社会责任感的体现

创业是解决我国大学生就业问题的一条重要途径，大学生创业也是为国家排忧解难，是大学生具有社会责任感的表现。

一方面，从世界各国企业结构和劳动力就业的规律来看，微型和中小企业是缓解就业压力、保持社会稳定的基础力量。由于中小企业创业及管理成本低，市场应变能力强，就业弹性高，含有大企业无可比拟的优势。政府鼓励自主创业，国家支持创办和发展个体、微型和中小企业，这对于缓解我国的就业压力将是一个重要而有效的途径。

另一方面，据教育部统计，我国大学毕业生人数呈逐年增长态势：2017年795万人，2018年820万人，2019年834万人，2020年874万人，2021年达到了909万人。中国社会科学院发布的2021年《经济蓝皮书》指出："预计到2021年底，将有100万名大学生不能就业，2021年还将有592万名大学生毕业面临找工作，大学生就业问题非常严峻，面对这样的形势，大学生自主创业将成为他们就业的重要方式。"

当然，大学生创业的意义远不止于解决就业问题，因为大学生的自主创业可以把兴趣和职业结合起来，进而实现人生价值。同时还能培养大学生的自立、自强的意识，增强大学生的风险意识，练就拼搏意志和艰苦奋斗的精神，从而使当代大学生真正最大限度地发挥自己的聪明才智，为国家、为社会多做贡献。

实践探索

第二节 创业实践

一、选择创业项目

实践探索

在网络、报纸、杂志、电视的产品广告和关于消费需求、市场变化的报道中，寻找其中的商机并构思一个创业想法，说明对这一想法感兴趣的原因。

商业创意

写出一个创意 （来自现实需求或突发奇想）	
把创意展开成若干备选项目 （越多、越具体越好）	
从这些项目中甄别出一个具 有商业价值的商机	
这一过程你有什么感受	

1. 创业机会的识别

真正的创业过程开始于创业机会的发现。投资创业要善于抓住好的机会，把握住每个稍纵即逝的投资创业机会就等于成功了一半。创业需要机会，机会要靠发现，好的创业机会必然具有特定的市场定位、专注于满足顾客需求，同时能为顾客带来增值的效果。要想寻找到合适的创业机会，创业者应在市场中关注识别以下创业机会。

（1）现有市场机会和潜在市场机会

现有市场机会是指市场机会中那些明显未被满足的市场需求，往往发现者多，进入者也多，竞争势必激烈。潜在市场机会隐藏在现有需求背后，不易被发现，识别难度大，往往蕴藏着极大的商机。

（2）行业市场机会与边缘市场机会

行业市场机会是指在某一个行业内的市场机会，发现和识别的难度系数较小，但竞争激烈、成功的概率低。边缘市场机会是在不同行业之间的交叉结合部出现的市场机会，处于行业与行业之间的"夹缝"或真空地带，难以发现，需要有丰富的想象力和大胆的开拓精神，一旦开发，成功的概率也较高。

（3）目前市场机会与未来市场机会

目前市场机会是指那些在目前环境变化中出现的机会，未来市场机会是通过市场研究和预测分析发现的将在未来某一时期内实现的市场机会。若创业者提前预测到某种机会会出现，就可以在这种市场机会到来前早做准备，从而获得领先优势。

（4）全面市场机会与局部市场机会

全面市场机会是指在大范围市场中出现的未被满足的需求，局部市场机会则是在一个局部范围或细分市场中出现的未被满足的需求。在大市场中寻找和发掘局部或细分市场机会，见缝插针，拾遗补漏，创业者就可以集中优势资源投入目标市场，这有利于增强主动性、减少盲目性，增加成功的可能。

经典案例

北京798创意园区的"慢递"公司

现代社会，人们似乎总在追求越来越快、越来越高效的生活。比如快递，它的主要竞争点就在于"快"，但有一家以"慢递"为价值诉求的公司，反其道而行之，用情感价值替代了传统邮递服务中的效率价值，它就是"熊猫慢递"。

熊猫慢递的邮政服务目前仅限于信件或明信片。顾客可以选用商店出售或自己带来的明信片，每个信封盖上有一个熊猫标志的红色印章，其中空格处填上投递日期，日期由顾客选定，可以是几个星期、几个月、几年或几十年之后。

"在这个节奏快得让人眩晕的时代里，慢是件好事。"曾在北京市建筑设计研究院工作了5年的高呈昀从听说"邮政慢递"的那一刻起，就成了这个当时还不成熟的项目的合伙人之一。几个月后她发现，正是这只"熊猫"帮她在专业之外第一次找到了"自己的事业"。

如今，"熊猫慢递"已吸引了不少顾客。"慢递服务"契合都市人的心理需求，忽略时间的"慢递"能放缓工业社会的时间观念对人们生活的挤压。生活中不便直接表达的情绪通过拉长收信时间，可以缓解寄信人的焦虑感，帮助减压。

熊猫慢递邮局模式看似简单，但想要复制并不容易，因为熊猫慢递不只是简单经营一个慢递业务，整个店的经营中有相当程度的创意成分在里面。

2. 创业项目的选择

① 选择个人有兴趣或擅长的项目；

② 选择市场消耗比较频繁或购买频率比较高的项目；

③ 选择投资成本较低的项目；

④ 选择风险较小的项目；

⑤ 选择客户认知度较高的项目；

⑥ 可先选择网络创业（免费开店），后进入实体创业项目。

二、整合创业资源

创业资源是指企业创立及成长过程中所需要的各种生产要素和支撑条件，是创业企业在创造价值过程中所需要的特定资产。创业资源是新创企业创立和运营的必要条件，是一种资源的重新整合，主要表现形式为创业计划、创业资金、创业技术、创业人才、创业信息、社会关系等。

对于创业者来说，只要是对其创业项目和创业企业的发展有所帮助的要素，都可以归入创业资源的范畴。创业者既要积累个人资源，也要善于创造性地整合社会资源，以创造有利于创业的良好条件。

创业资源的整合是一个复杂的过程，是创业企业对不同来源、不同层次、不同结构、不同内容的资源进行选择、汲取、配置、激活的过程，可以使创业资源具有更强的柔性、条理性、系统性和价值性，并对原有的资源体系进行重构，摒弃无价值的资源，形成新的核心资源体系。创业资源的整合过程可以分为资源扫描、资源控制、资源利用和资源拓展四个步骤。

1. 资源扫描

创业者要知道自己的资源禀赋及企业所拥有的最初资源，将已有资源识别出来，包括己方所有有价值的有形资产和无形资产。

2. 资源控制

资源控制的范围包括创业者自身拥有的资源、通过交易等形式可获得的资源，以及通过社会网络等形式可以控制的资源。

3. 资源利用

在获取和控制大量资源的基础上，创业企业开始对这些资源进行配置和利用，将它们合理有效地配置到最能发挥其使用效益的地方去，体现出这些资源的价值。

4. 资源拓展

资源拓展即将以前没有建立起联系的资源建立联系，将新获取的资源与已有的资源进行联结融合，进一步开发潜在的资源为企业所用。这也是企业持续竞争优势的根本来源。

经典案例

李立寅：四年打工逐步积累创业资金

"上大学时，我就萌生了创业的想法。大学四年没闲着，我利用课余时间拍摄婚礼纪录片，四年积累了5万元创业资金。"2017年8月24日，河北大学导演系2005级学生李立寅笑着说。他于年初创办的"雕虫小记文化传播服务中心"，主营广告片摄制、婚庆专辑制作。目前公司经营已经步入正轨，并和省会的电视台建立了合作关系，他个人的月收入已达万余元。

"上大一时，我给新人做婚庆专辑制作，一场的收入能有150元左右。"回顾上学时打工的辛苦，李立寅有些唏嘘。"那会儿既要跑市场找客户，又要拍摄婚礼，还得进行后期的剪辑制作，很辛苦，但是也很有成就感，每天都感到自己离创业的目标又近了一些。"

在李立寅看来，大学四年的打工经历不仅为他筹集了创业资金，更让他提升了个人能力，积累了社会资源和经验。"建议大学生不要盲目创业，可以先在校打工或是先就业，这样不仅可以筹集创业资金，而且能够积累经验和资源。"李立寅建议说。

三、组建创业团队

一个优秀的创业团队是企业不竭生命力的来源，是新企业生存和发展的核心。新企业的运作，追根究底是创业团队的运作。因此，创业团队的组建工作至关重要。

组建创业团队一般要遵循下面的几个原则。

1. 人数合理

一般而言，创业团队的人数控制在3～5人为宜。刚开始创业的时候，往往会碰到很多意料不到的问题，人少了，团队的群体效应没发挥出来；人多了，团队思想不容易统一。人数合理，便于领导与任务分工协调的有效开展，保证各项工作完成的速度和质量，提高办事效率，占据有利的市场地位。

2. 技能互补

团队应包括的基本人才有管理型人才，负责团队工作调配与应急事务处理等；营销型人才，负责创业计划书的起草、修正及市场调研推广等；技术型人才，负责创业项目研发、技术支持和专业服务等。

3. 目标统一

目标在团队组建过程中具有特殊的价值。首先，目标是一种有效的激励因素，既能帮助团队成员看清未来发展方向，又能激励创业团队勇于克服困难，取得胜利。其次，目标是一种有效的协调因素。《孙子兵法》曰："上下同欲者胜。"团队中各种角色的个性、能力有所不同，只有目标真正一致、齐心协力的创业团队才会取得最终的胜利与成功。

4. 动态开放原则

创业过程是一个充满不确定性的过程，团队中可能因为能力、观念等多种原因不断有人离开，同时也有人要求加入。因此，在组建创业团队时应注意保持团队的动态性和开放性，使真正完美匹配的人员能被吸纳到创业团队中来。

四、规避创业风险

（一）创业风险概况

1. 项目选择风险

大学生创业时如果缺乏前期市场调研和论证，只是凭自己的兴趣和想象来决定投资方向，甚至仅凭一时心血来潮做决定，一定会遇到非常大的风险。

2. 缺乏创业技能

很多大学生创业者眼高手低，当创业计划转变为实际操作时，才发现自己根本不具备解决问题的能力，这样的创业无异于纸上谈兵。

3. 意识上的风险

意识上的风险是创业团队最内在的风险，这种风险来自无形，却有强大的毁灭力。风险性较大的意识有投机的心态、侥幸心理、试试看的心态、过分依赖他人和回本的心理等。

4. 竞争风险

如果大学生创业者选择的行业是一个竞争非常激烈的领域，那么在创业之初极有可能受到同行强烈排挤。因此，考虑好如何应对来自同行的残酷竞争是创业企业生存的必要准备。

5. 团队分歧

一个优秀的创业团队能使创业企业迅速发展起来，但与此同时风险也蕴含在其中。团队的力量越大，产生的风险也就越大，一旦创业团队的核心成员在某些问题上产生分歧不能达到统一时，极有可能对企业造成强烈的冲击。

6. 人力资源流失风险

一些研发、生产或经营性企业需要面向市场，大量的高素质专业人才或业务队伍是这类企业成长的重要基础，防止专业人才及业务骨干流失应当是创业者时刻需要注意的问题。在那些依靠某种技术或专利创业的企业中，拥有或掌握这一关键技术的业务骨干的流失是创业失败的最主要风险源。

7. 资金风险

资金风险在创业初期会一直伴随在创业者的左右。对于初创企业来说，如果连续几个月入不敷出或者因为其他原因导致企业的现金流中断，都会给企业带来极大的威胁。

8. 管理风险

一些大学生创业者虽然技术出类拔萃，但理财、营销、沟通、管理等方面的能力普遍不足。

9. 社会资源缺乏的风险

企业创建、市场开拓、产品推介等工作都需要调动社会资源，大学生在这方面会感到非常吃力。

10. 核心竞争力缺乏的风险

对于具有长远发展目标的创业者来说，他们的目标是不断地发展壮大企业，因此企业缺乏核心竞争力就是最主要的风险。

（二）规避创业风险方法

1. 避免盲目跟风从众

由于自身能力的限制，大学生创业者往往并不了解市场的需求，大多是凭自己的兴趣和想象来决定投资方向，大学生创业者在选择创业项目这方面容易出现扎堆现象。作为大学生创业者，选择一个既有市场需求又符合自己特点的创业项目是重中之重，切忌盲目跟风，一定要选择自己最熟悉、最擅长、最有经验、资源最丰富的行业做。

2. 避免随意搭伙现象

团队合作对于创业能否成功至关重要，志同道合的搭档是大学生创业者事业成功的无价之宝。因此，组建创业团队时要考虑专业互补、能力互补、性格互补，使组建的团队有战斗力，要避免随意搭伙的现象。

3. 杜绝急功近利心态

创业是一个由小到大、由不成熟到成熟的过程。在这个过程中，大学生创业者要积极参与竞争，逆境中要坚韧，顺境中要冷静。在创业的过程中还要积极克服急躁情绪，端正心态，采取稳扎稳打、步步为营、积小胜为大胜的策略。

4. 提升心理素质与抗打击能力

大学生创业者创业需要有一个好心态，对自己有信心，相信自己终能成功。只有相信自己，才能不断把不可能变为可能。

5. 规避政策和决策带来的风险

创业者如果不懂得相关行业政策和自己所从事产业的相关政策，在创业过程中不善于把握和运用好一些优惠政策，会走不少弯路，甚至误入歧途，这样带来的风险是"硬伤"。同时，临时性、突发性出台的政策法规对创业企业的打击也非常大。

6. 规避现金流周转的风险

大学生创业者时时刻刻都要面对现金流问题，要采取相应措施使现金周转成为良性状态，仔细观察身边的消费需求，看看自己是通过选个新地方还是换种新方式来实现这种要求。坚持"现金流至上"的理念，其创业就能够顺利开始。对于初次创业的大学生而言，必须确定盈利模式，必须找到盈利点，要有明确的利润来源。

7. 规避产品项目和市场营销风险

市场营销风险是大学生创业过程中较为核心的风险因素，如更强势的竞争对手出现会导致竞争加剧、市场形势变化。如果产品选不好，项目选不好，营销能力再不强无异于自断后路；而如果产品或项目都很不错，市场营销能力欠缺，这样形成的创业风险则会伤及创业行为的本身。为谨慎起见，大学生创业者可以先选择一个较小规模的市场试销售，根据市场反馈对产品和营销计划进行修正。

五、创办新企业

1. 工商注册
① 申请开办核准。
② 申请开业登记。
③ 领取营业执照。

拓展阅读

企业类型	注册项目	所需材料
个体工商户	名称预先核准	① 申请表 ② 投资人身份证明
	开业登记	① 申请人签署的《个体工商户设立登记申请书》 ② 申请人身份证明；经营场所证明 ③ 国家法律、法规规定提交的其他文件 ④ 法律、行政法规规定必须报经有关部门审批的业务的有关批准文件
个人独资企业	名称预先核准	① 申请表 ② 投资人的身份证明 ③ 投资人身份证复印件 ④ 申请企业登记授权委托书
	开业登记	① 投资人签署的《个人独资企业设立登记申请书》 ② 投资人身份证明 ③ 企业住所证明 ④ 国家工商行政管理总局规定提交的其他文件 ⑤ 法律、行政法规规定须报经有关部门审批的业务的有关批准文件
个体工商户	名称预先核准	① 名称预先核准申请书 ② 投资人的身份证明 ③ 自然人提供身份证复印件 ④ 申请企业登记授权委托书
	开业登记	① 全体合伙人签署的《合伙企业设立登记申请书》 ② 全体合伙人的身份证明 ③ 全体合伙人指定的代表或者共同委托的代理人的委托书 ④ 合伙协议 ⑤ 出资权属证明 ⑥ 经营场所证明 ⑦ 全体合伙人委托执行合伙企业事务的合伙人的委托书 ⑧ 国务院工商行政管理部门规定提交的其他文件 ⑨ 法律、行政法规规定须报经有关部门审批的业务的有关批准文件
个人独资企业	名称预先核准	① 全体股东签署的《公司名称预先核准申请书》 ② 股东或发起人的法人资格证明或自然人身份证明 ③ 公司登记机关要求提交的其他文件
	开业登记	① 公司法定代表人签署的《公司登记申请书》 ② 全体股东签署的《指定代表或者共同委托代理人的证明》及指定代表或委托代理人的身份证件复印件 ③ 全体股东签署的公司章程

企业类型	注册项目	所需材料
		④ 股东的主体资格证明或者自然人身份证件复印件 ⑤ 依法设立的验资机构出具的验资证明 ⑥ 股东首次出资是非货币财产的，提交已办理财产权转移手续的证明文件 ⑦ 以股权出资的，提交《股权认缴出资承诺书》 ⑧ 董事、监事和经理的任职文件及身份证件复印件 ⑨ 法定代表人任职文件及身份证件复印件 ⑩ 住所使用证明 ⑪《企业名称预先核准通知书》 ⑫ 法律、行政法规和国务院规定设立有限责任公司必须报经批准的，提交有关的批准文件或者许可证书复印件 ⑬ 公司申请登记的经营范围中有法律、行政法规和国务院规定必须在登记前报经批准的项目，提交有关的批准文件或许可证书复印件或许可证明

2. 税务登记

守法经营、依法纳税是每个公民应尽的义务。为保证生产经营活动顺利开展，生产经营者应在领取营业执照之日起 30 日内到税务机关进行税务登记。

税务登记的内容有工商户的名称、地址、经济性质、主管部门、生产经营范围、经营方式、资金状况、工商行政管理部门的工商登记证照号码以及开户银行及账号等。

3. 银行开户

营业执照 → 选择开户银行 → 提交申请表 → 获得银行批准 → 填写印鉴卡片 → 开户成功

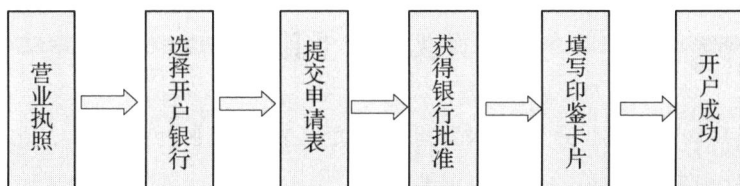

在日常生产经营活动中，要经常与银行进行结算。结算有两种，一种是现金结算；另一种是非现金结算，也叫转账结算或票据结算，由企业委托银行把货款从买方账户转到卖方账户完成付款或收款行为。

4. 择日开业

在做好以上各项准备工作以后就可以择日开业了。开业期间的宣传、促销活动在很大程度上影响到厂（店）开业后的经营状况，因此一定要做好开业的策划方案。开业的时候，一般要考虑有关部门人员是否有时间参加、天气是否晴朗、是否在节假日、是否在人流较多的日期、开张日居民是否喜欢等因素。开业前对员工的动员、激励、教育和培训也要到位。同时要做好厂（店）内部的有效管理，以明确各自职责，确保开业成功。

需要说明的是，有些企业开业还需要履行其他的一些程序，比如通过环境影响评估、获得特种生产经营许可等，应根据国家在不同生产经营领域的相关规定依法履行相关手续后，择日开业。

拓展阅读

下面列出一部分创业网站，供大家参阅学习，不断拓宽视野。

http://www.cye.com.cn/ 创业网

http://www.qncyw.com/ 青年创业网

http://www.17cye.com.cn/ 中国创业网

https://cy.ncss.cn/ 全国大学生创业服务网

学习思考题

1. 创业需要哪些准备？

2. 创业有哪些途径与方法？

3. 如何树立正确的创业观？

4. 如何正确理解就业与创业的关系？

阅读参考书目

1. 程欣，吕久燕. 大学生职业生涯规划与就业创业教育 ［M］. 北京：北京邮电大学出版社，2017.

2. 何具海. 大学生职业生涯规划与就业指导 ［M］. 长春：吉林人民出版社，2019.

3. 《大学生就业与创业指导》编委会. 大学生就业与创业指导 ［M］. 北京：首都师范大学出版社，2018.

4. 张晓蕊，马晓娣，岳志春. 大学生创业基础 ［M］. 北京：北京理工大学出版社，2019.